16	3	2	13
5	10	11	8
9	6	7	12
4	15	14	1

A INTERESSANTE NARRATIVA DA VIDA DE OLAUDAH EQUIANO

ou Gustavus Vassa, o Africano,
escrita por ele mesmo

Tradução e notas de João Lopes Guimarães Júnior
Posfácio de Vincent Carretta
Roteiro de leitura e notas adicionais de Carlos da Silva Jr.

editora 34

EDITORA 34

Editora 34 Ltda.
Rua Hungria, 592 Jardim Europa CEP 01455-000
São Paulo - SP Brasil Tel/Fax (11) 3811-6777 www.editora34.com.br

Copyright © Editora 34 Ltda., 2022
Tradução e notas © João Lopes Guimarães Júnior, 2022
Posfácio © Vincent Carretta, 1995/2003
Roteiro de leitura e notas adicionais © Carlos da Silva Jr., 2022

A FOTOCÓPIA DE QUALQUER FOLHA DESTE LIVRO É ILEGAL E CONFIGURA UMA
APROPRIAÇÃO INDEVIDA DOS DIREITOS INTELECTUAIS E PATRIMONIAIS DO AUTOR.

Imagem da capa:
Allan Ramsay, Portrait of a black individual,
óleo s/ tela, 61,8 x 51,5 cm, c. 1758 (detalhe)
© *Royal Albert Memorial Museum/Bridgeman Images*

Capa, projeto gráfico e editoração eletrônica:
Franciosi & Malta Produção Gráfica

Revisão:
Cecília Marks, Alberto Martins, Beatriz de Freitas Moreira

1ª Edição - 2022

CIP - Brasil. Catalogação-na-Fonte
(Sindicato Nacional dos Editores de Livros, RJ, Brasil)

Equiano, Olaudah, 1745-1797

E724i   A interessante narrativa da vida de
Olaudah Equiano ou Gustavus Vassa, o Africano,
escrita por ele mesmo / Olaudah Equiano;
tradução e notas de João Lopes Guimarães Júnior;
posfácio de Vincent Carretta; roteiro de leitura
e notas adicionais de Carlos da Silva Jr. — São Paulo:
Editora 34, 2022 (1ª Edição).
352 p.

Tradução de: The Interesting Narrative
of the Life of Olaudah Equiano

ISBN 978-65-5525-105-0

1. Relatos de ex-escravos. 2. História da
escravidão - Século XVIII. 3. Autobiografias.
I. Guimarães Júnior, João Lopes. II. Carretta, Vincent.
III. Silva Jr., Carlos da. IV. Título.

CDD - 823.3

A INTERESSANTE NARRATIVA DA VIDA DE OLAUDAH EQUIANO

Nota do tradutor, *João Lopes Guimarães Júnior* 7
Uma nota sobre o dinheiro, *Vincent Carretta* 9

A INTERESSANTE NARRATIVA DA VIDA DE OLAUDAH EQUIANO

Capítulo I 15
Capítulo II 41
Capítulo III 65
Capítulo IV 87
Capítulo V 113
Capítulo VI 141
Capítulo VII 165
Capítulo VIII 183
Capítulo IX 201
Capítulo X 225
Capítulo XI 251
Capítulo XII 281

Posfácio, *Vincent Carretta* 307
Africanos na diáspora: um roteiro de leitura,
    Carlos da Silva Jr. 335

Sobre o autor 349
Sobre o tradutor 351

Frontispício da primeira edição (primeiro volume) de
*The Interesting Narrative of the Life of Olaudah Equiano,
or Gustavus Vassa, the African, Written by Himself*,
publicada em Londres em 1789.

NOTA DO TRADUTOR

João Lopes Guimarães Júnior

Mais de 12 milhões de africanos cruzaram o Atlântico entre os séculos XVI e XIX, enviados às colônias europeias nas Américas. Arrebatados de suas nações, comunidades e famílias na África, eram confinados em porões insalubres de navios, de onde os sobreviventes saíam na condição de mercadorias, longe de seus lares e sem perspectiva de retorno, para iniciar uma vida servil e miserável entre correntes e chibatas. Privados de suas identidades culturais e de seus laços afetivos — e até mesmo de seus nomes e idiomas nativos —, enfrentavam a negação absoluta da liberdade e da dignidade. Os mais de três séculos de violência e injustiça deixaram marcas profundas na sociedade brasileira e até hoje afligem os afrodescendentes, discriminados e marginalizados.

A leitura de *A interessante narrativa da vida de Olaudah Equiano, ou Gustavus Vassa, o Africano, escrita por ele mesmo* permite ao público brasileiro conhecer um relato autobiográfico autêntico, produzido por uma vítima direta da escravidão. Trata-se de livro publicado originalmente em 1789 por um ex-escravizado nascido no interior da África e que viveu, presumidamente, entre 1745 e 1797. Em sua obra, informações históricas preciosas sobre o tráfico e a escravidão misturam-se a dramas e angústias pessoais.

A presente tradução tomou por base o texto de 1794, última e definitiva edição das nove publicadas por Equiano, com notas de rodapé elaboradas pelo próprio autor. A edição consultada foi preparada pelo professor Vincent Carretta, da Universidade de Maryland, EUA, autor do posfácio incluído neste volume. Para favorecer a fluência da leitura, nesta tradução optou-se por abrir parágrafos nas passagens mais longas do original. As notas do tradutor estão indicadas com (N. do T.), e eventualmente incorporam comentários de Vincent Carretta. As notas adicionais de Carlos da Silva Jr., professor da Universidade Estadual de Feira de Santana, BA, estão assinaladas com (N. da E.).

UMA NOTA SOBRE O DINHEIRO

Vincent Carretta

Antes de 1971, quando o sistema monetário britânico era decimalizado, o dinheiro britânico era calculado em libras esterlinas (£), xelins (s), pênis (p) e *farthings*. Uma libra esterlina = 20 xelins; 5 xelins = 1 coroa; 1 xelim = 12 pênis; 1 *farthing* = ¼ pêni. Um guinéu = 21 xelins. (A moeda recebeu esse nome porque era cunhada com ouro procedente da Costa da Guiné, na África, e porque foi lançada para celebrar a fundação, em 1663, da Royal Adventurers into Africa, que detinha o monopólio do tráfico de escravizados.)

Cada colônia emitia suas próprias cédulas locais. Uma libra colonial valia menos do que uma libra esterlina, com taxas de conversão para as moedas das diversas colônias flutuando ao longo do século. Devido às restrições na exportação de moedas da Inglaterra, as colônias contavam com moedas estrangeiras, sobretudo espanholas, para as transações locais. "Real" era a denominação espanhola básica para a cunhagem da prata, com o peso (peça de oito reais) ou peças de oito, conhecidas na América Britânica como dólar. Portanto, dois reais, ou *bits*, ficaram conhecidas como um quarto. O real espanhol era preferido como espécie porque seu valor de face era equivalente ao valor intrínseco de sua prata. A pisterina espanhola, por outro lado, tinha um valor de face de dois reais, porém, um valor intrínseco de apenas um quinto do dólar espanhol. O dobrão espanhol era uma moeda de ouro que valia oito escudos, em libras esterlinas de

1759, 3£ 6s. 0d.[1] Ao mesmo tempo, um dólar espanhol valia, em moeda local, 0£ 7s. 6d. na Filadélfia e 0£ 8s. 0d. em Nova York. Tabelas de conversão mostrando o valor do dinheiro estrangeiro em moeda colonial e libras esterlinas eram publicadas com frequência ao longo do século XVIII. Também circulavam moedas como aquelas de cobre pagas a Equiano, as quais careciam tanto de valor de face como intrínseco.

Para chegarmos a um valor moderno aproximado do dinheiro do século XVIII, devemos multiplicá-lo por aproximadamente oitenta. Na Inglaterra urbana de meados do século XVIII, uma família de quatro membros era capaz de viver modestamente com £40 por ano. Já um nobre podia manter seu padrão de vida com £300 anuais. Uma criada poderia receber (além de moradia, refeições, roupas descartadas e gratificações) por volta de seis guinéus por ano; um criado, por volta de £10 por ano; e um marinheiro de 1ª classe, feitas as deduções, recebia 14£ 12s. 6d. por ano, além de moradia e refeição. O preço de um pão de quatro libras oscilou de 5,1 a 6,6d. entre 1750 e 1794, quando Equiano cobrava 5s. por um exemplar de sua *Interessante narrativa*. Samuel Johnson deixou ao seu criado negro Francis Barber uma anuidade de £70; a duquesa de Montagu deixou para Sancho uma soma de £70, além de £30 anuais; a viúva de Sancho recebeu mais de £500 das vendas de *Letters* da autoria dele e a filha de Equiano herdou £950 do espólio de seu pai.

---

[1] Os símbolos referentes à moeda são: £ (libra); s. (xelim); d. (pêni). (N. do T.)

A INTERESSANTE NARRATIVA DA VIDA DE OLAUDAH EQUIANO

ou Gustavus Vassa, o Africano,
escrita por ele mesmo

Traduzido de: *The Interesting Narrative and Other Writings*, de Olaudah Equiano, edição revista, com introdução e notas de Vincent Carretta, Londres, Penguin Books, 2003.

"Eis que Deus é a minha salvação; confiarei e não temerei, porque o Senhor Deus é a minha força e o meu cântico; ele se tornou a minha salvação.

Direis naquele dia: Dai graças ao Senhor, invocai o seu nome, tornai manifestos os seus feitos entre os povos."

Isaías 12:2 e 4

A interessante narrativa da vida de Olaudah Equiano, ou Gustavus Vassa, o Africano, escrita por ele mesmo foi publicada por meio de subscrição e os nomes daqueles que contribuíam para a publicação vinham reproduzidos nas páginas iniciais do livro. A primeira edição, de 1789, contava com 311 subscritores e a última publicada em vida do autor (a nona edição, de 1794) trazia os nomes de 894 subscritores, entre os quais se encontravam vários membros do Parlamento britânico e figuras de proa do movimento abolicionista inglês.

CAPÍTULO I

Relato do autor sobre seu país e seus hábitos e costumes —
Administração da justiça — Embrenché — *Cerimônias de*
casamento e entretenimentos públicos — Modo de vida —
Vestuários — Manufaturas — Construções — Comércio —
Agricultura — Guerra e religião — Superstições dos nativos
— Cerimônias fúnebres dos sacerdotes ou feiticeiros — Modo
curioso de constatar envenenamento — Algumas sugestões sobre
a origem dos conterrâneos do autor, com as opiniões de
diferentes autores sobre o tema

Acredito ser difícil para aqueles que publicam suas próprias memórias escapar da imputação de vaidade, não sendo essa a única desvantagem sob a qual labutam: é também seu infortúnio que o incomum raramente, ou nunca, recebe crédito, enquanto estamos aptos a repelir com desgosto o que for óbvio, acusando o escritor de impertinência. As pessoas geralmente pensam que somente são dignas de leitura ou recordação aquelas memórias nas quais abundam eventos grandiosos ou marcantes; aquelas, em suma, que despertam admiração ou piedade em alto grau: todas as demais são relegadas ao desprezo e ao olvido. Confesso ser, portanto, bastante arriscado para um indivíduo particular e obscuro — e, ademais, estrangeiro — solicitar assim a atenção indulgente do público, especialmente quando eu mesmo admito que a história que aqui apresento não é a de um santo nem a de um herói nem a de um tirano.

Acredito que existam na minha vida alguns acontecimentos que poucos experimentaram; é certo que nela tais incidentes são numerosos e, considerando-me um europeu, po-

A interessante narrativa da vida de Olaudah Equiano

deria dizer que os meus sofrimentos foram imensos. No entanto, ao comparar minha sorte com a da maioria dos meus compatriotas,[1] julgo-me alguém *particularmente protegido pelos Céus* e reconheço a misericórdia da Providência em cada ocorrência da minha vida. Caso então a seguinte narrativa não pareça suficientemente interessante para atrair a atenção geral, deixe que meu motivo para publicá-la seja um pretexto qualquer. Não sou tão tolamente vaidoso para dela esperar imortalidade ou reputação literária; caso ela propicie alguma satisfação a meus numerosos amigos, a pedido de quem foi escrita, ou se promover no menor grau que seja os interesses da humanidade, os fins para os quais foi empreendida estarão plenamente alcançados, assim como gratificadas estarão todas as aspirações do meu coração. Permita-se, portanto, recordar que, desejando evitar censura, eu não aspiro ao louvor.

A parte da África conhecida pelo nome de Guiné, na qual o tráfico de escravos é exercido, estende-se ao longo da costa por 3.400 milhas,[2] do Senegal até Angola, e abrange diversos reinos. O mais considerável deles é o reino do Benim,[3] tanto por sua extensão como por sua opulência, considerando-se a riqueza e o cultivo da terra, o poder de seu rei e a quantidade e disposição guerreira de seus habitantes. Está situado um pouco abaixo da Linha do Equador, estendendo-se ao longo da costa por cerca de 170 milhas e retrocedendo pelo interior da África até uma distância que eu acredito não ter sido explorada ainda por nenhum viajante. Pa-

---

[1] *Countrymen* no original, aqui utilizado para designar os que nasceram na mesma região geográfica, a África, em sentido amplo. (N. do T.)

[2] Uma milha terrestre equivale a 1,6 quilômetro. (N. do T.)

[3] O reino do Benim citado por Equiano situa-se na moderna Nigéria e não deve ser confundido com o atual Benim, que é o antigo Daomé. (N. do T.)

rece que só termina, afinal, no império da Abissínia,[4] a cerca de 1.500 milhas de onde principia. Esse reino é dividido em muitas províncias, ou distritos, e foi em uma das mais remotas e férteis (denominada Eboe)[5] onde nasci, no ano de 1745, num encantador vale fértil chamado Essaka.[6] Essa província deve situar-se a uma distância bastante considerável da costa marítima e da capital do Benim, pois eu nunca tinha ouvido falar de homens brancos ou europeus nem sobre o mar, e nossa sujeição ao rei do Benim era pouco mais que apenas nominal, pois todas as transações governamentais, até onde minha limitada observação alcançava, eram realizadas pelos chefes ou anciãos locais.[7]

[4] Abissínia é o antigo nome da moderna Etiópia. (N. do T.)

[5] O termo *Eboe*, empregado por Equiano, será daqui por diante referido como Igbolândia (e seus nativos, como igbos), forma atualmente adotada em português. (N. do T.)

[6] Ver *Observations on a Guinea Voyage*, numa série de cartas endereçadas ao reverendo T. Clarkson por James Field, Stanfield, em 1788, p. 21: "Eu nunca conheci uma raça de pessoas mais feliz do que aquela do reino do Benim, assentado no sossego e na abundância; excetuados o tráfico de escravos e seus inevitáveis efeitos perversos, tudo ostenta uma aparência de amizade, tranquilidade e independência primitiva". [Não há consenso sobre o exato local descrito por Olaudah Equiano. Alguns pesquisadores associam Essaka a Issieke, enquanto outros identificam o local como Ussaka. De qualquer forma, a região faz parte da Igbolândia, no Golfo de Biafra, na atual Nigéria. Vale lembrar que os igbos são um dos maiores grupos étnicos africanos, habitando atualmente o leste, o sul e o sudeste da Nigéria, além de Camarões e Guiné Equatorial. Foi um dos povos mais atingidos pelo tráfico transatlântico de africanos escravizados e seus descendentes podem ser encontrados hoje, predominantemente, nos Estados Unidos, na Jamaica, em Trinidad Tobago e na República Dominicana. (N. da E.)]

[7] Mesmo em regiões dominadas por reinos importantes, como era o reino do Benim então, os chefes locais e anciãos desempenhavam um papel fundamental na organização social e política. (N. da E.)

Os costumes e o governo de um povo que pouco comercia com outros países são em geral muito simples, e o relato do que se passa numa família ou aldeia pode servir como exemplo para toda uma nação. Meu pai era um daqueles anciãos, ou chefes, aos quais me referi, e era intitulado *Embrenché*, um termo que, pelo que me recordo, implicava na mais alta distinção, significando, em nossa língua, uma *marca* de grandeza. Essa marca é conferida à pessoa assim intitulada e, para tanto, sua pele é cortada em toda a extensão da parte superior da testa e puxada para baixo até as sobrancelhas; enquanto a pele está nesse estado, uma mão aquecida é aposta e a esfrega até que ela se encolha formando um *vergão* grosso através de toda a parte inferior da testa. A maior parte dos juízes e legisladores recebia assim essa marca; meu pai a ostentava havia tempos e eu a vi ser concedida a um dos meus irmãos. Também eu estava *destinado* por meus pais a recebê-la.[8]

Eram aqueles *Embrence*,[9] ou chefes, que resolviam os litígios e puniam os crimes, reunindo-se sempre com essa finalidade. Os procedimentos eram geralmente breves e, na maioria dos casos, prevalecia a lei de talião. Lembro-me de um homem que foi trazido perante meu pai e outros juízes em razão do rapto de um menino. Embora ele fosse filho de um chefe, ou legislador, foi condenado a pagar um escravo ou escrava como compensação. O adultério, porém, era às vezes punido com a escravidão ou a morte, punições essas que eu acredito que sejam aplicadas por toda parte na maio-

---

[8] Equiano está se referindo às escarificações, ou marcas corporais conferidas a membros de uma determinada comunidade étnica. Na região de Equiano, essas marcas são chamadas de *Ichi*. Seu pai provavelmente fazia parte da *ama ala*, um conselho governativo da comunidade formado pelos anciãos. Equiano ainda não tinha passado pelos ritos iniciáticos, provavelmente porque ainda não havia atingido a idade. (N. da E.)

[9] Ou *Emhreche*, os conselhos de anciãos. (N. do T.)

ria das nações africanas[10] em casos semelhantes, tão sagrada é entre eles a honra do leito conjugal e tão ciumentos são eles em relação à fidelidade de suas esposas. A respeito disso, eu me recordo de um exemplo: uma mulher foi condenada perante os juízes por adultério e entregue a seu marido para ser punida, como era o costume. Ele então decidiu que ela seria morta. No entanto, tendo sido descoberto, pouco antes da execução, que ela trazia uma criança ao seio cuja amamentação nenhuma outra mulher estava disposta a assumir, ela foi poupada em razão da criança.

Os homens, no entanto, não mantém em relação às suas esposas a mesma fidelidade que delas esperam, uma vez que eles desfrutam de várias, embora raramente sejam mais do que duas.

Os casamentos são realizados da seguinte forma: em geral, ambas as partes já haviam sido prometidas em casamento, quando ainda jovens, por seus pais (embora eu tenha conhecido homens que haviam se comprometido por si próprios). Chegada a ocasião, uma festa é preparada. A noiva e o noivo permanecem de pé, em meio aos amigos reunidos para aquele propósito; ele então declara que a partir daquele momento ela será considerada sua esposa e ninguém mais deverá cortejá-la. Isso também é proclamado imediatamente na vizinhança e, a partir daí, a noiva retira-se da reunião. Algum tempo depois ela é levada ao seu marido em casa, quando se realiza outra festa, para a qual são convidados os parentes dos dois. Os pais da noiva a entregam então ao noivo junto com diversas bênçãos, ao mesmo tempo em que amar-

---

[10] Ver de Anthony Benezet, toda a obra *Account of Guinea*.
[Referência ao livro *Some Historical Account of Guinea, its Situation, Produce, and the General Disposition of its Inhabitants, with an Inquiry into the Rise and Progress of the Slave Trade, its Nature, and Lamentable Effects*, impresso na Filadélfia em 1771 e em Londres em 1772, volume que inclui um texto de Granville Sharp. (N. do T.)]

ram ao redor da cintura dela um cordão de algodão da espessura de uma pena de ganso que somente as mulheres casadas estão autorizadas a usar: ela agora é considerada plenamente sua esposa e, nesse momento, o novo casal recebe um dote que, geralmente, consiste em porções de terras, escravos, gado, bens de uso doméstico e instrumentos agropecuários, os quais são oferecidos pelos amigos de ambas as partes. Além disso, os pais do noivo presenteiam os pais da noiva, de quem ela era considerada propriedade antes do casamento, a partir do qual ela passa a ser vista como propriedade exclusiva de seu marido. Terminada a cerimônia, inicia-se a festa, comemorada com fogueiras e aclamações de alegria em voz alta e acompanhada de música e dança.

Somos, praticamente, uma nação de dançarinos, músicos e poetas. Assim, todo grande evento, como o retorno triunfante de uma batalha ou outra causa de regozijo público, é comemorado com danças públicas que são acompanhadas de canções e música adequadas à ocasião. As pessoas se dividem em quatro grupos que dançam, separada ou sucessivamente, cada qual com seu próprio estilo peculiar. O primeiro grupo é composto por homens casados que, em suas danças, frequentemente exibem façanhas com armas e a representação de uma batalha. São sucedidos pelas mulheres casadas, que dançam no segundo grupo. Os homens jovens integram o terceiro grupo e as donzelas, o quarto. Cada um representa alguma cena interessante da vida real, como uma grande façanha, um trabalho doméstico, uma história comovente ou algum divertimento rural. Como o tema geralmente se baseia em algum acontecimento recente, é sempre inédito. Isso dá às nossas danças um espírito e uma variedade que eu raramente vi alhures.[11] Temos muitos instrumentos

[11] Quando eu estava em Esmirna vi frequentemente os gregos dançarem dessa maneira.

musicais, particularmente tambores de diferentes tipos, uma peça que se assemelha a um violão e outra muito parecida com um *stickado*.[12] Essa última é utilizada principalmente por virgens comprometidas, que as tocam em todos os grandes festivais.

Como nossos costumes são simples, poucos são os nossos luxos. As vestes de ambos os sexos são quase as mesmas: consistem geralmente em longas peças de calicô ou musselina enroladas frouxamente ao redor do corpo, mais ou menos ao modo de um xale escocês. Elas geralmente são tingidas de azul, nossa cor favorita. Ele é extraído de uma baga e é mais brilhante e mais intenso do que todos os azuis que já vi na Europa. Além disso, nossas mulheres mais distintas usam ornamentos de ouro, que elas dispõem com certa profusão em seus braços e pernas. Quando nossas mulheres não estão trabalhando com os homens na lavoura, sua ocupação habitual é a fiação e a tecelagem do algodão, que depois elas tingem e transformam em peças de vestuário. Elas também fabricam vasos de barro, dos quais temos muitos tipos. Entre as demais coisas, há os cachimbos de tabaco, feitos da mesma forma e utilizados da mesma maneira que aqueles da Turquia.[13]

Nosso estilo de vida é totalmente simples, pois os nativos ainda desconhecem os refinamentos culinários que corrompem o sabor. Bois, cabras e aves fornecem a maior parte da alimentação, constituindo, igualmente, a principal riqueza do país e os principais itens de comércio.[14] Em geral, a

---

[12] Instrumento musical semelhante a um xilofone. (N. do T.)

[13] O fornilho é de barro, curiosamente decorado, ao qual uma longa cana é fixada como um tubo. Esse tubo é às vezes tão longo que precisa ser carregado por um menino e muitas vezes, devido ao tamanho, por dois.

[14] A narrativa de Olaudah Equiano sobre animais domésticos é consistente com tradições orais sobre a domesticação de animais na região, que remonta aos primórdios do século XVIII. Ver G. Ugo Nwokegi, *The*

carne é guisada numa panela e para torná-la saborosa, por vezes, usamos pimenta e outras especiarias, e temos sal, que é feito a partir de cinzas de madeira. Nossos principais vegetais são banana-da-terra, taro, inhame, feijão e milho. O chefe da família geralmente come sozinho; suas esposas e seus escravos também possuem mesas próprias separadas.

Antes de experimentar a comida, sempre lavamos as mãos. Na verdade, nosso asseio é extremo em todas as ocasiões, tratando-se, porém, de um ritual indispensável. Após a limpeza é feita a libação, vertendo-se uma pequena porção da bebida no chão e lançando-se uma pequena quantidade de comida num determinado lugar para os espíritos dos ancestrais falecidos, que os nativos supõem governar suas ações e protegê-los do mal.

Eles desconhecem totalmente as bebidas alcoólicas fortes ou destiladas. A principal bebida é um vinho de palmeira, obtido a partir de uma árvore com esse nome que é sangrada na parte superior, onde se prende uma grande cabaça. Às vezes, uma árvore pode render até três ou quatro galões[15] numa noite. Quando recém-extraído possui a mais deliciosa doçura, porém, em poucos dias, adquire um sabor azedo e mais forte, embora eu não tenha jamais visto alguém embriagado por ele. A mesma árvore produz também nozes e azeite.

Nosso principal luxo está nos perfumes. Um tipo deles provém de uma madeira aromática de deliciosa fragrância; outro vem de uma espécie de terra que dispersa o mais poderoso aroma quando uma pequena porção é lançada ao fo-

Slave Trade and Culture in the Bight of Biafra: An African Society in the Atlantic World, Nova York, Cambridge University Press, 2010, p. 86. (N. da E.)

[15] Apenas em 1824 uma lei fixou que, no Império Britânico, o volume de um galão correspondia a 4,54 litros. Na época em que Equiano escreveu sua obra, esse volume variava conforme a localidade e o uso. (N. do T.)

go.[16] Essa madeira é batida até virar um pó que é misturado ao azeite de dendê, com o qual tanto os homens como as mulheres se perfumam.

Em nossas edificações consideramos mais o conforto do que a ornamentação. Cada chefe de família possui uma grande porção de terra quadrada cercada por um fosso ou uma cerca, ou fechada por um muro feito de terra vermelha temperada que, quando seca, é dura como tijolo. Na parte interna estão as casas que abrigam suas famílias e seus escravos, e, quando numerosas, com frequência têm a aparência de uma aldeia. No centro situa-se a construção principal, destinada ao uso exclusivo do senhor e composta por dois aposentos, num dos quais ele permanece durante o dia com sua família, sendo o outro reservado para a recepção de seus amigos. Ele tem, além desses, um aposento separado onde dorme junto com seus filhos varões. A cada lado encontram-se os aposentos de suas esposas, que também possuem suas casas diurnas e noturnas separadas. As moradias dos escravos e suas famílias estão distribuídas por todo o resto do cercado.[17] Essas casas nunca excedem um pavimento em altura, sendo sempre construídas de madeira ou com estacas fincadas no chão, entrelaçadas com vime e cuidadosamente emplastradas por dentro e por fora. O telhado é de palha com canas. Nossas casas diurnas são abertas nas laterais, mas aquelas em que dormimos são sempre cobertas e emplastradas no interior

---

[16] Quando eu estava em Esmirna, vi o mesmo tipo de terra e trouxe um pouco dela comigo para a Inglaterra; assemelha-se ao almíscar em intensidade, mas é mais agradável em aroma e não é diferente do cheiro de uma rosa.

[17] As frequentes menções a "escravos" nessa parte africana da narrativa de Olaudah Equiano indicam que a escravidão era disseminada na região por volta de meados do século XVIII. Esta, no entanto, em muitos aspectos se diferenciava da escravidão transatlântica, como Equiano descreverá adiante. (N. da E.)

com um composto misturado com esterco de vaca para manter afastados os diversos insetos que nos incomodam durante a noite. Suas paredes e pisos também são geralmente revestidos de esteiras.

Nossas camas consistem em uma plataforma elevada três ou quatro pés[18] acima do solo, nas quais são colocadas peles e diferentes partes de uma árvore esponjosa chamada bananeira. Nossa coberta é de chita ou musselina, as mesmas de nossas roupas. Os assentos habituais são algumas toras de madeira, mas temos bancos, que são geralmente perfumados, para acomodar visitantes. Esses compõem a maior parte do nosso mobiliário doméstico. Casas assim construídas e mobiliadas não exigem muita habilidade para ser erigidas e, para esse propósito, qualquer homem é um arquiteto capaz. Toda vizinhança, sem exceção, auxilia na construção, recebendo em troca uma festa, sem esperar nenhuma outra compensação além disso.

Como vivemos em um país onde a natureza é pródiga em dádivas, nossas necessidades são poucas e facilmente atendidas. Possuímos, é claro, poucas manufaturas, que consistem, em sua maior parte, de chitas, utensílios de barro, ornamentos e instrumentos de guerra e agropecuária. Mas esses não fazem parte de nosso comércio, do qual os principais artigos, como já mencionado, são mantimentos. Em tais circunstâncias, o dinheiro é pouco utilizado. Temos, no entanto, algumas moedas, se assim as posso chamar, cunhadas mais ou menos como uma âncora, mas eu não me lembro nem do seu valor nem de sua denominação. Temos também mercados, aos quais eu costumava ir com minha mãe. Eles são às vezes visitados por homens corpulentos, cor de mogno, provenientes do sudoeste. Nós os chamamos de *Oye-Eboe*, termo que significa "homens vermelhos que vivem distante".

[18] Um pé equivale a 30,48 cm. (N. do T.)

Eles geralmente nos trazem armas de fogo, pólvora, chapéus, miçangas e peixes secos. Estes últimos nós considerávamos uma grande raridade, pois nossas águas eram apenas riachos e nascentes. Esses artigos eles permutam conosco por madeiras, terras aromáticas e nosso sal de cinzas de madeira. Eles sempre transportam escravos através de nossas terras, mas exige-se deles a mais cabal explicação sobre a maneira como foram obtidos antes de terem a passagem autorizada. Algumas vezes, de fato, nós vendíamos escravos para eles, mas eram apenas prisioneiros de guerra ou aqueles dos nossos que haviam sido condenados por rapto, adultério ou algum outro crime que julgávamos abominável.[19] Essa prática de raptos leva-me a pensar que, não obstante todo nosso rigor, o principal negócio deles entre nós era capturar nosso povo. Lembro-me também de que levavam consigo grandes sacos, os quais, não muito tempo depois, eu tive oportunidade de ver funestamente utilizados para esse infame propósito.

Nossa terra é extraordinariamente rica e fecunda, produzindo todos os tipos de vegetais em grande abundância. Temos fartura de milho e vastas quantidades de algodão e tabaco. Nossos abacaxis crescem sem cultivo, são aproximadamente do tamanho do maior pão de açúcar[20] e finamente saborosos. Temos também especiarias de diferentes tipos, particularmente pimenta, e uma variedade de frutas deliciosas que eu nunca vi na Europa, junto com gomas de vários

---

[19] Equiano indica nesta passagem algumas das formas pelas quais as pessoas poderiam ser reduzidas à condição de cativos na região. Com a expansão do tráfico transatlântico, as guerras entre os diferentes reinos também se ampliaram, aumentando assim a quantidade de cativos para os navios europeus. Além disso, as punições judiciais também experimentaram um crescimento, com parte daqueles julgados sendo sentenciados com a deportação para as Américas. (N. da E.)

[20] Forma cônica como o açúcar refinado era produzido e vendido até o final do século XIX. (N. do T.)

tipos e mel em abundância. Toda nossa indústria é exercida para melhorar essas bênçãos da natureza. A agricultura é o nosso principal emprego e cada um, até mesmo as crianças e as mulheres, estão nela engajados. Assim, todos nós estamos habituados a trabalhar desde os primeiros anos. Cada um contribui com algo para o suprimento comum e, como não estamos familiarizados com a ociosidade, não temos mendigos. Os benefícios de um tal modo de vida são óbvios. Os fazendeiros das Índias Ocidentais[21] preferem os escravos do Benim ou da Igbolândia àqueles de qualquer outra parte da Guiné por sua robustez, inteligência, integridade e zelo.[22] Esses benefícios são sentidos por nós na salubridade geral do povo e em seu vigor e atividade. Poderia ter acrescentado, também, em sua graciosidade. A deformidade é realmente desconhecida entre nós, quero dizer, aquela aparente. Inúmeros nativos da Igbolândia agora em Londres podem ser apresentados para confirmar essa afirmação: pois, em relação à cor da pele, os conceitos de beleza são absolutamente relati-

[21] Durante o período colonial, a expressão Índias Ocidentais (*West India* ou *West Indies*) referia-se à região do Caribe no Atlântico Norte que inclui as muitas ilhas das Antilhas e das Bahamas. (N. do T.)

[22] Os estereótipos a respeito da "qualidade" dos africanos escravizados (inteligência, força física, habilidades específicas para determinadas tarefas, propensão a rebeldia etc.) estavam disseminados na escravidão transatlântica. Apesar da descrição de Equiano sobre a preferência dos senhores caribenhos por cativos igbos, alguns proprietários consideravam-nos particularmente propensos ao suicídio, como descreveu um plantador na Jamaica em 1793. Mas, de maneira geral, os igbos tinham uma boa aceitação no mercado negreiro. Tais estereótipos influenciavam as preferências dos senhores escravistas das Américas, embora os fluxos do tráfico transatlântico — uma articulação entre oferta africana e demanda europeia — fossem o principal vetor de introdução de cativos africanos nas zonas produtoras de *commodities* tropicais. Ver G. Ugo Nwokegi, *The Slave Trade and Culture in the Bight of Biafra: An African Society in the Atlantic World, op. cit.*, pp. 42-3. (N. da E.)

vos. Lembro-me, enquanto na África, de ter visto três crianças negras que eram fulvas e outra muito branca, as quais eram universalmente consideradas, por mim mesmo e pelos nativos em geral, no que concerne à cútis, como feias. Nossas mulheres também eram, aos meus olhos pelo menos, invulgarmente graciosas, vivazes e recatadas até o ponto da timidez. Não me lembro de ter jamais ouvido falar de um caso de incontinência entre elas antes do casamento. Elas também são notavelmente alegres. Na verdade, alegria e afabilidade são duas das principais características de nossa nação.

Nossos cultivos são praticados numa grande planície, terra de uso coletivo, a algumas horas de caminhada de nossas moradias e todos os vizinhos para lá se dirigem em conjunto. Eles não utilizam nenhum animal na lavoura, sendo seus únicos instrumentos enxadas, machados, pás e picaretas ou pontas de ferro utilizadas para cavar. Às vezes somos invadidos por gafanhotos que vêm em grandes nuvens, de modo a escurecer o céu e destruir a safra. Isso, porém, raramente acontece; mas quando ocorre, provoca fome. Lembro-me de um caso ou dois em que isso aconteceu.

Esse campo coletivo é muitas vezes palco de guerra e, portanto, quando nossa gente sai para cultivar sua terra não se limita a andar em grupo, mas geralmente leva também armas consigo por temer uma surpresa. E quando eles receiam uma invasão, protegem os caminhos para as moradias fincando estacas no chão, tão afiadas na ponta que podem perfurar o pé e, geralmente, são embebidas de veneno. Pelo que me lembro dessas batalhas, elas parecem ter sido invasões repentinas de um pequeno estado ou distrito em outro a fim de capturar prisioneiros ou butins.[23] Talvez eles sejam incitados a isso por aqueles mercadores que mencionei, que tra-

---

[23] A expansão da militarização e das ações de escravização na área igbo, durante o século XVIII, explicam os cuidados descritos por Equiano

ziam mercadorias europeias para nós.[24] Tal modo de obter escravos é comum na África; eu acredito que eles são arrebanhados mais dessa maneira e por meio de raptos do que por qualquer outro modo.[25] Quando um mercador quer escravos, ele recorre a um chefe para obtê-los, seduzindo-o com suas mercadorias.[26] Não será de estranhar se, nessa ocasião, ele ceder à tentação e aceitar o preço da liberdade de seus cama-

nesta passagem. A comunidade se organizava para a proteção mútua dos seus membros. (N. da E.)

[24] Tecidos, barras de ferro, pólvora e armas de fogo eram alguns dos principais itens do comércio com os europeus na região do Golfo de Biafra, de onde Equiano partiu para as Américas. Os padrões de consumo africano eram cruciais na escolha das mercadorias de troca por cativos. No Golfo do Benim (Togo, Benim e sudoeste da Nigéria), por exemplo, rolos de tabaco, tecidos indianos e europeus, e búzios das Ilhas Maldivas (cauris; em inglês, *cowry shells*), no Oceano Índico, eram fundamentais nas negociações do tráfico. Na África Centro-Ocidental (Congo e Angola), por sua vez, a aguardente (conhecida como *jeribita*), além de tecidos indianos e búzios (chamados *zimbos*), respondia por essa demanda. Ver Sean Kelley, "New World Slave Traders and the Problem of Trade Goods: Brazil, Barbados, Cuba and North America in Comparative Perspective", *English Historical Review* 134, nº 567 (2019), p. 304; Stanley B. Alpern, "What Africans Got for Their Slaves: A Master List of European Trade Goods", *History in Africa* 22 (1995), pp. 5-43; Carlos da Silva Jr., "Enslaving Commodities: Tobacco, Gold, Cowry Trade and Trans-Imperial Networks in the Bight of Benin (*c.* 1690-*c.* 1790)", *African Economic History*, nº 49, v. 2 (2021), pp. 1-30. (N. da E.)

[25] Ver de Anthony Benezet, toda a obra *Account of Guinea*.

[26] Pelo termo "mercador" Olaudah Equiano provavelmente se refere aos Aro, um grupo de comerciantes bastante ativo na região do Golfo de Biafra e que concentrava o comércio negreiro nos principais portos da região, entre eles Bonny. Comunidades que precisavam de proteção buscavam o auxílio dos Aro que, em troca, exigiam tributos na forma de cativos, força de trabalho e víveres. Em outros casos, como o descrito por Equiano, os Aro serviam mais como aliados. Ver G. Ugo Nwokegi, *The Slave Trade and Culture in the Bight of Biafra: An African Society in the Atlantic World*, *op. cit.*, pp. 64-7. (N. da E.)

radas com tão pouca firmeza, com tão pouca relutância quanto o esclarecido traficante. Assim sendo, tal chefe se lança sobre os vizinhos e uma renhida batalha tem início. Se ele levar a melhor e tomar prisioneiros, satisfará sua cobiça ao vendê-los. No entanto, caso seu lado seja derrotado e ele caia nas mãos do inimigo, será morto, porque se considera perigoso deixar que sobreviva alguém cuja reputação é de fomentar rixas. Além disso, nenhum resgate poderá salvá-lo, embora todos os demais presos possam ser resgatados.

Temos armas de fogo, arcos e flechas, largas espadas de dois gumes e lanças. Temos também escudos que protegem um homem da cabeça aos pés. Somos todos ensinados a utilizar essas armas e até mesmo nossas mulheres são guerreiras, marchando bravamente para lutar ao lado dos homens. Toda nossa comunidade é uma espécie de milícia: a um determinado sinal dado, como o disparo de uma arma à noite, todos se levantam armados e caem sobre o inimigo. É, talvez, algo notável que uma bandeira vermelha, um estandarte, seja conduzida à frente do povo quando partimos para o campo.

Já testemunhei uma batalha em nosso campo coletivo. Nós estávamos todos trabalhando ali um dia, como de costume, quando nosso povo foi subitamente atacado. Eu subi numa árvore a alguma distância e fiquei assistindo à luta. Havia muitas mulheres, assim como homens, em ambos os lados e, entre outros, lá estava minha mãe, armada com uma espada larga. Depois de lutar por um tempo considerável com grande fúria, e depois que muitos haviam sido mortos, nosso povo conquistou a vitória, tomando o chefe inimigo como prisioneiro. Ele foi conduzido em grande triunfo e, embora tivesse oferecido um vultoso resgate por sua vida, acabou sendo executado. Uma donzela distinta entre nossos inimigos foi morta na batalha e a arma dela foi exposta em nosso mercado, onde nossos troféus eram sempre exibidos. Os espólios foram divididos de acordo com o mérito dos guerreiros. Os prisioneiros que não foram vendidos nem resgatados, nós mantivemos como escravos: mas como suas condições eram diferentes daquelas dos escravos nas Índias Ocidentais! Conosco eles não trabalham mais do que os outros membros da comunidade, nem mesmo mais que seus senhores,[27] assim como seus alimentos, vestuário e alojamentos eram quase os mesmos (não tinham, no entanto, permissão para comer junto daqueles que tinham nascido livres). Enfim, poucas eram as diferenças, além de um grau superior de importância que o chefe de uma família possuía em nosso país e a autoridade que, como tal, ele exerce sobre cada membro de sua família. Alguns desses escravos possuem até escravos, a eles subordinados como sua propriedade e destinados a seu próprio usufruto.[28]

Quanto à religião, os nativos acreditam na existência de um Criador de todas as coisas que habita no sol e é envolvido por um cinto que lhe circunda, de modo que não consegue jamais comer nem beber. Porém, segundo dizem, ele fuma um cachimbo, que é o nosso luxo favorito. Eles acreditam que ele governa os acontecimentos, especialmente a morte ou o cativeiro de cada um. No entanto, quanto à doutrina da eternidade, não me lembro jamais de ter ouvido falar a respeito. Alguns, contudo, acreditam na transmigração das almas em um determinado grau. Aqueles espíritos que não transmigraram, de amigos queridos ou parentes, acreditam

[27] A palavra "senhor" (*master*, no original) designava o proprietário de pessoas escravizadas. (N. do T.)

[28] Nesta passagem encontram-se algumas das principais diferenças entre a escravidão na África e nas Américas, entre elas o estatuto jurídico, a maior possibilidade de mobilidade social e mesmo a chance de ter cativos. A historiografia africanista tem se debruçado sobre os significados da escravidão no contexto africano, se era um sistema inteiramente novo ou se representava mais uma das formas de dependência existentes no continente. (N. da E.)

eles que sempre os acompanham, protegendo-os dos maus espíritos ou de inimigos. Por isso, sempre antes de comer, como eu mencionei, eles colocam uma pequena porção da carne e derramam um pouco de sua bebida no chão para esses espíritos. Além disso, muitas vezes fazem oblações com sangue de animais ou aves em seus túmulos.

Eu gostava muito da minha mãe, ficava com ela quase constantemente. Quando ela ia fazer essas oferendas no túmulo da mãe dela, que era uma espécie de pequena cabana de palha isolada, eu às vezes a acompanhava. Ali ela fazia suas libações e passava a maior parte da noite em choros e lamentações. Nessas ocasiões eu ficava extremamente aterrorizado. A solidão do lugar, a escuridão da noite e a cerimônia de libação — já terríveis e sombrias por natureza — eram intensificadas pelas lamentações de minha mãe; tudo isso, somado aos gritos lúgubres dos pássaros que frequentavam esses lugares, conferia à cena um terror inexprimível.

Calculamos o ano a partir do dia em que o sol cruza o equador, e em seu poente, nessa noite, há uma saudação geral por toda a terra. Pelo menos é o que eu posso dizer a partir de meu próprio conhecimento de toda nossa vizinhança. As pessoas ao mesmo tempo fazem um grande barulho com chocalhos — não diferentes dos chocalhos de cesta utilizados aqui por crianças, embora muito maiores — e levantam suas mãos para o céu para uma bênção. É então que as maiores oferendas são feitas, e as crianças que, segundo as profecias de nossos sábios, serão afortunadas são apresentadas a diversas pessoas. Lembro-me de que muitos costumavam vir para me ver e de que eu era levado a outros, para lá e para cá, com esse propósito.

Eles fazem muitas oferendas, em particular na lua cheia; geralmente duas no momento da colheita, antes de os frutos serem retirados do solo e, quando um animal jovem é morto, às vezes eles oferecem uma parte dele como sacrifício. Essas oferendas, quando feitas por um dos chefes de família, servem para todos. Lembro-me de que muitas vezes elas ocorreram na casa de meu pai e na de meu tio, com as famílias presentes. Algumas das nossas oferendas são ingeridas com ervas amargas. Entre nós, havia um ditado referente a pessoas de temperamento difícil: "Se tivessem que ser comidas, deveriam ser comidas com ervas amargas".

Como os judeus, praticamos a circuncisão, fazendo oferendas e festas nessa ocasião, da mesma maneira que eles fazem. Tal como eles, nossas crianças também são nomeadas a partir de algum evento, alguma circunstância ou presságio imaginado no momento de seu nascimento. Eu fui nomeado *Olaudah*, que em nossa língua significa "vicissitude" ou também "fortuna", "alguém favorecido, possuidor de uma voz forte e eloquente".[29] Lembro-me de que nunca profanávamos o nome daquilo que era objeto de nossa adoração; pelo contrário, era sempre mencionado com a maior reverência e desconhecíamos completamente as blasfêmias e todos os termos injuriosos e de reprovação que tão fácil e copiosamente têm seu curso nas línguas dos povos mais civilizados. As únicas expressões desse tipo de que me lembro eram: "que você apodreça", "que você inche" e "que uma fera o carregue".

Eu antes observei que os nativos dessa parte da África são extremamente limpos. Esse hábito necessário de asseio era para nós parte da religião e, portanto, tínhamos muitas purificações e abluções; na verdade, quase tantas quanto os judeus e praticadas nas mesmas ocasiões, se não me falha a memória. Aqueles que, a qualquer momento, haviam tocado

---

[29] O autor não faz referência ao seu segundo nome, Equiano, que aparentemente não se tratava de um sobrenome (uma vez que a cultura igbo não usa sobrenomes), mas de uma elaboração a partir do seu primeiro nome, Olaudah. Ver <http://www.equianosworld.org/questioning.php?id=2#sec1>. (N. da E.)

um morto eram obrigados a lavar-se e a purificar-se antes de poder entrar em uma residência. Toda mulher, também, em determinados períodos,[30] era proibida de entrar em uma residência ou de tocar em alguém ou em algum alimento. Eu gostava tanto de minha mãe que não conseguia me esquivar dela ou evitar tocá-la em alguns desses períodos. Em consequência, obrigavam-me a ficar afastado em sua companhia numa casinha feita para esse propósito, até que as oferendas fossem feitas e, então, ficássemos purificados.

Embora não possuíssemos lugares de culto público, tínhamos sacerdotes e feiticeiros, ou sábios. Eu não me lembro se tinham funções diferentes ou se todas elas estavam concentradas nas mesmas pessoas, mas eles eram muito reverenciados pelo povo. Eles calculavam a passagem do tempo e profetizavam acontecimentos, como o título deles indica, pois os chamávamos de *Ah-affoe-way-cah*, que significa *calculistas* ou *homens dos anos*, *Ah-affoe* significando o nosso ano. Eles tinham barba e, quando morriam, eram sucedidos por seus filhos. A maioria de seus utensílios e objetos de valor era sepultada junto com eles. Cachimbo e tabaco também eram colocados no túmulo com o cadáver, que era sempre perfumado e enfeitado, e animais eram oferecidos a eles em sacrifício. Ninguém participava de seus funerais, apenas quem era da mesma profissão ou tribo, e estes os enterravam depois do pôr do sol, sempre retornando da sepultura por um caminho diferente daquele pelo qual haviam ido.

Esses feiticeiros eram também nossos médicos ou curandeiros. Eles faziam sangrias com ventosas e eram muito bem-sucedidos em curar ferimentos e expelir venenos. Eles tinham também algum método extraordinário para desvendar a inveja, o roubo e o envenenamento, cujo sucesso sem dúvida provinha da influência ilimitada que exerciam sobre a

---

[30] Entenda-se "durante a menstruação". (N. do T.)

credulidade e a superstição do povo. Eu não lembro quais eram esses métodos, exceto aquele para o envenenamento. Recordo-me de um ou dois casos e espero que não seja considerado impertinente mencionar um deles aqui, já que pode servir como uma espécie de amostra dos demais e ainda é utilizado pelos negros nas Índias Ocidentais. Uma jovem havia sido envenenada, mas não se sabia por quem. Os curandeiros mandaram algumas pessoas pegar o cadáver e carregá-lo até o túmulo. Assim que os carregadores o ergueram em seus ombros, pareceram tomados por algum impulso súbito, correndo para lá e para cá, incapazes de se controlar.[31] Finalmente, depois de ter passado ileso por uma série de espinhos e arbustos pontiagudos, o cadáver tombou perto de uma casa, destruindo-a na queda. O proprietário, tendo sido apanhado, confessou imediatamente o envenenamento.[32]

---

[31] Ver também *Lieut. Matthew's Voyage*, p. 123.

[32] Um caso semelhante ocorreu em Montserrat, nas Índias Ocidentais, no ano de 1763. Eu pertencia então ao navio *Charming Sally*, do capitão Doran. Um dia o imediato, senhor Mansfield, e alguns membros da tripulação estavam na costa e presenciaram o enterro de uma garota negra envenenada. Embora tivessem ouvido muitas vezes a respeito do que ocorria nesses casos e já tivessem até mesmo visto aquilo, eles supunham que se tratava de um truque dos carregadores do cadáver. Por isso, o imediato pediu que dois dos marinheiros pegassem o caixão e o carregassem até a sepultura. Os marinheiros, que também tinham todos essa mesma opinião, prontamente obedeceram. Mas eles mal haviam erguido o caixão em seus ombros quando começaram a correr a esmo furiosamente, completamente incapazes de se controlar até que, finalmente, foram sem querer para a cabana de quem havia envenenado a garota. O caixão logo em seguida caiu de seus ombros, chocando-se contra a cabana e danificando parte de sua parede. Diante disso, o proprietário da cabana foi levado sob custódia e confessou o envenenamento. Eu transmito essa história como foi relatada pelo imediato e pela tripulação ao retornarem para o navio. O crédito que ela merece, deixo para o leitor decidir.

[Conforme Vincent Carretta, "os proprietários de pessoas escravizadas eram, de modo geral, bastante ansiosos quanto à vulnerabilidade de

Os nativos são extremamente cautelosos em relação aos venenos. Quando algum alimento é comprado, o vendedor beija-o todo diante do comprador para comprovar que não está envenenado. O mesmo é feito quando alguma carne ou bebida é oferecida, especialmente a um estranho. Temos várias espécies de serpentes, algumas delas consideradas agourentas quando aparecem em nossas casas, por isso nós nunca as molestamos. Lembro-me de que, em ocasiões diferentes, duas dessas cobras sinistras, cada qual tão grossa quanto a panturrilha de um homem e de cor semelhante à de um golfinho na água, rastejaram para dentro da casa noturna da minha mãe, onde eu sempre me deitava com ela, e enrolaram-se em círculos, cantando de vez em quando como um galo. Alguns dos nossos sábios pediram-me para que eu as tocasse, pois poderia obter bons presságios, o que eu fiz, já que elas eram bastante inofensivas e permitiam, mansamente, ser to-

---

serem envenenados por seus cativos domésticos. Em 1740, por exemplo, escravizados na cidade de Nova York foram acusados de conspiração para envenenar seus senhores; e *The London Chronicle* (8 de abril de 1789) publicou histórias de escravizados na Jamaica e em Londres acusados da 'terrível prática de ministrar venenos'". (N. do T.)]

Métodos como estes descritos por Equiano para determinar a culpa de suspeitos de delitos graves são identificados em outras regiões da África Atlântica. No Golfo do Benim, por exemplo, algumas pessoas eram submetidas à prova do rio, na qual acusadores e acusados eram obrigados a jurar a veracidade de sua causa. Para prová-la, um barqueiro os conduzia até a parte mais profunda do rio, quando eram então jogados pela borda. Em caso de inocência dos acusados, estes seriam conduzidos até a margem pela correnteza, mesmo que não soubessem nadar. Os culpados, por sua vez, se afogariam, ainda que tivessem a habilidade de nadar. Depois disso, ainda enfrentavam um segundo teste, sendo obrigados a beber uma cabaça com veneno, e se não sofressem danos, ficava estabelecida a sua inocência. Essa prática jurídico-religiosa foi descrita por viajantes nos séculos XVII e XVIII. Ver Luis Nicolau Parés, *O rei, o pai e a morte: a religião vodum na antiga Costa dos Escravos na África Ocidental*, São Paulo, Companhia das Letras, 2016, pp. 136-41. (N. da E.)

cadas. Depois, elas foram colocadas num grande pote de barro aberto e deixadas ao lado da estrada. Algumas cobras, porém, eram venenosas: um dia, uma dessas atravessou o caminho quando eu estava ali parado, passando por entre as minhas pernas sem tentar me tocar, para grande surpresa dos muitos que assistiram à cena. Essas ocorrências eram consideradas pelos sábios — e, consequentemente, por minha mãe e por todo o povo — como presságios notáveis a meu favor.

Esse é o esboço imperfeito que minha memória me forneceu sobre os hábitos e costumes do povo junto ao qual eu dei meu primeiro suspiro. E aqui não posso deixar de sugerir o que há tempos me impressionou muito intensamente: a forte analogia que parece prevalecer — até mesmo por este esboço, imperfeito como é — entre os hábitos e costumes de meus compatriotas e aqueles dos judeus antes de chegarem à Terra Prometida e, particularmente, dos patriarcas, enquanto eles ainda estavam no estado pastoral que é descrito no Gênesis — uma analogia que, por si só, me induz a pensar que um povo tenha se originado a partir do outro.[33] Na verdade, essa é a opinião do doutor Gill, que, em seu comentário ao Gênesis, muito habilmente deduz a linhagem dos africanos a partir de Efer e Afram, os descendentes de Abraão com Quetura, sua esposa e concubina (pois ambos os títulos são aplicados a ela). Está também de acordo com o entendimento do doutor John Clarke, ex-deão de Sarum, em sua obra *A verdade da religião cristã*. Esses autores concordam em atribuir-nos essa origem. Os raciocínios desses senhores são confirmados ademais pela cronologia das Escrituras do reverendo Arthur Bedford e, caso alguma corroboração adicional for exigida, essa semelhança em tantos aspectos constitui uma forte evidência em apoio da opinião. Como os is-

---

[33] Ver 1 Cr. 1.33. Também, de John Brown, *[A] Dictionary of the [Holy] Bible* [Edimburgo, 1788] sobre o mesmo versículo.

raelitas em seu estado primitivo, nosso governo era conduzido por nossos chefes, nossos juízes, nossos sábios e anciãos, e o chefe de uma família gozava, entre nós, de uma autoridade sobre sua casa semelhante àquela que é atribuída a Abraão e outros patriarcas. A lei de talião[34] é adotada quase universalmente entre nós, assim como entre eles, e mesmo a religião deles parece ter derramado sobre nós um raio de sua glória, embora enfraquecida e desgastada em sua passagem ou eclipsada pela nuvem com a qual o tempo, a tradição e a ignorância podem tê-la envolvido; pois nós temos nossa circuncisão (uma regra que eu creio ser peculiar àquele povo) e também nossos sacrifícios, holocaustos, abluções e purificações nas mesmas ocasiões em que eles as tinham.

Quanto à diferença de cor entre os africanos igbos e os judeus modernos, eu não devo me atrever a explicá-la. Trata-se de um tema ao qual se dedicaram as penas de homens que reuniam gênio e conhecimento, além de estar muito acima da minha capacidade. O mais capaz e respeitável senhor T. Clarkson, no entanto, em seu muito admirado *Ensaio sobre a escravidão e o tráfico de espécie humana*, averiguou a causa de um modo que resolve de uma só vez cada objeção a seu respeito e, pelo menos em minha mente, produziu a mais completa convicção. Devo, portanto, referir-me ao cumprimento da teoria[35] na prática, contentando-me em transcrever um fato tal como relatado pelo doutor Mitchel:[36] "Os espanhóis, que têm habitado a América sob a zona tórrida por algum tempo, se tornam de tez tão escura como a dos nossos índios nativos da Virgínia, como *eu mesmo tenho testemu-*

---

[34] Lei de talião: *lex talionis*, a lei do "olho por olho, dente por dente".

[35] Pp. 178 a 216.

[36] *Philos. Trans.* nº 476, Sect. 4, citado por Mr. Clarkson, p. 205.

nhado". Há também um outro exemplo,[37] de um assentamento português em Mitomba, um rio em Serra Leoa, onde os habitantes originaram-se a partir de uma mistura entre os primeiros descobridores portugueses e os nativos, e estão agora a tornar-se *negros perfeitos*, na sua tez e na característica lanosa de seus cabelos, conservando, no entanto, algumas noções do idioma português.

Esses e muitos outros exemplos que poderiam ser aduzidos, conquanto mostrem como a cútis das mesmas pessoas varia em diferentes climas, espera-se que também tendam a remover o preconceito que alguns concebem contra os nativos da África em razão de sua cor. Certamente as mentes dos espanhóis não se alteraram juntamente com o tom de suas peles! Não existem razões suficientes para atribuir a aparente inferioridade de um africano ao fato de ser "esculpido em ébano" sem restringir a bondade de Deus e supor que, somente por essa razão, Ele se absteve de selar a inteligência no que é, certamente, sua própria imagem. Será que isso não deve ser atribuído naturalmente à situação deles? Ora, quando os africanos entram em contato com os europeus ignoram a língua, a religião, os modos e os costumes deles. Algum esforço é feito para lhes ensinar tudo isso? São eles tratados como homens? A escravidão, por si só, não abate a mente, eliminando dela todo ímpeto e todo sentimento nobre? Mas, acima de tudo, que vantagens não possui um povo refinado sobre aqueles que são rudes e incultos! Deixe os polidos e arrogantes europeus recordarem-se de que *seus* antepassados já foram uma vez, assim como os africanos, incivilizados e até mesmo bárbaros. Será que a natureza *os* fez inferiores aos seus filhos? Deveriam *também eles* ter sido escravizados? Toda mente racional responde que não. Deixemos que reflexões como essas dissolvam o orgulho de sua superioridade, trans-

---

[37] Mesma página.

formando-o em solidariedade para com as necessidades e misérias de seus irmãos escuros, obrigando-os a reconhecer que a inteligência não está restrita a uma determinada feição fisionômica ou cor de pele. Se, quando olharem ao redor do mundo, eles sentirem exultação, que esta seja temperada pela benevolência para com os outros e por gratidão a Deus, "que de um só fez toda a raça humana para habitar sobre toda a face da terra",[38] e cuja "sabedoria não é a nossa sabedoria, nem são os nossos caminhos os seus caminhos".[39]

[38] Atos 17:26.

[39] Referência a Isaías 55:8. (N. do T.)

CAPÍTULO II

Nascimento e parentesco do autor — Rapto junto com sua irmã — A separação de ambos — Surpresa no reencontro — Separação definitiva — Relato dos diferentes lugares e incidentes que o autor enfrentou até sua chegada à costa — O efeito que a visão de um navio negreiro causou-lhe — Ele navega para as Índias Ocidentais — Horrores de um navio negreiro — Chegada a Barbados, onde a carga é vendida e dispersa

Espero que o leitor não pense que abusei de sua paciência ao me apresentar com alguns relatos dos usos e costumes de meu país. Eles foram muito cuidadosamente incutidos em mim, deixando em minha mente uma impressão que o tempo não conseguiu apagar. Toda a adversidade e os azares do destino que tenho experimentado desde então serviram apenas para reforçá-los e gravá-los, pois — seja real ou imaginário o amor de alguém por sua pátria, seja uma lição racional ou um instinto natural — a verdade é que eu ainda me recordo com prazer das primeiras cenas da minha vida, embora esse prazer esteja, em sua maior parte, misturado à tristeza.

Eu já informei o leitor sobre o tempo e o lugar do meu nascimento. Meu pai, além de muitos escravos, tinha uma família numerosa, na qual sete filhos já haviam crescido, inclusive eu e uma irmã, que era a única filha. Como eu era o mais novo dos filhos, tornei-me, é claro, o favorito de minha mãe, estando sempre com ela, que costumava empenhar-se particularmente na formação da minha mente.

Fui treinado desde os meus primeiros anos nas artes da agricultura e da guerra; meus exercícios diários eram atirar e arremessar lanças. Minha mãe enfeitava-me com emblemas, de acordo com o costume dos nossos maiores guerreiros.

Desse modo cresci até chegar à idade de onze anos, quando acabaram com a minha felicidade da seguinte forma. Geralmente, quando os adultos da vizinhança saíam para trabalhar nos campos, as crianças reuniam-se no quintal de algum vizinho para brincar. Era comum alguns de nós subirmos numa árvore para vigiar, verificando se havia algum assaltante ou raptor capaz de nos surpreender, pois às vezes eles aproveitavam essas oportunidades de ausência dos nossos pais para atacar, raptando tantos quantos conseguissem capturar. Um dia, quando eu estava de vigia no topo de uma árvore em nosso quintal, vi uma dessas pessoas entrando para raptar no quintal de nosso vizinho, onde havia muitos jovens crescidos. Diante disso eu dei imediatamente o alarme da presença do malfeitor e ele foi cercado pelos jovens mais fortes, que o enrolaram em cordas de modo que não pudesse escapar até que alguns adultos viessem e o amarrassem.[40]

Infelizmente, porém, em breve seria meu destino ser assim atacado e levado, quando não houvesse nenhum adulto por perto. Em determinado dia, quando todas as pessoas haviam saído para o trabalho como de costume e apenas eu e minha querida irmã fôramos deixados para cuidar da casa,

---

[40] O sequestro era uma das principais formas de obtenção de cativos. Obviamente, as reações a essa prática variavam de acordo com a posição do indivíduo raptado no interior da sociedade. As populações do Golfo de Biafra desaprovavam o sequestro e a escravização de membros da comunidade ou de outras comunidades relacionadas por laços de parentesco ou por alianças de longa data. Aqueles presos durante a tentativa de sequestro poderiam ser punidos com a morte ou com a deportação para as Américas, o provável destino da pessoa descrita por Olaudah Equiano. Ver G. Ugo Nwokegi, *The Slave Trade and Culture in the Bight of Biafra: An African Society in the Atlantic World*, op. cit., pp. 127-9. (N. da E.)

dois homens e uma mulher pularam nosso muro e, num instante, fomos ambos agarrados. Sem nos dar tempo para gritar ou resistir, eles taparam nossas bocas, amarraram nossas mãos e fugiram conosco para a floresta mais próxima. Continuaram a nos levar para o mais longe que podiam até o anoitecer, quando chegamos a uma pequena casa onde os bandidos pararam para se alimentar e passar a noite. Fomos então desamarrados, mas não conseguíamos comer nada. Completamente dominados pelo cansaço e pela tristeza, nosso único alívio foi um pouco de sono, que atenuou nosso infortúnio por um breve instante.[41]

Na manhã seguinte, deixamos a casa e continuamos viajando por todo o dia. Por muito tempo nos mantivemos na floresta, até que finalmente entramos numa estrada que eu julgava conhecer. Tive então alguma esperança de sermos libertados, pois assim que avançamos um pouco percebi a presença de algumas pessoas a certa distância, quando comecei a gritar por ajuda. Meus gritos, porém, não tiveram outro resultado senão fazê-los amarrar-me mais firmemente e tapar minha boca, e então eles colocaram-me dentro de um grande saco. Eles também taparam a boca da minha irmã e amarraram as mãos dela, dessa maneira nós prosseguimos até sair

---

[41] A infeliz circunstância da captura de Olaudah Equiano e sua irmã espelha, em numerosos aspectos, as experiências de milhares de africanos escravizados. O sequestro de membros da mesma família não era incomum, sobretudo em situações de rapto como a descrita por Equiano. Essas pessoas poderiam ou não ser embarcadas no mesmo navio, enviadas para o mesmo porto de desembarque, mas raramente eram adquiridas pelos mesmos proprietários do outro lado do Atlântico. Em casos esporádicos, essas pessoas (irmãos, tios etc.) se reencontravam nas Américas. Para um exemplo brasileiro, ver Lisa Earl Castillo e Urano Andrade, "Famílias africanas em tempos do tráfico atlântico: o resgate de parentes em cinco cartas de alforria (Bahia, 1818-1830)", *Afro-Ásia*, nº 60 (2019), pp. 253-74. (N. da E.)

do alcance da vista daquelas pessoas. Quando fomos descansar, na noite seguinte, eles nos ofereceram alimentos, mas nós os recusamos, e o único consolo que nos restava era poder ficar um nos braços do outro durante toda a noite, banhados ambos em lágrimas. Infelizmente, porém, fomos logo privados até mesmo do menor consolo de poder chorar juntos.

No dia seguinte experimentei a maior tristeza da minha vida até então, pois minha irmã e eu fomos separados quando estávamos agarrados um nos braços do outro. Foi em vão que lhes imploramos para não nos separar: ela foi arrancada de mim e imediatamente levada, enquanto eu era deixado num estado de perturbação indescritível. Eu chorava e sofria sem parar, ficando vários dias sem comer nada, a não ser aquilo que punham à força na minha boca. Finalmente, depois de muitos dias de viagem, durante os quais troquei muitas vezes de senhores, acabei caindo nas mãos de um chefe, em um país muito agradável. Esse homem tinha duas esposas e alguns filhos e todos eles me trataram extremamente bem, fazendo tudo que podiam para me confortar, particularmente a primeira esposa, que era um pouco parecida com minha mãe. Embora eu estivesse distante da casa de meu pai o equivalente a uma grande jornada de muitos dias, essas pessoas ainda falavam exatamente o mesmo idioma que nós.

Esse meu primeiro senhor, como posso chamá-lo, era um ferreiro e a minha principal função era trabalhar no seu fole, que era igual aos que já tinha visto na minha vizinhança. Em alguns aspectos, não era diferente daqueles dos fogões que há aqui nas cozinhas dos cavalheiros. Era revestido de couro, no meio do qual uma vara era fixada, e uma pessoa levantava-se para operá-lo da mesma forma como se faz para bombear água para fora de um barril com uma bomba manual. Creio que ele trabalhava com ouro, pois este era de uma bela cor amarela e brilhante, e usado pelas mulheres nos pulsos e tornozelos.

Suponho ter permanecido lá por cerca de um mês, até eles permitirem que eu saísse a alguma pequena distância da casa. Eu me valia dessa liberdade para aproveitar todas as chances de perguntar o caminho para minha própria casa e também, às vezes, com o mesmo propósito, acompanhava as donzelas quando, no frescor do anoitecer, iam às fontes com jarros buscar água para uso doméstico. Durante o percurso da minha viagem, eu reparara onde o sol se levantava pela manhã e se punha ao anoitecer, e havia observado que a casa de meu pai ficava na direção do sol nascente. Decidi, portanto, aproveitar a primeira oportunidade que houvesse para empreender minha fuga e preparar minha rota naquela direção, pois eu estava muito aflito e abatido pelas saudades de minha mãe e de meus amigos. E o meu amor pela liberdade, sempre grande, estava reforçado pela circunstância humilhante de não poder me atrever a comer junto com as crianças livres, embora, em geral, eu fosse companheiro delas.

Um dia, enquanto planejava minha fuga, um evento infeliz aconteceu, frustrando completamente meu plano e pondo fim às minhas esperanças. Às vezes, costumavam usar-me no auxílio a uma escrava idosa que cozinhava e cuidava das aves domésticas. Uma manhã, enquanto eu alimentava algumas galinhas, aconteceu de eu atirar numa delas uma pedrinha que a atingiu em cheio, matando-a imediatamente. A velha escrava, dando logo pela falta da galinha, perguntou por ela e, quando lhe contei o que ocorrera (pois eu lhe disse a verdade, uma vez que minha mãe jamais toleraria que contasse uma mentira), ficou furiosíssima e, ameaçando-me, disse-me que eu iria pagar por aquilo. Estando ausente o meu senhor, ela foi imediatamente contar à sua senhora o que eu havia feito. Isso deixou-me muito alarmado, na expectativa de um castigo iminente, o que para mim seria extraordinariamente terrível, pois eu poucas vezes tinha apanhado em casa. Assim sendo, resolvi fugir e corri até uma moita próxima, escondendo-me entre os arbustos. Logo depois, minha senhora e a escrava voltaram e, não me vendo, procuraram-me por toda a casa. Como não me encontravam e eu não respondia aos seus chamados, elas supuseram que eu havia fugido e toda a vizinhança foi mobilizada na minha busca.

Naquela parte do país (assim como no nosso) as casas e aldeias eram cercadas com paus ou arbustos, e as moitas eram tão espessas que um homem podia facilmente esconder-se no meio delas de modo a escapar da mais rigorosa procura. Os vizinhos continuaram a me procurar durante todo o dia e, diversas vezes, muitos deles passaram a apenas algumas jardas do lugar onde eu me escondia. A qualquer momento, ao ouvir uma farfalhada entre as plantas, eu esperava ser descoberto e punido pelo meu senhor. Eles, porém, nunca me encontravam, embora muitas vezes viessem tão próximos que eu era capaz até mesmo de ouvir suas conjecturas enquanto me procuravam. Então percebi, a partir do que ouvi, que qualquer tentativa de voltar para casa seria impossível. A maioria deles supôs que eu havia fugido em direção de casa, mas a distância era tão grande e o caminho tão intrincado, que eles achavam que eu jamais conseguiria chegar lá e que deveria estar perdido na floresta. Ao ouvir isso, fui tomado de um pânico violento e desesperei-me. Além disso, começava a anoitecer, o que só aumentava o meu medo. Até então, eu acalentava esperanças de voltar para casa e havia decidido fazer uma tentativa assim que escurecesse; mas agora estava convencido de que seria inútil, e comecei então a considerar que, caso eu eventualmente conseguisse escapar de todos os outros animais, não conseguiria escapar daqueles da espécie humana; e que, desconhecendo o caminho, deveria morrer na floresta. Assim, era eu como o cervo caçado:

Cada folha e cada sussurrante respiração
Significa um inimigo e cada inimigo, a extinção.[42]

Eu ouvia ruídos frequentes entre as folhas e, estando certo de que eram cobras, esperava ser picado por elas a qualquer momento. Isso aumentou minha angústia e o horror da minha situação tornou-se então completamente insuportável. Finalmente, saí da moita, muito fraco e faminto, pois passara o dia todo sem comer nem beber nada e arrastei-me até a cozinha do meu senhor, que era um barracão aberto, do qual eu havia saído inicialmente. Deitei-me nas cinzas com um ansioso desejo de morrer a fim de livrar-me de todos os meus sofrimentos. Pela manhã, eu mal havia acordado quando a velha escrava, que fora a primeira a se levantar, encontrou-me no fogão ao chegar para acender o fogo. Ela ficou muito surpresa ao ver-me e mal podia acreditar em seus próprios olhos. Prometeu então interceder em meu favor e foi procurar o senhor, que veio logo a seguir. Depois de me repreender levemente, ele ordenou que cuidassem de mim e que eu não fosse maltratado.

Logo depois, a única filha do meu senhor, nascida de sua primeira esposa, adoeceu e morreu. Isso o deixou tão abalado que, por algum tempo, quase entrou em desvario e realmente teria se matado caso não tivesse sido vigiado e impedido. No entanto, pouco tempo depois ele se recuperou e eu fui novamente vendido. Levaram-me então rumo à esquerda do sol nascente, através de vários ermos lúgubres e florestas sombrias, entre terríveis rugidos de animais selvagens.

---

[42] De acordo com Vincent Carretta, adaptação ou lembrança imprecisa dos versos 287 e 288 do poema "Cooper's Hill" (1642), de John Denham (1615-1669): "*Now ev'ry leaf, and ev'ry moving breath/ Presents a foe, and ev'ry foe a death*". (N. do T.)

As pessoas para as quais fui vendido costumavam me carregar sobre os ombros ou nas costas quando eu ficava cansado. Vi muitos abrigos convenientes e bem construídos ao longo das estradas, a distâncias adequadas, para acomodar comerciantes e viajantes que se instalavam nessas edificações juntamente com suas mulheres, que muitas vezes os acompanhavam, e eles estavam sempre bem armados.

Desde o momento em que saí da minha própria nação até chegar à costa marítima, sempre encontrei alguém que me compreendesse. Os idiomas das diferentes nações não diferiam totalmente nem eram tão copiosos quanto os dos europeus, em particular o inglês. Eles eram, por conseguinte, de fácil aprendizagem e, enquanto eu viajava assim através de África, aprendi duas ou três línguas diferentes.[43]

Continuei viajando desse modo por um tempo considerável até que, uma noite, para minha grande surpresa, vejo sendo trazida para a casa onde eu estava ninguém menos que a minha querida irmã! Assim que ela me viu, deu um sonoro berro e veio correndo para os meus braços. Fiquei completamente dominado: nenhum de nós conseguia falar e, por um tempo considerável, ficamos agarrados em abraços mútuos, incapazes de fazer qualquer coisa senão chorar. Nosso encontro comoveu todos que nos viram — e, na verdade, devo reconhecer, em honra daqueles negros destruidores dos direitos humanos, que eu nunca sofri nenhum maltrato nem vi nenhum intento contra seus escravos, exceto serem amarrados, quando necessário, para evitar que fugissem.

---

[43] Olaudah Equiano se refere aqui a pessoas de diferentes grupos étnicos cujas línguas eram aparentadas, permitindo assim algum grau de compreensão entre elas. Tal compreensão linguística foi fundamental na organização das nações africanas uma vez nas Américas, formando comunidades étnicas que tinham na língua um dos principais elementos agregadores. (N. da E.)

Quando aquelas pessoas souberam que éramos irmãos, permitiram que ficássemos juntos. O homem — a quem eu supunha que pertencíamos — permaneceu conosco, colocando-se entre nós, e passamos a noite toda, ela e eu, com as mãos dadas sobre o peito dele. Assim esquecemos de nossos infortúnios por um instante graças à alegria de estar juntos. Mesmo esse pequeno consolo, porém, haveria de acabar logo, pois a manhã fatal mal tinha surgido quando ela foi novamente arrebatada de mim, desta vez para sempre!

Sentia-me agora mais desgraçado — caso fosse possível — do que antes. Acabara-se o pequeno alívio que a presença dela proporcionara à minha dor e a infelicidade da minha situação foi redobrada por minha ansiedade acerca de seu destino e pela apreensão de que os sofrimentos dela pudessem ser maiores do que os meus, sem que eu pudesse estar junto para aliviá-los. Sim, você, querida companheira de todas as minhas brincadeiras infantis! Você, que compartilhou minhas alegrias e tristezas! Deveria eu considerar-me eternamente feliz por enfrentar todos os sofrimentos em seu lugar e por obter sua liberdade pelo sacrifício da minha própria. Embora você tenha sido precocemente arrancada dos meus braços, sua imagem sempre esteve cravada no meu coração, de onde *nem o tempo nem o destino* foram capazes de removê-la. Desse modo, pensar nos sofrimentos dela sufocava minha felicidade e, ao mesmo tempo, misturava-se com as adversidades, aumentando-as em amargura. Ao céu, que protege o fraco do forte, eu confio o cuidado com sua inocência e suas virtudes, se já não tenham recebido sua plena recompensa; e caso sua juventude e delicadeza já não tenham caído há muito tempo vítimas da violência do traficante africano, do fedor pestilento do navio da Guiné, dos temperos nas colônias europeias ou do açoite e da luxúria de um feitor brutal e impiedoso.

Eu não permaneci ali por muito depois da partida da minha irmã. Fui novamente vendido e levado, passando por numerosos lugares até que, depois de ter viajado por um tempo considerável, cheguei a uma cidade chamada Tinmah, no mais lindo país que jamais conheci na África. Era extremamente rico e com muitos riachos fluindo através dele para abastecer um grande lago no centro da cidade, onde as pessoas se banhavam. Ali, pela primeira vez, eu vi e provei coco, que achei superior a qualquer outro tipo de noz que já havia provado antes. Os coqueiros, que eram carregados, entremeavam-se com as casas, que tinham amplas sombras adjacentes e possuíam, assim como as nossas, seus interiores rebocados e caiados com esmero. Lá eu também vi e provei pela primeira vez a cana-de-açúcar.

O dinheiro deles consistia em pequenas conchas brancas, do tamanho de uma unha, conhecidas naquele país pelo nome de *caurim*.[44] Fui vendido por 172 delas por um comerciante que vivia naquele lugar e havia me levado para lá. Fiquei cerca de dois ou três dias em sua casa, até que uma viúva rica, sua vizinha, apareceu por lá uma noite levando consigo seu único filho, um jovem cavalheiro que era aproximadamente da minha idade e do meu tamanho. Ali eles viram-me e, tendo simpatizado comigo, compraram-me do comerciante e, assim, fui para casa com eles.

A casa dela e as instalações eram situadas perto de um daqueles riachos que já mencionei e eram as melhores que eu já vi na África: eram muito extensas e ela possuía muitos escravos para servi-la. No dia seguinte, fui lavado e perfumado e, quando chegou a hora da refeição, fui conduzido à presença da minha senhora, comendo e bebendo na presença dela e de seu filho. Isso muito me espantou e mal conseguia disfarçar minha surpresa diante da tolerância do jovem ca-

---

[44] *Caurim*, *cauri* ou *cowry shells*, búzios oriundos das Ilhas Maldivas, no Oceano Índico. Eles circulavam como moeda em várias regiões da África Ocidental. (N. do T.)

valheiro ao permitir que eu, um cativo, pudesse comer na companhia dele, que era livre. E não era apenas isso, pois ele era incapaz de comer ou de beber algo antes que eu o fizesse primeiro, uma vez que eu era o mais velho e assim mandava o nosso costume. Na verdade, tudo ali, todo o tratamento que me dispensavam, fazia-me esquecer de que eu era um escravo.

A língua dessas pessoas assemelhava-se tanto à nossa que nos entendíamos perfeitamente. Seus costumes também eram idênticos aos nossos. Havia, do mesmo modo, escravos para nos servir diariamente, enquanto meu jovem senhor e eu brincávamos junto com outros meninos com dardos, arcos e flechas como eu costumava fazer em casa.

Permaneci nessa situação, que era semelhante ao meu antigo estado de felicidade, por cerca de dois meses. Já começava a achar que seria adotado por aquela família — começando a me resignar com minha condição e a esquecer, aos poucos, minhas desgraças —, quando toda ilusão desapareceu de repente, pois, sem nenhum aviso prévio, cedo numa manhã, enquanto meu querido senhor e companheiro ainda dormia, fui despertado do meu devaneio para uma nova aflição, sendo levado às pressas para junto dos não circuncidados.

Assim, justo no momento em que eu sonhava com a maior felicidade, passei a sentir-me na maior desgraça, e parecia que a fortuna quis dar-me aquele gostinho de alegria só para tornar o reverso ainda mais pungente. A mudança que eu agora experimentava foi tão dolorosa quanto súbita e inesperada. Foi, com efeito, uma transição de um estado de felicidade para uma situação que é para mim inexprimível, pois me revelava algo que eu nunca havia visto antes, e que até então ignorava, e que ocorreu continuamente em semelhantes situações de dificuldades e crueldade, de um modo sobre o qual só consigo refletir com horror.

A interessante narrativa da vida de Olaudah Equiano

Todas as nações e povos pelos quais eu tinha passado até então se assemelhavam a nós em suas maneiras, costumes e língua. Mas eu chegara, enfim, a um país cujos habitantes diferiam de nós em todos esses aspectos. Eu fiquei muito impressionado com essas diferenças, especialmente por estar entre um povo que não circuncidava e comia sem lavar as mãos. Eles também cozinhavam em panelas de ferro, tinham sabres e bestas europeias que eram desconhecidas para nós e lutavam entre si com os punhos. Suas mulheres não eram tão recatadas como as nossas, pois comiam, bebiam e dormiam junto com seus homens. Porém, acima de tudo, fiquei espantado por não ver entre eles nenhum sacrifício ou oferenda.

Em alguns desses lugares as pessoas se ornamentavam com escarificações e também limavam seus dentes, deixando-os muito afiados. Algumas vezes eles quiseram ornamentar-me dessa mesma maneira, mas eu não permiti, pois tinha esperança de que, algum dia, poderia viver junto a um povo que não se desfigurasse assim, como julguei que faziam.

Finalmente, cheguei às margens de um grande rio, que estava cheio de canoas nas quais as pessoas pareciam viver com seus utensílios domésticos e provisões de todos os tipos. Fiquei incomensuravelmente surpreso com isso, uma vez que nunca havia visto antes qualquer volume de água maior do que uma lagoa ou um riacho e a minha surpresa misturou-se a um medo não menor quando fui colocado numa dessas canoas e começamos a remar e a nos mover ao longo do rio.

Prosseguimos assim até a noite, quando fomos para terra e fizemos fogueiras na margem. Era cada família por si, algumas arrastando suas canoas até a margem e outras permanecendo nelas, cozinhando e passando a noite em seu interior. Os que estavam em terra tinham esteiras, com as quais fizeram tendas, algumas na forma de casinhas, e foi nessas que dormimos. Embarcamos novamente após a refeição matinal, prosseguindo como antes. Com frequência eu me espantava ao ver algumas mulheres e também homens saltando na água, mergulhando até o fundo, emergindo novamente e nadando ao redor.

Assim continuei a viajar, às vezes por terra, às vezes pela água, passando por diversos países e várias nações até chegar à costa marinha, seis ou sete meses depois de ter sido raptado. Seria tedioso e desinteressante relatar todos os incidentes que me sucederam durante essa jornada, dos quais ainda não me esqueci; as várias mãos pelas quais passei e os modos e costumes dos diversos povos entre os quais vivi. Portanto, devo apenas observar que, em todos os lugares onde estive, o solo era extremamente rico, havendo abóbora, cará, banana, inhame etc. em grande abundância e de tamanhos incríveis. Havia ainda uma vasta quantidade de diferentes gomas — embora não utilizadas para nenhuma finalidade — e, em toda parte, de tabaco também. O algodão crescia até mesmo totalmente silvestre e havia abundância de árvores de madeira vermelha. Não vi nenhum tipo de artífice durante todo o caminho, exceto da espécie que mencionei. A principal ocupação em todos esses países era a agricultura e, assim como entre nós, tanto homens como mulheres eram criados para isso e treinados nas artes marciais.

A primeira coisa que me chamou a atenção quando cheguei à costa foi o mar e também um navio negreiro que estava ancorado à espera de sua carga. Aquilo me deixou tomado por um espanto — logo transformado em terror — que até hoje tenho dificuldade em descrever, assim como os sentimentos então em minha mente. Ao ser conduzido a bordo fui imediatamente apalpado e jogado para o alto por alguns membros da tripulação que queriam verificar se eu era saudável. Fiquei então convencido de que havia ingressado num mundo de espíritos maus e de que eles iriam me matar.

A aparência deles, tão diferente da nossa, seus cabelos longos e o idioma que falavam (que era muito diferente de qualquer outro que eu já havia ouvido): tudo se juntava para confirmar minha convicção. Na verdade, os horrores das minhas visões e medos naquele momento eram tamanhos que, caso eu possuísse dez mil mundos, eu me desfaria de todos eles de bom grado para trocar a minha situação pela do escravo mais insignificante do meu próprio país. Quando olhei ao redor do navio e vi uma fornalha ou caldeira fervendo e uma multidão de negros de todos os tipos acorrentados juntos, todos expressando melancolia e tristeza em seus semblantes, eu já não duvidava mais do meu destino. E, completamente dominado pelo horror e pela angústia, caí imóvel no convés e desmaiei.

Quando me recuperei um pouco, notei que havia alguns negros ao meu redor, que eu acreditava serem alguns daqueles que me haviam levado a bordo e recebido seus pagamentos. Eles falaram comigo, a fim de me animar, mas foi tudo em vão. Perguntei-lhes se não seríamos comidos por aqueles homens brancos com aparência horrível, de rostos vermelhos e cabelos longos.[45] Eles me disseram que não e um dos tripulantes trouxe-me uma pequena dose de bebida alcoólica num copo de vinho, mas como eu tinha medo dele, não iria pegá-lo da sua mão. Um dos negros então o pegou e me deu, e eu

---

[45] Entre muitos africanos escravizados (principalmente entre aqueles do Golfo de Biafra) estava disseminado o temor de serem comidos pelos brancos, o que pode explicar, parcialmente, a sua resistência à escravidão e mesmo a prática do suicídio. Ver Michael A. Gomez, "A Quality of Anguish: The Igbo Response to Enslavement in North America", in Paul E. Lovejoy e David V. Trotman (orgs.), *Trans-Atlantic Dimensions of Ethnicity in the African Diaspora*, Londres, Continuum, 2003, pp. 83-95. Mas o medo do canibalismo branco existia mesmo entre outros grupos étnicos. No século XIX, um grupo de africanos macuas, da África Oriental, se rebelou a bordo de um navio que parou na Bahia pelo medo de serem comidos. Ver João José Reis, *Rebelião escrava no Brasil: a história do levante de 1835 na Bahia*, São Paulo, Companhia das Letras, 2003. (N. da E.)

coloquei um pouco da bebida embaixo do meu palato. Em vez de me reanimar, como eles pensavam que aconteceria, isso me deixou completamente consternado, pois provocou uma estranha sensação, uma vez que eu nunca tinha provado nenhuma bebida assim antes. Logo depois, os negros que haviam me levado a bordo partiram, deixando-me abandonado naquele desespero.

Eu agora me via sem nenhuma chance de voltar ao meu país natal, não vislumbrando nem mesmo a menor esperança de poder chegar à praia, que agora considerava minha aliada. Eu até preferiria estar no meu antigo estado de escravidão, em vez daquela situação presente, que era repleta de horrores de todos os tipos, agravados ainda por minha ignorância sobre o que viria a sofrer. Não me concederam, porém, muito tempo para cuidar da minha aflição, pois fui logo colocado debaixo do convés, onde fui recebido com uma tal saudação em minhas narinas como eu jamais experimentara na vida. Assim, aos prantos e repugnado por aquele fedor, fiquei tão doente e abatido que era incapaz de comer, não tendo nenhuma vontade de provar algo. Eu agora desejava que a derradeira amiga, a morte, me trouxesse um alívio. Porém, para minha tristeza, dois dos brancos logo me ofereceram comida e, diante da minha recusa em comer, um deles segurou-me firmemente pelas mãos, colocando-me, suponho, sobre o cabrestante e amarrou os meus pés enquanto o outro me açoitava violentamente. Eu nunca tinha experimentado nada parecido antes. Embora temesse naturalmente a água desde a primeira vez que a vira — porque não estava habituado a ela —, ainda assim, caso conseguisse atravessar o cordame, eu pularia por sobre a amurada do navio. Mas era impossível. Além disso, a tripulação costumava vigiar muito de perto aqueles de nós que não estivessem acorrentados sob o convés, para que não saltássemos na água, e eu cheguei a ver alguns desses pobres prisioneiros africanos muito grave-

A interessante narrativa da vida de Olaudah Equiano

mente feridos por tentarem fazer isso, açoitados a cada hora por se recusarem a comer. Na verdade, esse era frequentemente o meu caso.

Depois de passar pouco tempo com os pobres acorrentados, encontrei alguns que eram da minha própria nação, o que aliviou um pouco minha mente. Perguntei-lhes o que seria feito de nós e me deram a entender que deveríamos ser levados ao país desses brancos para trabalhar para eles. Eu já estava então um pouco reanimado e pensei que, caso não fosse nada pior do que trabalhar, minha situação não era tão desesperadora. Ainda assim, temia ser morto, pois os brancos pareciam e agiam, como eu julgava, de um modo extremamente selvagem. Nunca havia visto, junto a nenhum povo, semelhantes casos de crueldade brutal, e isso eles exibiam não apenas em relação a nós, negros, mas também contra alguns dos próprios brancos. Quando nos permitiram ficar no convés, vi um branco, em especial, ser açoitado tão impiedosamente com uma grande corda perto do mastro de proa, que ele acabou morrendo em consequência disso, e eles o lançaram por sobre a amurada do navio como teriam feito com um animal. Isso me fez temer ainda mais essas pessoas e eu não esperava nada menos do que ser tratado da mesma maneira.

Não podia deixar de expressar meus medos e apreensões a alguns dos meus conterrâneos, perguntando-lhes se essas pessoas viviam naquele lugar oco (o navio), sem possuir um país. Disseram-me que eles não viviam ali, mas vinham de um país distante. "Então", eu disse, "como é possível que em todo o nosso país nós nunca tenhamos ouvido falar deles?" Eles me disseram que era porque eles viviam muito longe. Então perguntei onde estavam suas mulheres, caso houvesse alguma como eles. Disseram-me que havia. "E por que", perguntei, "nós não as vemos?" Eles responderam que era porque elas haviam sido deixadas para trás. Eu perguntei como o navio conseguia partir. Eles me disseram que não sabiam dizer, mas que havia panos que eram colocados sobre os mastros com a ajuda das cordas que eu vira e, desse modo, o navio se movia. E que os brancos tinham algum feitiço ou magia que, quando queriam, lançavam na água para fazer o navio parar. Fiquei extremamente admirado com esse relato, julgando que eles realmente eram espíritos. Por isso, desejei muito estar longe deles, pois supunha que iriam me sacrificar. Meus desejos, no entanto, eram vãos, pois estávamos tão dilacerados que era impossível para qualquer um de nós empreender uma fuga.

Durante nossa permanência na costa, eu geralmente ficava no convés e um dia, para meu grande espanto, vi um desses navios se aproximando com as velas içadas. Assim que os brancos o viram, soltaram um grande grito, que nos deixou impressionados, e ficamos mais ainda conforme o navio, ao aproximar-se, parecia maior. Finalmente ele chegou para ancorar à minha vista e, quando a âncora foi lançada, eu e meus compatriotas ficamos espantados ao observar a parada do navio, ficando então convencidos de que aquilo era feito por magia. Logo depois, esse outro navio retirou os botes e seus tripulantes vieram a bordo do nosso. As pessoas de ambos os navios pareciam muito contentes por se encontrar. Vários dos estranhos também apertaram nossas mãos, dos negros, fazendo gestos com as mãos querendo dizer, eu suponho, que deveríamos ir ao país deles, mas nós não os compreendíamos. Por fim, quando toda a carga do navio em que estávamos foi embarcada, eles prepararam-se com muitos barulhos terríveis e nós fomos todos colocados sob o convés, de modo que não pudemos ver de que maneira eles conduziam o navio. Mas essa decepção foi a menor das minhas tristezas.

O fedor do porão, enquanto estávamos na costa, era tão intoleravelmente nauseabundo que era perigoso permanecer ali por certo tempo, e alguns de nós eram autorizados a ficar no convés para tomar ar fresco. Agora, porém, que toda a carga do navio estava confinada junta, o cheiro tornara-se absolutamente pestilento. O abafamento do local e o calor do clima, somados à multidão dentro do navio — que estava tão abarrotado que cada um mal tinha espaço para se virar —, quase nos sufocavam. Isso causava copiosa transpiração, de modo que o ar logo se tornou impróprio para a respiração devido a uma variedade de cheiros repugnantes, provocando doenças entre os escravos, das quais muitos morreram, caindo, desse modo, vítimas da avareza improvidente — como posso chamá-la — de seus compradores. Essa deplorável situação era, ademais, agravada pelas feridas dos grilhões, tornando-se assim insuportável, também pela imundície dos barris de necessidades, dentro dos quais as crianças muitas vezes caíam e onde quase se afogavam. Os gritos das mulheres e os gemidos dos moribundos produziam, em seu conjunto, uma cena de horror quase inconcebível. Talvez felizmente para mim, fiquei logo tão debilitado que julgaram necessário manter-me quase todo o tempo no convés. E, graças à minha extrema juventude, eu não fui acorrentado.

Naquela situação, eu esperava a cada momento compartilhar o destino de meus companheiros, alguns dos quais eram quase diariamente trazidos ao convés quando estavam à beira da morte, a qual eu comecei a esperar que em breve pusesse fim às minhas misérias. Muitas vezes achei que os habitantes das profundezas eram bem mais felizes do que eu. Eu invejava-lhes a liberdade de que gozavam e amiúde desejei poder trocar minha condição pela deles.

Tudo o que me acontecia servia apenas para tornar a situação mais dolorosa e reforçar minhas apreensões e a opinião sobre a crueldade dos brancos. Um dia, eles apanharam e mataram inúmeros peixes e, depois de saciados com a quantidade que julgaram suficiente, para espanto meu e daqueles que estavam no convés, ao invés de nos dar para comer alguns dos peixes restantes, como esperávamos, eles preferiram jogá-los de volta ao mar, embora nós tivéssemos implorado e suplicado o mais que podíamos, inutilmente. Pressionados pela fome, alguns dos meus compatriotas aproveitavam uma oportunidade, quando criam que ninguém os via, para tentar pegar um pouco às escondidas, mas foram descobertos e a tentativa rendeu-lhes açoitamentos muito violentos.

Um dia, quando tínhamos mar calmo e vento moderado, dois dos meus exaustos compatriotas que haviam sido acorrentados juntos (eu estava perto deles na ocasião), preferindo a morte a uma vida de miséria, de algum modo passaram pelo cordame e saltaram ao mar. Imediatamente, outro companheiro bastante abatido, que, por conta de sua doença, permitiram que ficasse desacorrentado, seguiu também o exemplo deles. Acredito que muitos mais teriam feito logo o mesmo, caso não tivessem sido impedidos pela tripulação do navio, que foi imediatamente alertada. Aqueles de nós que eram os mais ativos foram rapidamente levados para debaixo do convés e houve tanto barulho e confusão entre as pessoas do navio como eu nunca ouvira antes, a fim de pará-lo e retirar o bote para buscar os escravos. No entanto, dois dos desgraçados afogaram-se, mas eles conseguiram apanhar o outro, que depois foi impiedosamente açoitado por tentar, daquele modo, preferir a morte à escravidão.

Continuamos assim submetidos a mais sofrimentos do que eu sou agora capaz de relatar, sofrimentos que são indissociáveis desse tráfico maldito. Muitas vezes estávamos perto do sufocamento por falta de ar fresco, do qual éramos frequentemente privados durante dias inteiros. Isso e o mau cheiro dos barris de necessidades causaram a morte de muitos.[46]

---

[46] Diversos autores trataram de descrições de navios negreiros, a organização da viagem transatlântica, o embarque de cativos e suas condi-

Durante nossa travessia atlântica[47] vi pela primeira vez peixes-voadores, que me surpreenderam muito: eles costumavam voar através do navio e muitos deles caíam no convés. Vi também, pela primeira vez, o uso do quadrante.[48] Com espanto, olhava os marinheiros fazendo observações com ele e não podia imaginar qual era a sua finalidade. Finalmente, perceberam minha surpresa e um deles, disposto a aumentá-la, assim como a satisfazer minha curiosidade, deixou-me um dia olhar através dele. As nuvens me pareceram ser terra, que desaparecia conforme elas passavam ao longe. Isso aumentou minha admiração e eu fiquei mais persuadido do que nunca de que estava em outro mundo e de que tudo ao meu redor era mágico.

Quando enfim avistamos a ilha de Barbados, os brancos a bordo deram um grande grito, fazendo para nós muitos sinais de alegria. Nós não sabíamos o que pensar a respeito, mas, à medida que o navio se aproximava, pudemos ver claramente o porto e outros navios de diferentes tipos e tamanhos. Logo ancoramos entre eles, ao largo de Bridgetown. Muitos comerciantes e fazendeiros vieram então a bordo, embora fosse noite.[49] Eles nos colocaram em lotes separados

---

ções durante a viagem. Para uma abordagem geral, ver Marcus Rediker, *O navio negreiro: uma história humana*, São Paulo, Companhia das Letras, 2011. (N. da E.)

[47] A expressão original *passage* (ou *middle passage*) era empregada para designar a travessia do Atlântico pelos navios negreiros, da África até a América. (N. do T.)

[48] Instrumento de navegação marítima que permite determinar a latitude de um ponto com base na altura dos astros e suas distâncias angulares. (N. do T.)

[49] A escravidão em Barbados decolou a partir de meados do século XVII, quando a "Revolução do açúcar" atingiu a ilha. Barbados foi a grande produtora mundial da *commodity* durante o século XVII, sendo superada no século seguinte pela Jamaica e por Saint-Domingue (futuro

e nos examinaram atentamente. Também nos fizeram saltar[50] e apontaram para a terra, querendo dizer que deveríamos nos dirigir para lá. Diante disso, passamos a achar que seríamos comidos por esses homens feios, como eles nos pareciam. Logo a seguir, quando fomos todos levados novamente para debaixo do convés, houve muito temor e tremedeira entre nós e somente gritos de amargura podiam ser ouvidos durante a noite toda em função dessas apreensões, a tal ponto que os brancos levaram afinal alguns escravos idosos da terra a fim de nos acalmar. Estes nos disseram que não seríamos comidos, mas trabalharíamos e que logo iríamos para a terra, onde deveríamos ver muitas pessoas de nossos países.[51] Esse relato muito nos tranquilizou e, realmente, logo depois que desembarcamos vieram a nós africanos falando todos os idiomas. Fomos conduzidos imediatamente ao pátio do comerciante, onde fomos todos confinados juntos como um bando de ovelhas num cercado, sem consideração a sexo ou idade.

Como tudo era novidade para mim, cada coisa que via enchia-me de admiração. A primeira coisa que me impressionou foi que as casas eram construídas com tijolos, em pavimentos, sendo, em todos os demais aspectos, diferentes daquelas que eu havia visto na África. Mas eu fiquei ainda mais

---

Haiti). Estima-se que Barbados tenha recebido aproximadamente 493.163 africanos escravizados durante a era do tráfico, 69,2% dos quais entraram entre 1676 e 1775, sendo o pico dos desembarques entre 1701 e 1725 (95.144). A maior parte dos africanos escravizados em Barbados chegava do Golfo de Biafra, a região de Equiano (136.979), seguido da Costa do Ouro, atual Gana (135.929) e do Golfo do Benim (87.695). Ver *Slave Voyages* (http://www.slavevoyages.org/estimates/iYSmo6sa), acessado em 4 de novembro de 2021; ver também B. W. Higman, "The Sugar Revolution", *The Economic History Review*, vol. 53, nº 2 (2000), pp. 213-36. (N. da E.)

[50] Como demonstração de força e saúde. (N. do T.)

[51] Ver a propósito a nota 45. (N. do T.)

espantado ao ver pessoas a cavalo: não sabia o que isso poderia significar e, de fato, pensei que aquelas pessoas nada mais eram que detentores de poderes mágicos. Enquanto eu estava nesse assombro, um dos meus companheiros de cativeiro conversou sobre os cavalos com um compatriota seu, que disse que eles eram do mesmo tipo que havia em seu país. Consegui compreendê-los, embora eles fossem de uma parte distante da África, e achei estranho que eu nunca tivesse visto um cavalo por lá. Porém, depois de conversar com vários africanos, acabei descobrindo que havia muitos cavalos entre eles e muito maiores do que aqueles que eu então via.

Nós não ficamos muitos dias sob custódia do comerciante até sermos vendidos conforme a maneira habitual, que é a seguinte: ao ser dado um sinal (como a batida de um tambor), os compradores avançam de uma só vez para o pátio onde os escravos estão confinados e escolhem o lote de sua preferência. O barulho e o tumulto como é realizado e a avidez visível nos semblantes dos compradores contribuem sobremaneira para aumentar as apreensões dos aterrorizados africanos, que provavelmente devem considerá-los como agentes do extermínio ao qual se julgam condenados. Desse modo, sem nenhum escrúpulo, parentes e amigos são separados, a maioria deles para nunca mais se encontrar. Lembro-me de que no navio em que fui trazido havia no alojamento masculino vários irmãos que, durante a venda, acabaram vendidos em lotes diferentes e foi muito comovente naquela ocasião ver e ouvir seus prantos pela separação.

Ó vós, cristãos nominais! Não pode vos pedir um africano, tendo vós aprendido isso de vosso Deus, que vos diz: "Tudo o que vós quereis que os homens vos façam, fazei-lho também vós"?[52] Não é suficiente que sejamos arrancados de nosso país e de nossos amigos para labutar para vosso luxo

---

[52] Referência a Mateus 7:12. (N. do T.)

e ânsia por lucro? Será preciso sacrificar também todo sentimento afetuoso em nome da vossa cobiça? Será que os amigos e parentes mais queridos — que se tornaram ainda mais queridos depois de separados de seus demais familiares — precisariam ser apartados também uns dos outros, ficando assim impedidos de consolar a melancolia da escravidão com o pequeno conforto de suas companhias e com o compartilhamento de seus sofrimentos e tristezas? Por que os pais hão de perder seus filhos, os irmãos suas irmãs ou os maridos suas esposas? Certamente, trata-se de um novo requinte na crueldade, o qual, malgrado não possua nenhuma vantagem que o justifique, acaba por agravar a angústia, acrescentando novos horrores até para a desgraça da escravidão.

CAPÍTULO III

O autor é levado para a Virgínia — Sua angústia — Surpresa ao ver um retrato e um relógio — É comprado pelo capitão Pascal e parte para a Inglaterra — Seu terror durante a viagem — Chegada à Inglaterra — Seu espanto diante de uma nevasca — É enviado para Guernsey e, depois de algum tempo, embarca em um navio de guerra com o seu senhor — Alguns relatos da expedição contra Louisbourg, em 1758, sob o comando do almirante Boscawen

Naquele momento eu perdi completamente o restinho de consolo de que desfrutava conversando com meus compatriotas. E também com as mulheres, que costumavam lavar-me e cuidar de mim. Todos foram embora, por diferentes rumos, e nunca mais os vi.

Permaneci nessa ilha por alguns dias, acredito que não deve ter sido por mais de uma quinzena, quando eu e mais alguns poucos escravos que, de tão abatidos, não eram vendáveis em meio aos demais, fomos enviados numa chalupa para a América do Norte. Durante a viagem fomos mais bem tratados do que quando estávamos vindo da África, dispondo de bastante arroz e banha de porco. Desembarcamos acima de um rio, a boa distância do mar, perto do condado de Virgínia, onde encontramos poucos ou nenhum de nossos nativos africanos e nenhuma alma capaz de conversar comigo. Fiquei algumas semanas capinando e recolhendo pedras numa fazenda[53] e, afinal, todos os meus companheiros foram

---

[53] A palavra *plantation*, utilizada no original, designa uma proprie-

dispersos por rumos diferentes, restando apenas eu. Estava então excessivamente infeliz, sentido-me pior do que qualquer um dos demais companheiros, pois eles ainda podiam conversar entre si, mas eu não tinha ninguém com quem falar e que fosse capaz de me compreender. Nesse estado, ficava constantemente aflito e lastimoso, desejando a morte acima de tudo.

Enquanto estava nessa fazenda, o cavalheiro que eu supunha ser o proprietário ficou indisposto e um dia fui enviado à sua residência para abaná-lo. Quando entrei no quarto onde ele se encontrava, eu estava muito amedrontado por algumas coisas que vira e tanto mais por ter visto, ao passar pela casa, uma escrava negra que estava cozinhando o jantar. A pobre criatura estava cruelmente oprimida por diversos artefatos de ferro. Ela portava um, em particular, na cabeça, que obstruía sua boca tão firmemente que ela mal conseguia falar, ficando incapaz de comer ou beber. Fiquei muito surpreso e chocado com esse instrumento, que mais tarde soube que era chamado de máscara de flandres.

Logo colocaram um abanador na minha mão para abanar o cavalheiro enquanto ele dormia, o que eu então fiz com grande medo deveras. Enquanto ele dormia profundamente, eu aproveitei para explorar bastante o quarto, que me pareceu muito agradável e curioso. O primeiro objeto que chamou a minha atenção foi um relógio que estava pendurado na chaminé e estava funcionando. Fiquei muito surpreso com o barulho que fazia e receei que fosse capaz de contar ao cavalheiro alguma coisa errada que eu fizesse. Logo depois, ao

---

dade rural produtiva de grande extensão baseada na monocultura (algodão, tabaco, cana-de-açúcar, café etc.) e na mão de obra escravizada. O vocábulo é também empregado em livros brasileiros de História para se referir a esse modo de produção agrícola, largamente utilizado na colonização da América. (N. do T.)

observar um retrato pendurado no quarto, o qual parecia olhar para mim o tempo todo, fiquei ainda mais amedrontado, pois nunca tinha visto nada semelhante antes. Por um momento pensei que era algo relacionado à magia, mas vendo que não se movia, achei que poderia ser alguma maneira que os brancos tinham de conservar seus homens importantes quando eles morriam e oferecer-lhes libação, como costumávamos fazer com nossos espíritos amigáveis. Permaneci nesse estado de ansiedade até o meu senhor acordar, quando fui liberado para sair do quarto, para minha grande satisfação e alívio, pois achava que essas pessoas eram todas feitas de prodígios. Nesse lugar eu era chamado de Jacob, mas a bordo do veleiro africano chamavam-me de Michael.

Já estava por algum tempo nesse estado infeliz, desesperado e muito abatido, sem ter ninguém com quem conversar, o que tornava minha vida um fardo, quando a generosa e misteriosa mão do Criador (que, deveras, conduz os cegos de um modo que eles ignoram) começou então a aparecer, para meu alívio. Pois eis que um dia o capitão de um navio mercante chamado *Industrious Bee* veio à casa do meu senhor para tratar de alguns negócios. Este cavalheiro, cujo nome era Michael Henry Pascal, era um tenente da Marinha Real, mas agora comandava esse navio mercante, que estava em algum lugar nos confins do condado a muitas milhas de distância. Enquanto estava na casa do meu senhor, ele acabou me conhecendo e gostando tanto de mim que me adquiriu. Creio que muitas vezes o ouvi dizer que pagara trinta ou quarenta libras esterlinas por mim, mas agora eu não lembro quanto foi. De qualquer modo, ele pretendia que eu fosse um presente para alguns de seus amigos na Inglaterra e, assim sendo, fui enviado da casa de meu então senhor, sr. Campbell, para o lugar onde o navio se encontrava. Fui conduzido a cavalo por um negro idoso (um meio de viajar que me pareceu muito estranho). Ao chegar, fui levado a bordo de um

A interessante narrativa da vida de Olaudah Equiano

grande e excelente navio, carregado com tabaco etc. e recém--preparado para navegar para a Inglaterra. Eu agora considerava minha condição muito melhorada: tinha panos onde deitar-me, abundância de bons mantimentos para comer e todos a bordo tratavam-me muito gentilmente, bem ao contrário do que havia visto dos brancos até então. Por isso, comecei a achar que eles não tinham todos a mesma índole.

Poucos dias depois de eu embarcar, navegamos para a Inglaterra. Eu ainda estava confuso demais para fazer conjecturas sobre o meu destino. A essa altura, no entanto, já conseguia falar precariamente um pouco de inglês imperfeito, e queria saber, o melhor que pudesse, para onde estávamos indo. Algumas das pessoas do navio costumavam dizer que estavam me levando de volta ao meu próprio país, o que me deixava muito contente. Fiquei bastante alegre com a ideia de voltar, pensando nas maravilhas que teria para contar caso chegasse a casa. Mas outro destino me estava reservado e logo me desiludi quando avistamos a costa inglesa. Durante minha permanência a bordo desse navio, meu capitão e senhor deu-me o nome de Gustavus Vassa. Naquela época eu começava a compreendê-lo um pouco e recusei ser chamado assim, dizendo-lhe, do melhor jeito que pude, que eu deveria ser chamado de Jacob. Mas ele disse que não, continuando a chamar-me de Gustavus e, quando me recusava a responder pelo meu novo nome, o que a princípio fazia, isso me rendia muitas bofetadas. Então eu finalmente cedi e por esse nome tenho sido conhecido desde então.

O navio enfrentou uma longa travessia e, por isso, recebíamos rações de provisões muito escassas. Ao final da viagem, estávamos recebendo apenas uma libra e meia de pão por semana, cerca da mesma quantidade de carne e um quarto de galão de água por dia. Durante todo o tempo em que estivemos no mar, houve contato com uma única embarcação e apenas uma vez conseguimos apanhar alguns peixes. Em situações extremas, o capitão e as demais pessoas zombavam de mim dizendo que teriam que me matar para que eu fosse comido. Eu, porém, os levava a sério e ficava deprimido além da conta, esperando que cada momento fosse o meu derradeiro. Enquanto eu me encontrava nessa situação, numa noite, com muito esforço, eles apanharam um grande tubarão, colocando-o a bordo. Isso alegrou extremamente meu pobre coração, pois julguei que aquilo bastaria para saciar as pessoas e que, assim, deixariam de me comer. Porém, para meu espanto, eles logo cortaram uma pequena parte da cauda e jogaram o resto sobre a amurada.[54] Isso renovou minha consternação e eu não sabia mais o que pensar a respeito desse povo branco, embora temesse muito que eles me matassem e me comessem.

Havia a bordo do navio um jovem rapaz que nunca tinha estado no mar antes; ele era cerca de quatro ou cinco anos mais velho do que eu. Seu nome era Richard Baker, tinha nascido na América e recebido uma excelente educação, possuindo o mais amável temperamento. Assim que embarquei, ele demonstrou uma enorme simpatia e consideração para comigo e, em retribuição, fiquei extremamente afeiçoado a ele. Por fim, tornamos-nos inseparáveis e, pelo período

---

[54] Conforme Vincent Carretta, "Os tubarões frequentemente seguiam os navios negreiros, atraídos pelos corpos de africanos mortos atirados ao mar durante a travessia atlântica. Considerado um dos maiores terrores do mar, o tubarão muitas vezes era brutalmente tratado quando capturado e o que Equiano testemunhou é provavelmente um caso de crueldade gratuita. Devolver o tubarão ao oceano sem barbatana condenava-o a uma morte lenta e dolorosa". (N. do T.)

A ideia de que os tubarões seguiam os navios negreiros, atraídos pelos corpos lançados ao mar, se popularizou à época. Como Marcus Rediker argumenta, os animais eram uma parte integrante do sistema de terror dos capitães negreiros sobre os africanos escravizados. Ver Marcus Rediker, "History from Below the Water Line: Sharks and the Atlantic Slave Trade", *Atlantic Studies*, vol. 5, nº 2 (2008), pp. 285-97. (N. da E.)

de dois anos, ele foi de grande serventia para mim, como meu fiel companheiro e instrutor. Embora esse querido jovem possuísse muitos escravos de sua propriedade, ele e eu enfrentamos juntos muitos sofrimentos a bordo do navio e, em diversas noites, quando estávamos muito angustiados, nos deitamos um no peito do outro. Desse modo, consolidou-se tamanha amizade entre nós que nos estimamos até a morte dele, que, para meu imenso pesar, ocorreu no ano de 1759, quando ele estava nas ilhas gregas a bordo do *HMS Preston*,[55] um acontecimento que nunca deixei de lamentar, pois perdi, de uma só vez, um gentil intérprete, um companheiro agradável e um amigo fiel que, aos quinze anos de idade, revelara uma mentalidade que superava o preconceito, não tendo vergonha de ser cortês, relacionar-se e ser amigo e professor de uma pessoa que era um ignorante, um estrangeiro cuja cor da pele era diferente, e um escravo! Meu senhor havia se hospedado na casa da mãe dele na América e o respeitava muito, fazendo com que ele sempre comesse consigo em seu camarote. Ele muitas vezes costumava dizer-lhe, jocosamente, que iria matar-me e comer-me. Às vezes ele dizia-me que os negros não eram bons para ser comidos e perguntava-me se no meu país nós não comíamos gente. Eu dizia que não, então ele falava que iria matar Dick (como ele sempre chamava o meu amigo) em primeiro lugar e depois a mim. Embora ouvir isso aliviasse um pouco a minha mente, eu ficava alarmado por Dick e sempre que ele era chamado costumava ficar com muito medo de que fosse morto, espiando e observando para ver se eles iriam matá-lo. E não me livrei desse temor até que chegássemos a terra firme.

Uma noite, perdemos um homem no mar e os gritos e o barulho para parar o navio eram tão intensos e confusos que

---

[55] *HMS* (*Her/His Majesty's Ship*) é o prefixo utilizado para designar os navios pertencentes à Marinha Real Britânica. (N. do T.)

eu, não sabendo o que acontecia, comecei, como de costume, a ficar com muito medo, achando que eles me usariam para fazer uma oferenda e realizar alguma magia, que eu ainda acreditava que eles praticavam. Como as ondas estavam muito altas, julguei que o governante dos mares estava furioso e temi ser oferecido para apaziguá-lo. Isso me deixou completamente angustiado, sem conseguir pregar os olhos para descansar naquela noite. No entanto, quando o dia clareou, meu espírito estava um pouco mais aliviado, embora eu continuasse a achar que seria morto toda vez que me chamavam. Algum tempo depois, vimos alguns peixes muito grandes, os quais eu mais tarde descobri que eram chamados de golfinho--de-risso. Eles pareceram-me extremamente terríveis e surgiram bem na hora do crepúsculo. Estavam tão próximos que lançavam jatos d'água no convés do navio. Eu supus que eles fossem os governantes do mar, imaginando que estavam enfurecidos com os brancos porque eles não tinham feito nenhuma oferenda em momento algum. Afinal, o que confirmou minha crença foi a diminuição do vento logo em seguida, com o surgimento de uma calmaria que consequentemente imobilizou o navio. Eu imaginei que os peixes tinham realizado isso e escondi-me na parte dianteira do navio por medo de ser oferecido para apaziguá-los. Espreitava e tremia a cada minuto, mas meu bom amigo Dick veio logo ao meu encontro e eu aproveitei a oportunidade para perguntar-lhe, da melhor forma que pude, o que eram aqueles peixes. Incapaz de falar bem o inglês, eu somente conseguia fazê-lo entender a minha pergunta. Ou talvez nem isso, pois quando lhe perguntei se alguma oferenda deveria ser feita para eles, ele disse-me que esses peixes engoliriam qualquer um, o que me deixou bastante alarmado. Naquele momento ele foi chamado pelo capitão, que estava inclinado sobre a balaustrada do tombadilho observando os peixes, enquanto a maioria das pessoas estava ocupada tentando conseguir um barril de piche aceso para eles brincarem. Ao tomar conhecimento, por meio de Dick, de algumas das minhas apreensões, o capitão chamou-me então para junto de si e, depois de se divertir por algum tempo — ele próprio e outros — com meus medos, que pareciam bastante ridículos por meus choros e tremedeiras, dispensou-me. O barril de piche estava agora aceso, sendo jogado na água por sobre a amurada. A essa altura já estava completamente escuro. Os peixes foram atrás do barril e, para minha grande alegria, eu não os vi mais.

Todo o meu alarme, no entanto, começou a abrandar ao avistarmos terra e o navio, afinal, chegou a Falmouth,[56] depois de uma travessia de treze semanas. Todos os corações a bordo pareciam ter se alegrado com nossa chegada à costa e nenhum mais do que o meu. O capitão desembarcou imediatamente e enviou a bordo algumas provisões frescas, de que estávamos muito necessitados. Fizemos bom proveito delas e nossa fome logo se transformou num banquetear-se quase sem fim.

Era aproximadamente o início da primavera de 1757 quando cheguei à Inglaterra, eu estava então com cerca de doze anos de idade. Fiquei muito impressionado com os edifícios e a pavimentação das ruas em Falmouth; na verdade, porém, qualquer coisa que eu via me deixava tomado por nova surpresa. Uma manhã, ao subir ao convés, percebi que ele estava todo coberto de neve que caíra durante a noite. Como eu nunca tinha visto nada semelhante antes, pensei que fosse sal. Sem demora, corri até o imediato e pedi-lhe, do melhor jeito que pude, para ir ver como alguém havia derramado sal por todo o convés durante a noite. Ele, sabendo do que se tratava, pediu que eu levasse um pouco para ele lá embaixo. Assim sendo, peguei um punhado daquilo — que julgava

---

[56] Cidade e porto marítimo na foz do rio Fal, na costa sul da Cornualha, Reino Unido. (N. do T.)

ser realmente muito frio — e, quando levei até ele, pediu-me para que eu o provasse. Foi o que fiz, surpreendendo-me além da conta. Perguntei-lhe então o que era aquilo e ele me disse que era neve. Mas eu não conseguia entendê-lo de jeito nenhum. Ele perguntou-me se não tínhamos tal coisa no meu país, eu respondi que não. A seguir perguntei-lhe para que servia e quem a fizera: ele disse que tinha sido um grande homem nos céus chamado Deus. Mas então eu fiquei, uma vez mais, realmente muito confuso para compreendê-lo, mais ainda quando, pouco depois, vi o ar repleto daquilo, durante uma precipitação pesada que ocorreu no mesmo dia.

Depois disso fui a uma igreja e, sem nunca ter estado num lugar semelhante, fiquei novamente espantado ao ver e ouvir a cerimônia. Perguntei tudo o que podia a respeito e eles me deram a entender que se tratava de um culto a Deus, nosso criador e criador de todas as coisas. Eu ainda estava muito perplexo e logo comecei a fazer infinitas inquirições, do melhor modo que conseguia falar e perguntar sobre as coisas. Contava, no entanto, com meu amiguinho Dick, que costumava ser meu melhor intérprete, pois eu tinha liberdade com ele, que sempre me instruía com prazer. Fiquei muito satisfeito com aquilo que pude compreender sobre esse Deus e também por constatar que aqueles brancos não vendiam uns aos outros como nós fazíamos; em relação a isso, achei que eles eram muito mais felizes do que nós, africanos. Fiquei espantado com a sabedoria dos brancos em tudo que vi, mas fiquei surpreso por não fazerem sacrifícios ou quaisquer oferendas, e por comerem sem lavar as mãos e tocarem os mortos. Também não pude deixar de reparar na especial magreza das suas mulheres, do que não gostei a princípio, e achei que elas não eram tão acanhadas e recatadas como as mulheres africanas.

Frequentemente eu via meu senhor e Dick ocupados na leitura e fiquei muito curioso para conversar com os livros, como imaginava que eles faziam, e poder aprender assim a origem de todas as coisas. Com esse propósito, quando estava sozinho, muitas vezes peguei um livro e falei com ele, aproximando-o em seguida de meus ouvidos na esperança de que ele me respondesse. Ficava muito preocupado ao descobrir que ele permanecia em silêncio.

Em Falmouth, meu senhor hospedou-se na casa de um cavalheiro que tinha uma filhinha encantadora de cerca de seis ou sete anos de idade, que se afeiçoou prodigiosamente a mim, tanto assim que nós costumávamos comer juntos e ter criados para nos servir. Eu fui tão paparicado por essa família que, muitas vezes, me lembrava do tratamento que havia recebido de meu nobre senhorzinho africano. Depois de permanecer ali por alguns dias, fui enviado a bordo do navio, mas a criança chorou tanto por minha causa que nada conseguiu acalmá-la até que mandassem me buscar novamente. É bastante ridículo, mas comecei a temer que seria prometido em casamento a essa jovem. Quando meu senhor perguntou se eu ficaria lá com ela em vez de seguir na companhia dele, pois estava partindo com o navio, que já havia sido recarregado de tabaco, comecei a chorar imediatamente, dizendo que não o deixaria. Afinal, uma noite fui enviado furtivamente a bordo do navio outra vez e, em pouco tempo, navegamos para Guernsey,[57] onde havia um comerciante que era sócio na embarcação, um certo Nicholas Doberry. Como eu estava agora junto a um povo que não escarificava o rosto, como em alguns dos países africanos onde estivera, senti-me muito feliz por tê-los impedido de me ornamentar daquela maneira quando estive lá.

Ao chegarmos a Guernsey, meu senhor instalou-me, para fazer as refeições e pernoitar, com um de seus imediatos,

---

[57] Ilha no Canal da Mancha, dependente da Coroa Britânica, mas que não faz parte do Reino Unido. (N. do T.)

que lá tinha esposa e família. Alguns meses depois, ele foi para a Inglaterra, deixando-me aos cuidados desse imediato, juntamente com meu amigo Dick. Esse imediato tinha uma filhinha pequena, de cerca de cinco ou seis anos, com quem eu costumava me divertir bastante. Muitas vezes observei que quando sua mãe o lavava, o rosto dela ficava muito rosado; porém, quando ela lavava o meu, não ficava assim. Por isso tentei diversas vezes, por conta própria, ver se eu não conseguiria, pela lavação, fazer com que meu rosto ficasse daquela mesma cor, igual à do rosto da minha amiguinha (Mary). Mas era tudo sempre em vão e eu agora começava a ficar mortificado com a diferença de cor de nossas peles.

Essa mulher comportou-se comigo com grande bondade e atenção, ensinando-me tudo da mesma forma como fazia com sua própria filha e, na verdade, em todos os aspectos me tratava como tal. Permaneci ali até o verão de 1757, quando meu senhor, tendo sido nomeado primeiro-tenente do *HMS Roebuck*, convocou-me junto com Dick e seu velho imediato. Desse modo todos nós deixamos Guernsey partindo para a Inglaterra numa chalupa com destino a Londres.

Quando estávamos nos aproximando de Nore, onde estava o *Roebuck*, um bote de navio de guerra acostou a fim de recrutar nosso pessoal à força, fazendo com que todos corressem a fim de se esconder. Isso me deixou muito assustado, embora eu não soubesse do que se tratava nem o que devia pensar ou fazer. No entanto, eu também fui esconder-me debaixo de uma gaiola. Imediatamente, um destacamento de recrutamento militar forçado embarcou com suas espadas desembainhadas, fez uma busca ao redor, arrastou as pessoas para fora à força, colocando-as no bote. Finalmente, eu também fui descoberto e o homem que me encontrou ergueu-me pelos calcanhares. Enquanto todos zombavam de mim, eu urrava e chorava com todas as minhas forças. Por fim, o imediato que era responsável por mim ao ver isso foi em meu auxílio, fazendo tudo que podia para acalmar-me, mas com muito pouco resultado até que eu visse o bote partir. Logo depois chegamos a Nore, onde estava o *Roebuck*. E, para nossa grande alegria, meu senhor veio a bordo ao nosso encontro levando-nos ao navio.

Quando embarquei nesse grande navio, fiquei realmente surpreso ao ver a quantidade de homens e as armas. No entanto, minha surpresa começava a diminuir à medida que aumentavam meus conhecimentos e deixei de sentir aquelas apreensões e sobressaltos que tão fortemente se apossavam de mim em meus primeiros contatos com os europeus e por algum tempo depois. Começava então a passar para o extremo oposto e fiquei tão distante de temer alguma novidade que aparecesse que, depois de ter passado algum tempo nesse navio, eu até mesmo começava a ansiar por um combate. Meus pesares, que nas mentes jovens não são perpétuos, também estavam agora se dissipando e logo passei a me divertir bastante, sentindo-me razoavelmente tranquilo naquela situação. Havia diversos meninos a bordo, o que a tornava ainda mais agradável, pois estávamos sempre juntos e passávamos grande parte do nosso tempo brincando. Permaneci nesse navio por um tempo considerável, durante o qual fizemos vários cruzeiros e visitamos diversos lugares. Entre outros, estivemos duas vezes na Holanda, buscando ali algumas pessoas distintas, de cujos nomes não me recordo agora.

Um dia, durante a viagem, para diversão dos cavalheiros, os meninos foram chamados ao tombadilho, emparelhados de acordo com seus tamanhos e, em seguida, postos para lutar. Depois disso, um cavalheiro deu de cinco a nove xelins a cada um dos lutadores. Essa foi a primeira vez que eu lutei contra um menino branco e nunca antes soubera o que era ter o nariz sangrando. Isso me fez lutar o mais encarniçadamente — suponho que durante bem mais de uma hora — e, por fim, estando ambos esgotados, nós fomos separados. Pratiquei muitas vezes esse tipo de esporte depois, para o qual o capitão e a tripulação do navio costumavam me encorajar bastante. Passado algum tempo, o navio seguiu para Leith, na Escócia, depois para as Órcadas,[58] onde fiquei surpreso por mal poder ver a noite, e dali navegamos com uma grande frota, cheia de soldados, para a Inglaterra.

Durante todo esse tempo não participamos de qualquer combate, embora estivéssemos frequentemente patrulhando ao largo da costa da França, período em que perseguimos muitos navios, capturando dezessete presas no total. Eu estava aprendendo muitas manobras navais durante nosso patrulhamento e várias vezes fizeram-me disparar as armas.

Uma noite, ao largo de Havre de Grace, estávamos longe da costa e, justo quando estava escurecendo, nos deparamos com uma grande e esplêndida fragata de construção francesa. Preparamos imediatamente tudo para a luta e eu esperava ser gratificado, podendo finalmente assistir a um combate, o que eu desejava, em vão, há muito tempo. Porém, no exato momento em que a palavra de comando para atirar foi dada, ouvimos os que estavam a bordo do outro navio gritar "arriar a bujarrona" e, naquele instante, ele içou a bandeira inglesa. Houve instantaneamente entre nós um espantoso grito de "Parem!", ou cessar fogo, e eu acho que uma ou duas armas foram disparadas, mas felizmente sem causar nenhum dano. Nós os havíamos saudado várias vezes, todavia, como eles não tinham ouvido, não recebemos nenhuma resposta e esse foi o motivo de nosso fogo. O bote foi então enviado a bordo do navio e comprovou-se ser o navio de guerra *Ambuscade*, para minha enorme decepção.

Sem ter jamais entrado em ação, regressamos a Portsmouth justo na época do julgamento do almirante Byng (du-

---

[58] As Órcadas ou Órcades são um arquipélago localizado no Mar do Norte. (N. do T.)

rante o qual eu o vi diversas vezes). Tendo meu senhor deixado o navio e partido para Londres para sua promoção, Dick e eu fomos colocados a bordo da chalupa de guerra *Savage*, na qual fomos a fim de ajudar no resgate do navio de guerra *St. George*, que havia encalhado em algum lugar da costa.

Depois de algumas semanas a bordo do *Savage*, Dick e eu desembarcamos em Deal,[59] onde permanecemos por pouco tempo, até meu senhor mandar nos buscar para irmos a Londres, lugar que há muito tempo eu desejava demais conhecer. Foi, portanto, com grande prazer que entramos ambos em uma carruagem com destino a Londres, onde fomos recebidos pelo sr. Guerin, um parente de meu senhor. Esse cavalheiro tinha duas irmãs, senhoras muito amáveis que me trataram com grande atenção e bastante cuidado.

Embora desejasse tanto conhecer Londres, ao ali chegar eu infelizmente estava impossibilitado de satisfazer minha curiosidade, pois tive então frieiras tão graves que, por vários meses, não consegui sequer me levantar e tive que ser enviado ao St. George's Hospital. Lá fiquei tão mal que, em vários momentos, os médicos quiseram amputar minha perna esquerda temendo uma gangrena. Eu sempre dizia, porém, que preferiria morrer a passar por isso e, felizmente (eu dou graças a Deus), recuperei-me sem essa cirurgia. Depois de permanecer ali por várias semanas, assim que me recuperei contraí varíola, precisando ficar novamente de cama. Considerei-me, então, particularmente infeliz. No entanto, logo me restabeleci e, tendo meu senhor sido promovido naquela ocasião a primeiro-tenente do navio de guerra *Preston*, de cinquenta armas, então em Deptford,[60] Dick e eu fomos enviados a bor-

---

[59] Cidade portuária inglesa no Canal da Mancha. (N. do T.)

[60] Área no sudeste de Londres, na margem sul do Tâmisa, onde então havia docas. (N. do T.)

do e, logo depois, seguimos para a Holanda para buscar o falecido duque de Cumberland e levá-lo à Inglaterra.

Enquanto eu estava nesse navio aconteceu um incidente que, embora insignificante, peço licença para relatar, pois não pude deixar de prestar particular atenção nele, considerando-o então como um julgamento de Deus. Certa manhã, um jovem estava olhando para cima em direção à gávea dianteira com uma expressão perversa — comum a bordo de embarcações —, amaldiçoando[61] algo com os olhos. Exatamente nesse instante, algumas pequenas partículas de sujeira caíram em seu olho esquerdo, que à noite ficou muito inflamado. No dia seguinte ele piorou até que, passados seis ou sete dias, perdeu a visão.

Depois desse navio, meu senhor foi nomeado tenente a bordo do *Royal George*. Quando estava partindo, ele desejou que eu ficasse a bordo do *Preston* para aprender a tocar trompa. O navio, porém, estava preparado para ir à Turquia e eu não podia sequer pensar em abandonar meu senhor, a quem estava muito afetuosamente ligado, e disse-lhe que, caso me deixasse para trás, eu ficaria com o coração partido. Isso o persuadiu a levar-me consigo. Dick, no entanto, foi deixado a bordo do *Preston* e, na partida, eu o abracei pela última vez.

O *Royal George* era o maior navio que eu já tinha visto, de modo que, ao embarcar, fiquei surpreso com a quantidade de pessoas — homens, mulheres e crianças de todas as denominações — e com a grandeza das armas, muitas delas de latão, como eu nunca vira antes. Ali havia também lojas ou barracas com todo tipo de produto, e pessoas pelo navio anunciando suas diferentes mercadorias, como numa cidade.

---

[61] No original, o autor parece evitar propositadamente o emprego do verbo *to damn* (amaldiçoar, blasfemar), preferindo grafá-lo de modo a apenas sugerir seu emprego, ao escrever *d----d*. (N. do T.)

Para mim, parecia um pequeno mundo, onde eu era novamente lançado sem nenhum amigo, pois já não tinha mais meu querido companheiro Dick. Mas nós não permanecemos ali por muito tempo: depois de poucas semanas a bordo, meu senhor recebeu uma nomeação para ser sexto tenente do *Namur*, que se encontrava então em Spithead[62] preparando-se para integrar a grande frota do vice-almirante Boscawen, a qual estava de partida numa expedição contra Louisbourg.[63] A tripulação do *Royal George* foi transferida para lá e a bandeira daquele bravo almirante foi hasteada a bordo no imponente joanete do mastro grande.

Havia uma imensa frota de navios de guerra de todos os tipos reunidos para essa expedição e eu esperava ter, em breve, oportunidade para me satisfazer com uma batalha naval. Estando então tudo a postos, essa poderosa frota (havia também a companhia da frota do almirante Cornish, destinada às Índias Orientais) finalmente levantou âncoras e zarpou. As duas frotas seguiram juntas por vários dias e depois se separaram, tendo o almirante Cornish, no *Lenox*, saudado antes nosso almirante do *Namur*, o qual retribuiu. Nós, então, rumamos para a América, mas, devido a ventos contrários, desgarramos, indo parar em Tenerife,[64] onde fiquei impressionado com seu famoso pico. A altura prodigiosa e o formato, semelhante a um pão de açúcar, encheram-me de admiração. Permanecemos com essa ilha à vista por alguns dias e depois

---

[62] Spithead é a região oriental do Solent, a entrada que separa a Ilha de Wight do restante da Inglaterra, no condado de Hampshire, perto de Portsmouth. (N. do T.)

[63] Os britânicos fracassaram na tomada de Louisburg (em junho-setembro de 1757), que protegia o golfo do rio São Lourenço e, portanto, o acesso fluvial a Québec e Montreal na colônia francesa do Canadá. (N. do T.)

[64] A maior ilha do arquipélago das Canárias, pertencente à Espanha. (N. do T.)

prosseguimos para a América, onde logo chegamos, entrando num porto muito amplo chamado St. George, em Halifax,[65] onde recebemos peixes em grande abundância e todas as demais provisões frescas.

Ali se uniram a nós diversos navios de guerra e outros de transporte com soldados, após o que, com a nossa frota aumentada por um prodigioso número de navios de todos os tipos, navegamos para Cabo Breton na Nova Escócia. Recebemos a bordo de nosso navio o admirável e bravo general Wolfe, cuja afabilidade o fez muito estimado e querido por todos os homens. Muitas vezes ele me honrou, bem como outros meninos, com sinais da sua consideração e salvou-me do açoitamento uma ocasião, por eu ter brigado com um jovem cavalheiro.

No verão de 1758, chegamos a Cabo Breton, onde os soldados deveriam desembarcar a fim de atacar Louisbourg. Meu senhor tinha certa responsabilidade em supervisionar o desembarque e lá estava eu, satisfeito, em certa medida, de presenciar um combate entre nossos homens e os inimigos. Os franceses estavam posicionados na costa para nos receber e, por um longo tempo, resistiram ao nosso desembarque. Por fim, eles foram expulsos de suas trincheiras e o desembarque completo se realizou, com nossas tropas perseguindo-os até a cidade de Louisbourg. Nessa ação morreram muitos de ambos os lados.

Vi nesse dia uma coisa notável: um tenente do navio *Princess Amelia* que, assim como meu senhor, supervisionava o desembarque, estava dando uma voz de comando e, no momento em que sua boca estava aberta, um projétil de mosquete a atravessou, alojando-se em sua bochecha. Nesse dia eu tive em minhas mãos o escalpo de um rei indígena morto

---

[65] Halifax é a capital da província canadense de Nova Escócia. (N. do T.)

em combate, o qual havia sido arrancado por um escocês. Eu também vi os ornamentos desse rei, que eram feitos de plumas e muito curiosos.

Nossas forças terrestres sitiaram a cidade de Louisbourg e, ao mesmo tempo em que os navios de guerra franceses eram bloqueados no porto pela frota, as baterias disparavam contra eles a partir da terra. Faziam isso com tal efeito que, um dia, vi alguns dos navios serem incendiados pelos projéteis das baterias e acredito que dois ou três deles ficaram bastante queimados. Em outro momento, cerca de cinquenta botes pertencentes aos navios de guerra ingleses — comandados pelo capitão George Balfour, do brulote *Etna*, e Laforey, outro subcapitão — atacaram e abordaram os dois únicos navios de guerra franceses restantes no porto. Eles também incendiaram um navio de setenta canhões; porém outro, de 64, chamado *Bienfaisant*, conseguiram capturar. Durante minha estada ali, muitas vezes tive oportunidade de estar junto ao capitão Balfour, que tinha prazer em me dar atenção e gostava tanto de mim que, frequentemente, pedia a meu senhor para permitir que fosse meu dono. Mas ele não abriria mão de mim, e nenhum argumento poderia induzir-me a deixá-lo.

Finalmente, Louisbourg foi tomada e os navios de guerra ingleses chegaram ao porto defronte, para minha grande alegria, pois passei a ter mais liberdade para distrair-me e, muitas vezes, ia a terra firme. Quando os navios foram ao porto, tivemos a mais bela procissão marinha que eu já vi. Todos os almirantes e capitães dos navios de guerra, com seus trajes de cerimônia, em suas barcaças bem ornamentados com pingentes, seguiram lado a lado com o *Namur*. O vice-almirante foi então a terra em sua barcaça, seguido pelos outros oficiais por ordem de antiguidade, para tomar posse, como eu suponho, da cidade e do forte. Algum tempo depois disso, o governador francês, sua senhora e outras pessoas distantas vieram a bordo do nosso navio para jantar. Nessa ocasião nossos navios estavam enfeitados com todos os tipos de bandeiras, do topo do mastro principal até o convés. Tudo isso, junto com o disparo das armas, produziu o mais grandioso e magnífico espetáculo.

Assim que tudo ali fora resolvido, o almirante Boscawen zarpou com parte da frota para a Inglaterra, deixando para trás alguns navios com os contra-almirantes *sir* Charles Hardy e *sir* Durell. Era inverno e, numa noite, durante nossa travessia para casa, por volta do crepúsculo, quando estávamos no canal, ou perto das sondagens, começando a procurar por terra, avistamos sete velas de grandes navios de guerra situados longe da costa. Várias pessoas a bordo de nosso navio disseram, quando as duas frotas estavam ao alcance da voz uma da outra (quarenta minutos depois da primeira aparição), que se tratava de navios de guerra ingleses e alguns de nós até começaram a nomear alguns daqueles navios. Àquela altura, ambas as frotas começaram a misturar-se e nosso almirante ordenou que sua bandeira fosse hasteada. Nesse instante, a outra frota, que era francesa, hasteou suas insígnias e, ao passar, disparou uma bordada de artilharia contra nós. Nada poderia ter criado maior surpresa e confusão entre nós. O vento estava agitado, o mar encrespado e nossos canhões dos conveses inferior e central recolhidos, de modo que nenhum canhão a bordo estava pronto para ser disparado contra qualquer dos navios franceses. No entanto, o *Royal William* e o *Somerset*, que eram nossos navios de retaguarda, conseguiram preparar-se um pouco e cada qual desferiu uma bordada de artilharia contra os navios franceses enquanto eles passavam. Eu soube depois que essa era uma esquadra francesa comandado por *monsieur* Conflans e, certamente, caso os franceses soubessem da nossa condição e tivessem a intenção de nos enfrentar, poderiam ter nos causado grande dano. Em pouco tempo, porém, estaríamos prontos para o combate. Muitas coisas foram imediatamente atiradas ao mar e os navios foram preparados o mais rapidamente possível para combater. Por volta das dez da noite, tínhamos envergado uma nova vela principal, pois a antiga estava rasgada.

Estando agora de prontidão para lutar, viramos em roda e seguimos para perseguir a frota francesa, que era mais numerosa que a nossa, possuindo um ou dois navios a mais. Saímos, no entanto, em seu encalço e continuamos a persegui-la durante toda a noite. À luz do dia, vimos seis deles, todos grandes navios de linha,[66] e um navio mercante inglês da Companhia das Índias Orientais que era uma presa que eles haviam tomado. Nós os perseguimos durante todo o dia, até entre três e quatro horas da tarde, quando nos aproximamos e passamos à distância de um tiro de mosquete de um navio de 74 canhões e do navio mercante, que agora tinha as bandeiras deles hasteadas, as quais, todavia, foram logo arriadas novamente. Diante disso fizemos um sinal para que os outros navios tomassem posse dele e, supondo que o navio de guerra também fosse arriar bandeiras,[67] fizemos uma saudação, mas eles não o fizeram, embora, caso tivéssemos disparado, por estar tão próximos, deveríamos tê-lo capturado. Para minha completa surpresa, o *Somerset*, que era o navio seguinte na retaguarda do *Namur*, passou da mesma forma e, imaginando que estavam seguros em relação a esse navio francês, eles igualmente o saudaram, continuando ainda a nos seguir. O comodoro francês estava a cerca de um tiro de canhão à frente de todos, fugindo de nós a toda a velocidade

---

[66] Um navio de linha era um grande navio de guerra a vela, utilizado entre o século XVII e meados do século XIX, com duas ou três baterias cobertas, nas quais eram montadas dezenas de peças de artilharia; era empregado em linha de batalha, tática naval na qual duas linhas de navios adversários manobravam de modo a poder usar o maior número possível dos seus canhões. (N. do T.)

[67] Sinal de rendição. (N. do T.)

e, por volta das quatro horas, ele desmastreou, caindo ao mar seu mastaréu[68] dianteiro. Isso provocou outra sonora aclamação de nossa parte e, pouco depois, o mastaréu chegou perto de nós. Porém, para nossa grande surpresa, ao invés de alcançar a embarcação francesa, constatamos que ela ia o mais rápido possível, se não mais.

O mar ficou então muito mais sereno e o vento acalmou. O navio de 74 canhões que havia passado retornou para nós, na mesma direção, chegando tão perto que, ao passar, podíamos ouvir as pessoas falando. No entanto, nenhum tiro foi disparado de qualquer dos lados. Por volta das cinco ou seis horas, assim que escureceu, ele juntou-se a seu comodoro. Nós os perseguimos durante toda a noite, mas, no dia seguinte, eles estavam fora de nossa vista, de modo que não os vimos mais. Para nosso desgosto, havia apenas o velho navio mercante (chamado *Carnarvon*, creio).

Depois disso, seguimos na direção do Canal da Mancha, chegando logo a terra. Por volta do final do ano 1758, chegamos a salvo a Santa Helena. Ali o *Namur* encalhou, assim como outro grande navio que seguia atrás de nós. No entanto, depois de vazar nossa água e jogar muitas coisas ao mar para aliviá-lo, removemos os navios sem nenhum dano.

Permanecemos por pouco tempo em Spithead, entrando em seguida na enseada de Portsmouth para reparos. Dali, o almirante foi a Londres, meu senhor e eu logo seguimos com um pelotão de recrutamento, uma vez que necessitávamos de pessoal para completar nossa tripulação.

---

[68] Cada uma das pequenas hastes de madeira com que se rematam, no topo, os mastros principais dos veleiros. (N. do T.)

CAPÍTULO IV

O autor é batizado — Escapa por pouco de afogamento
— Parte numa expedição para o Mediterrâneo —
Incidentes com que lá se deparou — É testemunha de uma
batalha entre alguns navios ingleses e franceses —
Um relato especial da célebre batalha entre o almirante
Boscawen e monsieur *Le Clue ao largo do Cabo Logas em*
agosto de 1759 — Terrível explosão de um navio francês
— O autor navega para a Inglaterra — Seu senhor é
nomeado para o comando de um brulote — Encontra um
menino negro, que o trata com muita benevolência —
Preparos para uma expedição contra Belle-Isle —
A notável história de um desastre que aconteceu com seu
navio — Chega a Belle-Isle — Operações de desembarque
e cerco — Os perigos e angústias do autor, e os meios
pelos quais se desembaraçou — Rendição de Belle-Isle —
Transações posteriores na costa da França — Exemplo
notável de sequestro — O autor retorna para a Inglaterra
— Ouve uma conversa de paz e tem expectativa de ser
libertado — Seu navio navega a Deptford para ser
remunerado e, ao chegar lá, o autor é subitamente
agarrado por seu senhor, levado à força a bordo de um
navio das Índias Ocidentais e vendido

Já havia agora entre três e quatro anos desde que eu chegara pela primeira vez à Inglaterra e uma grande parte desse
tempo havia passado no mar, de modo que estava habituado
a esse serviço e começando a me considerar felizmente estabelecido, pois meu senhor sempre me tratara extremamente
bem, e meu apego e gratidão a ele eram imensos. A partir das

diversas situações que eu presenciara a bordo dos navios, logo desenvolvi todo tipo de pavor em relação ao estrangeiro e era, nesse aspecto pelo menos, quase um inglês. Tenho refletido frequentemente, com surpresa, sobre o fato de eu nunca ter sentido, em nenhum dos numerosos perigos pelos quais passei, metade do temor que se apossou de mim quando vi os europeus pela primeira vez, diante de todas as ações deles, mesmo as mais banais, como senti no momento do meu primeiro contato com eles e por algum tempo depois. Esse medo, no entanto, que era fruto da minha ignorância, desapareceu na medida em que passei a conhecê-los. Agora eu já conseguia falar inglês razoavelmente bem e entendia perfeitamente tudo que era dito. Eu não apenas me sentia muito confortável junto a esses novos compatriotas, mas até mesmo apreciava sua sociedade e seus costumes. Eu já não mais os considerava espíritos, mas homens superiores a nós e, consequentemente, tinha o mais forte desejo de me assemelhar a eles, de absorver seu espírito e de imitar os seus costumes. Por isso, aproveitava todas as oportunidades para progredir, acumulando na minha memória todas as novidades que eu observava.

Havia muito tempo que eu desejava ser capaz de ler e escrever e, com esse propósito, aproveitava todas as oportunidades para me instruir, mas até então progredira muito pouco. No entanto, quando fui a Londres com meu senhor, tive logo uma oportunidade de me aperfeiçoar, que aproveitei com prazer. Pouco depois da minha chegada, ele me enviou para servir às senhoras Guerin, que haviam me tratado com muita gentileza quando eu estivera lá antes, e elas me mandaram para a escola.

Enquanto estava trabalhando para essas senhoras, seus criados me disseram que eu não poderia ir para o Céu, a menos que fosse batizado. Isso me deixou muito perturbado, pois eu tinha então uma ideia vaga sobre uma condição futura. Em consequência, manifestei minha ansiedade para a senhora Guerin mais velha, de quem havia me tornado um favorito, e insisti com ela para que eu fosse batizado, até que, para minha grande alegria, ela disse que eu seria. Ela já havia pedido antes ao meu senhor para que me deixasse ser batizado, mas ele havia recusado. No entanto, ela insistiu nisso e ele, estando de algum modo comprometido com o irmão dela, concordou com a sua solicitação. Fui então batizado na igreja de St. Margaret, em Westminster, em fevereiro de 1759, com meu nome atual.[69] O clérigo, naquela oportunidade, deu-me um livro chamado *Guia para os índios*, escrito pelo Bispo de Sodor e Man. Nessa ocasião, a senhora Guerin e seu irmão deram-me a honra de servir como padrinhos, oferecendo-me depois uma festa. Eu costumava trabalhar para essas senhoras nas imediações da cidade e era extremamente feliz nesse serviço, pois tinha assim muitas oportunidades para conhecer Londres, o que desejava acima de tudo.

No entanto, algumas vezes eu ficava com meu senhor em sua casa de *rendez-vous*, que era ao pé da ponte de Westminster.[70] Ali eu costumava me divertir brincando nas escadas da ponte e, muitas vezes, nas barcas dos barqueiros com outros meninos. Numa dessas ocasiões, estava com outro menino em uma barca e fomos parar na correnteza do rio. Enquanto estávamos lá, dois outros garotos robustos vieram até nós em outra barca e, insultando-nos por termos pegado

---

[69] De acordo com Vincent Carretta, "Na anotação do registro da paróquia do dia 9 de fevereiro consta 'Gustavus Vassa, um negro nascido na Carolina de doze anos de idade'". (N. do T.)

[70] Conforme Vincent Carretta: "*Rendezvous-house*, no original: um local, geralmente uma hospedaria próxima ao Tâmisa, onde o comandante de um pelotão de recrutamento alojava seu pessoal, recebia voluntários, colhia informações e utilizava como base de operações para recrutar marujos das tavernas locais". (N. do T.)

a barca, me mandaram mudar de barca. Desse modo, eu ia saindo da barca em que estava, mas, assim que coloquei um dos meus pés na outra, os meninos a afastaram, fazendo com que eu caísse no Tâmisa. Por não saber nadar, deveria inevitavelmente ter me afogado, não fosse a ajuda de alguns barqueiros que vieram providencialmente em meu socorro.

Estando o *Namur* novamente pronto para o mar, meu senhor foi mandado a bordo com seu pessoal. Para meu grande desgosto, fui obrigado a deixar meu professor — de quem eu gostava muito e cujas aulas sempre assistia quando estava em Londres — para embarcar junto com meu senhor. Também não foi sem inquietação e pesar que deixei minhas amáveis benfeitoras, as senhoras Guerin. Elas costumavam me ensinar a ler e faziam um grande esforço para instruir-me nos princípios da religião e do conhecimento de Deus. Foi, portanto, com relutância que me apartei daquelas afáveis senhoras, depois de receber delas muitas advertências amigáveis sobre como me comportar e alguns valiosos presentes.

Quando cheguei a Spithead, descobri que estávamos destinados ao Mediterrâneo com uma grande frota já pronta para zarpar. Nós só esperávamos a chegada do almirante, que logo embarcou e, por volta do início da primavera de 1759, depois de levantar âncora e partir, navegamos para o Mediterrâneo. Em onze dias, saindo de Land's End,[71] chegamos a Gibraltar. Enquanto lá estávamos, eu costumava ficar em terra, onde conseguia diversas frutas em grande abundância, as quais eram muito baratas.

Nas minhas excursões em terra, eu frequentemente contava a muitas pessoas a história do meu rapto com minha irmã e de nossa separação, como já relatei antes, e, com a mes-

---

[71] *Land's End*, literalmente, "fim da terra"; trata-se de um cabo localizado no extremo sudoeste da Inglaterra. (N. do T.)

ma frequência, expressava minha ansiedade sobre seu destino e meu pesar por nunca mais tê-la encontrado novamente. Um dia, quando estava em terra, ao mencionar essas circunstâncias a algumas pessoas, uma delas disse-me que sabia onde minha irmã estava e que, caso eu o acompanhasse, ele me levaria até ela. Ainda que fosse uma história improvável, acreditei nela imediatamente, concordando em acompanhá-lo enquanto meu coração saltava de alegria. E, de fato, ele me conduziu a uma jovem negra que era tão parecida com minha irmã que, à primeira vista, pensei que realmente fosse ela. Porém, desenganei-me rapidamente, pois, ao conversar com ela, descobri que pertencia a outra nação.

Enquanto ali permanecíamos, o *Preston* veio do levante.[72] Assim que ele chegou, meu senhor disse que eu deveria então encontrar meu velho companheiro Dick, que havia partido nele quando navegara para a Turquia. Eu fiquei muito alegre com essa notícia, esperando cada minuto para poder abraçá-lo. Tão logo o capitão veio a bordo de nosso navio, o que ele fez imediatamente, corri para perguntar por meu amigo. Porém, com tristeza indescritível, soube pela tripulação do navio que o querido jovem estava morto, que eles haviam trazido seu esquife e todos os seus pertences para meu senhor, o qual posteriormente os deu a mim. Eu os considerei como uma recordação do meu amigo, a quem eu amava e por quem me enlutei como por um irmão.

Enquanto estávamos em Gibraltar, vi um soldado pendurado pelos calcanhares, num dos molhes.[73] Achei essa uma cena estranha, pois em Londres eu havia visto um homem enforcado pelo pescoço. Em outro momento, vi o mestre de uma fragata sendo rebocado para terra atrás das grades por

---

[72] Costa oriental do Mediterrâneo. (N. do T.)

[73] Ele havia se afogado na tentativa de desertar.

vários dos botes dos navios de guerra e dispensado da frota, o que eu entendi como um sinal de desonra por covardia. A bordo do mesmo navio havia também um marinheiro pendurado no penol.[74]

Depois de permanecer em Gibraltar por algum tempo, nós navegamos pelo Mediterrâneo um percurso considerável acima do Golfo do Leão,[75] onde, uma noite, fomos atingidos por uma terrível rajada de vento, muito maior do que qualquer outra que eu já tivesse enfrentado. O mar batia tão alto que, embora todos os canhões estivessem bem alojados, havia boas razões para temer que se soltassem, de tanto que o navio jogava. Caso isso acontecesse, teria sido nossa destruição.

Depois de navegar ali por um tempo curto, chegamos a Barcelona, um porto marítimo espanhol notável por suas manufaturas de seda. Ali, todos os navios deveriam fazer aguada,[76] e meu senhor, que falava diversas línguas e muitas vezes costumava servir de intérprete para o almirante, supervisionou o abastecimento do nosso. Para essa finalidade, ele e os oficiais dos outros navios que realizavam o mesmo serviço dispunham de tendas armadas na baía. Os soldados espanhóis ficaram posicionados ao longo da costa, suponho que para se certificar de que nenhuma depredação seria cometida por nossos homens.

Eu ficava constantemente a serviço do meu senhor e me encantei com esse lugar. Parecia que estávamos numa feira,

[74] Extremidade da verga, que é um pau preso horizontalmente ao mastro. (N. do T.)

[75] O Golfo do Leão é uma pequena parte do Mar Mediterrâneo situada diante do litoral arenoso das regiões francesas do Languedoc-Roussillon e da Provença, entre os Pireneus e Toulon. (N. do T.)

[76] Fazer aguada, no original *to be watered*, significa abastecer o navio de água potável. (N. do T.)

pois durante todo o tempo em que ali permanecemos, os nativos nos traziam frutas de todos os tipos, que comprávamos por preços muito menores do que os da Inglaterra. Eles também costumavam trazer vinho em peles de porco e de ovelhas, o que me divertia muito. Os oficiais espanhóis ali tratavam nossos oficiais com grande cordialidade e atenção; alguns deles, em particular, costumavam vir muitas vezes à tenda de meu senhor para visitá-lo, onde às vezes se divertiam montando-me sobre cavalos ou mulas, de modo que eu não pudesse cair, soltando-os a todo galope. Minha falta de habilidade na equitação proporcionava-lhes grande entretenimento o tempo todo. Depois que os navios foram abastecidos de água, voltamos ao nosso antigo posto de cruzeiro ao largo de Toulon, com a finalidade de interceptar uma frota de navios de guerra franceses que ali estava.

Num domingo, durante nosso cruzeiro, chegamos a um lugar onde havia duas pequenas fragatas francesas paradas na costa. Nosso almirante, pensando em tomá-las ou destruí--las, enviou dois navios em sua direção, o *Culloden* e o *Conqueror*. Eles logo se aproximaram dos franceses e ali eu presenciei uma luta intensa, tanto por mar como por terra, pois as fragatas, que estavam cobertas por baterias, dispararam contra nossos navios o mais furiosamente e estes, tão furiosamente quanto, revidaram. Por um longo tempo, um fogo constante perdurou por todos os lados num ritmo espantoso. Finalmente, uma fragata afundou, mas seu pessoal escapou, embora com muita dificuldade, e pouco depois algumas pessoas abandonaram também a outra fragata, que estava então reduzida a meros destroços. No entanto, nossos navios não se aventuraram a buscá-la, pois estavam muito danificados pelas baterias, que os atingiram tanto na ida como na volta. Eles estavam tão despedaçados, com seus mastaréus abatidos, que o almirante foi obrigado a enviar muitos botes para rebocá-los de volta até a frota. Posteriormente, eu naveguei com um homem que lutara em uma das baterias francesas durante a batalha, o qual me disse que naquele dia nossos navios haviam feito estragos consideráveis em terra e nas baterias.

Depois disso, navegamos para Gibraltar, chegando lá por volta de agosto de 1759. Ali ficamos com todas as nossas velas afrouxadas, enquanto a frota era abastecida de água e cuidava de outras necessidades. Um dia, enquanto assim estávamos, o almirante, a maioria dos principais oficiais e muitas pessoas de todos os postos estavam em terra quando, por volta de sete horas da noite, ficamos alarmados com os sinais enviados pelas fragatas que, com esse propósito, estavam estacionadas. Num instante surgiu uma gritaria generalizada dizendo que a frota francesa havia saído e estava justamente passando pelos estreitos. O almirante imediatamente veio a bordo com alguns outros oficiais e é impossível descrever o ruído, a pressa e a confusão por toda a frota para amarrar as velas e recorrer os cabos.[77] Muitas pessoas e botes dos navios foram deixados em terra em meio ao alvoroço. Tínhamos dois capitães a bordo de nosso navio, os quais vieram naquela pressa, deixando que seus navios viessem depois.

Nós exibimos luzes da parte superior da amurada até o topo do mastro principal e todos os nossos tenentes estavam ocupados em meio à frota para ordenar aos navios que não esperassem por seus capitães, mas colocassem as velas nas vergas, deslizassem os cabos e nos seguissem. Nessa confusão para se preparar para a luta, partimos para o mar na escuridão, atrás da frota francesa. Aqui, eu poderia ter exclamado, com Ájax,

---

[77] Recorrer seus cabos, no original *slipping their cables*, significa soltar as cordas que os prendem. (N. do T.)

Oh Jove! Oh pai! Se for tua vontade
Que devamos perecer, nós te obedeceremos,
Mas deixai-nos perecer à luz do dia.[78]

Eles estavam tão longe em nossa dianteira que não conseguimos nos aproximar deles durante a noite. Porém, à luz do dia, vimos sete veleiros de linha de batalha algumas milhas à frente. Imediatamente os perseguimos até por volta das quatro horas da tarde, quando nossos navios os alcançaram. Embora fôssemos cerca de quinze navios de grande porte, nosso bravo almirante lutou contra eles com sua própria divisão apenas, que consistia de sete, de modo que éramos simplesmente navio contra navio em confronto direto.

Passamos por toda a frota inimiga a fim de chegar ao seu comandante, *monsieur* La Clue, que estava no *Ocean*, um navio de 84 canhões. Enquanto passávamos, todos eles atiraram contra nós e, uma vez, três deles dispararam juntos, continuando a disparar por algum tempo. Apesar disso, nosso almirante não permitiu que nenhum canhão fosse disparado contra eles, para meu espanto, fazendo-nos somente deitar de bruços no convés até que nos aproximássemos bastante do *Ocean*, que estava à frente de todos, quando recebemos ordens para descarregar contra ele todas as três fileiras de canhões de uma vez.

A batalha então começou com grande furor de ambos os lados. O *Ocean* imediatamente respondeu ao nosso fogo e continuamos combatendo um contra o outro por algum tempo, durante o qual fiquei bastante atordoado com o trovejar dos grandes canhões, cujas assustadoras cargas precipitaram muitos dos meus companheiros para a terrível eternidade. Por fim, a linha francesa foi rompida por completo e

---

[78] De acordo com Vincent Carretta, trata-se de uma citação imprecisa da tradução de Alexander Pope da *Ilíada* de Homero. (N. do T.)

conquistamos a vitória, que foi imediatamente proclamada com sonoros hurras e aclamações. Nós tomamos três presas: *La Modeste*, de 64 canhões, *Le Temeraire* e *Centaur*, de 74 canhões cada. O restante dos navios franceses se pôs em fuga com toda a força de vela que podiam.

Estando nosso navio muito danificado, sem condições de perseguir o inimigo, o almirante imediatamente o abandonou e, utilizando um bote avariado que era o único que havia restado, embarcou no *Newark*, no qual, juntamente com alguns outros navios, ele partiu em perseguição aos franceses.

Em seu esforço para fugir, o *Ocean* e outro grande navio francês, chamado *Redoubtable*, encalharam em Cabo Lagos,[79] na costa de Portugal, e o almirante francês mais alguns tripulantes desembarcaram. Nós, porém, constatando ser impossível movê-los, incendiamos ambos os navios. Por volta da meia-noite vi o *Ocean* ir pelos ares com a mais tremenda explosão. Eu nunca presenciara cena mais impressionante: por cerca de um minuto a meia-noite parecia transformada em dia pelas chamas, que logo foram acompanhadas por um barulho mais alto e mais terrível do que o do trovão e que parecia despedaçar tudo ao nosso redor.

Meu posto durante o combate ficava na primeira coberta, onde me abrigava com outro rapaz para levar pólvora para o canhão traseiro. Ali testemunhei o terrível destino de muitos dos meus companheiros que, num piscar de olhos, eram despedaçados e lançados para a eternidade. Eu, felizmente, escapei ileso, embora os disparos e estilhaços voassem intensamente ao meu redor durante todo o combate. Já próximo do final, meu senhor foi ferido e eu o vi sendo levado ao médico; porém, embora eu estivesse muito alarmado por

---

[79] *Cape Logas* no original. Equiano constantemente grafa de forma imprecisa o nome do Cabo Lagos, situado no sudoeste de Portugal, onde os franceses foram derrotados em agosto de 1759. (N. do T.)

ele e desejasse ajudá-lo, não me atrevi a abandonar meu posto. Ali, meu colega de canhão (um parceiro no transporte de pólvora para o mesmo canhão) e eu, por mais de meia hora corremos um risco muito grande de explodir o navio. Muitos dos cartuchos que retirávamos das caixas tinham os fundos podres e a pólvora acabava se espalhando por todo o convés, perto do barril de estopim, e mal tínhamos água suficiente para jogar nele. Em nossa função, ficávamos ainda muito expostos ao fogo inimigo, uma vez que tínhamos que atravessar quase toda a extensão do navio para transportar a pólvora. Eu imaginava, portanto, que cada minuto seria o último para mim, especialmente ao ver nossos homens caindo aos montes ao meu redor. Desejando proteger-me, tanto quanto possível, contra os perigos, no princípio pensei que seria mais seguro não me deslocar até a pólvora antes que os franceses tivessem disparado suas bordadas. Assim, logo em seguida, enquanto eles estivessem recarregando, eu poderia ir e voltar com minha pólvora. Logo depois, porém, passei a considerar inútil essa cautela e — encorajando-me com a ideia de que havia um momento previsto para minha morte, assim como para meu nascimento — abandonei imediatamente todo medo ou qualquer pensamento sobre a morte, passando a desempenhar o meu dever com entusiasmo. Contentava-me com a esperança de, caso sobrevivesse à batalha, poder relatá-la, com os perigos de que eu havia escapado, às senhoras Guerin e outros, quando retornasse a Londres.

Nosso navio sofreu muito nessa batalha, pois, além da quantidade de nossos mortos e feridos, ele foi quase despedaçado. Nosso cordame ficou tão destruído que o mastro de mezena, a verga principal etc. pendiam sobre a amurada do navio, de modo que foram necessários muitos carpinteiros, inclusive alguns de outros navios da frota, para ajudar a nos deixar numa condição aceitável. Mesmo assim, levamos algum tempo até completar os reparos, depois do que deixamos o almirante Broderick no comando e seguimos para a Inglaterra com os despojos.

Durante a viagem, tão logo os ferimentos do meu senhor apresentaram alguma melhora, o almirante o nomeou capitão do brulote *Etna*, no qual, após deixarmos o *Namur*, embarcamos em pleno mar. Eu gostei muito desse pequeno navio. Tornara-me agora comissário de bordo do capitão, posição que me deixou muito feliz, porque eu era extremamente bem tratado por todos a bordo e tinha tempo livre para melhorar minha leitura e escrita. Tinha aprendido a escrever um pouco antes de deixar o *Namur*, já que havia uma escola a bordo.[80]

Chegando a Spithead, o *Etna* entrou no porto de Portsmouth para reparos e, quando ficaram prontos, voltamos para Spithead, juntando-nos a uma grande frota planejada para atacar Havana. Porém, naquela época aproximadamente, o rei morreu. Não sei se isso impediu a expedição, mas fez com que nosso navio ficasse estacionado em Cowes, na Ilha de Wight, até o início do ano de 1761. Ali eu passei meu tempo muito prazerosamente, permanecendo bastante em terra por toda parte dessa encantadora ilha, cujos habitantes considerei muito corteses.

Enquanto eu ali estava, passei por um acontecimento banal que me surpreendeu de modo bastante agradável. Um dia estava em um campo de propriedade de um cavalheiro que possuía um menino negro que era aproximadamente do meu tamanho. Esse menino, tendo me observado a partir da casa do seu senhor, foi conduzido sob as vistas de um dos seus próprios conterrâneos e correu ao meu encontro a toda

---

[80] Era comum haver escolas instaladas nos maiores navios para a educação dos muitos meninos a bordo que estavam destinados a se tornar oficiais e marinheiros profissionais, posições que exigiam um grau relativamente alto de alfabetização e conhecimento matemático. (N. do T.)

a velocidade. Eu, sem saber o que ele pretendia fazer, a princípio desviei-me um pouco para fora do seu caminho. Isso, porém, foi inútil, pois ele logo se aproximou de mim e agarrou-me em seus braços como se eu fosse seu irmão, embora nunca tivéssemos nos visto antes. Depois de termos conversado por algum tempo, ele levou-me para a casa do seu senhor, onde fui tratado com muita gentileza. Esse benevolente garoto e eu fomos muito felizes, nos encontrando frequentemente até por volta do mês de março de 1761, quando nosso navio tinha ordens para se preparar para outra expedição. Assim que ficamos prontos, juntamo-nos a uma grande frota em Spithead, comandada pelo comodoro Keppel e destinada a ir a Belle-Isle,[81] onde tropas a bordo dos inúmeros navios de transporte deveriam fazer uma incursão.

Navegamos mais uma vez em busca da fama. Eu estava ansioso para me envolver em novas aventuras e ver novas maravilhas. Em minha mente, tudo que era incomum causava a mais completa impressão e eu considerava maravilhoso todo evento que contemplava. Cada salvação extraordinária ou libertação notável, fosse minha ou dos outros, eu julgava ser realizada por intervenção da Providência. Não tínhamos permanecido mais de dez dias no mar até que um incidente desse tipo ocorresse, o qual, independentemente do crédito que possa obter do leitor, causou grande impressão em minha mente.

Tínhamos a bordo um artilheiro cujo nome era John Mondle, um homem de moral pouco rígida. A cabine desse homem ficava entre os conveses, exatamente acima de onde eu me deitava, ao lado da escada do tombadilho. Numa noite, em 5 de abril, ele acordou aterrorizado por um sonho, tão apavorado que não conseguia mais descansar em sua cama e nem mesmo permanecer em sua cabine. Por volta das quatro

---

[81] Local na baía de Quiberon, na Bretanha. (N. do T.)

horas da manhã, subiu ao convés extremamente agitado, contando imediatamente àqueles que ali estavam as agonias de sua mente e o sonho que as ocasionou, no qual disse que havia visto várias coisas muito terríveis e que havia sido advertido por São Pedro para se arrepender, o qual lhe dissera que seu tempo era curto. Ele disse que isso o deixara muito perturbado e que estava determinado a mudar de vida. As pessoas em geral zombam dos medos alheios quando elas estão em segurança e alguns dos camaradas que o ouviram apenas riram dele. No entanto, ele fez uma promessa de que nunca mais beberia bebidas alcoólicas fortes e imediatamente teve um lampejo e doou todo seu estoque de bebidas. Depois disso, continuando ainda em sua agitação, ele começou a ler as Escrituras, na esperança de encontrar algum alívio e, logo em seguida, voltou a deitar-se em sua cama, procurando acalmar--se para dormir. Mas foi tudo em vão, pois sua mente ainda permanecia em estado de agonia. A essa altura já era exatamente sete e meia da manhã, eu estava então sob a coberta de ré, na porta da grande cabine, quando, de repente, ouvi as pessoas no convés entre os castelos[82] a gritar apavoradas: "O Senhor tenha piedade de nós! Estamos todos perdidos! O Senhor tenha piedade de nós!". O senhor Mondle, ouvindo aqueles gritos, saiu imediatamente de sua cabine, e nós fomos instantaneamente abalroados pelo *Lynne*, um navio de quarenta canhões do capitão Clark, que quase nos pôs a pique. Esse navio havia acabado de mudar seu curso em razão do vento e ainda não tinha conseguido retomar completamente seu avanço em velocidade, caso contrário nós teríamos todos perecido, pois o vento estava intenso. De todo modo, antes que o senhor Mondle tivesse dado quatro passos

---

[82] Convés entre os castelos, *waist* no original, é uma espécie de convés situado na parte frontal do navio. (N. do T.)

para fora da sua cabine, esse navio atingiu o nosso com seu beque bem no meio da cama e da cabine dele, que ficou suspensa até as braçolas da escotilha do tombadilho superior e mais de três pés submersa. Assim, num minuto, não se podia ver sequer um pedacinho de madeira no local onde ficava a cabine do senhor Mondle, que esteve tão próximo da morte que alguns dos estilhaços cortaram seu rosto.

Como o senhor Mondle teria inevitavelmente perecido nesse acidente caso não tivesse se alarmado da maneira muito extraordinária que relatei, eu não pude deixar de considerar isso uma impressionante intervenção da Providência para sua preservação.

Os dois navios balançaram juntos, lado a lado, por algum tempo. Por ser o nosso um brulote, nossos ganchos prenderam-se ao *Lynne* de todo jeito e as vergas e os cordames moviam-se num ritmo espantoso. Nosso navio estava numa condição tão terrível que todos nós, achando que ele afundaria imediatamente, corremos para salvar nossas vidas embarcando no *Lynne* do melhor jeito possível. Nosso tenente, porém, por ter sido o agressor, não abandonou o navio.

No entanto, quando percebemos que a embarcação não afundaria imediatamente, o capitão foi novamente a bordo, incentivando nosso pessoal a retornar para tentar salvá-la. Diante disso, muitos voltaram, mas outros não se aventuraram. Alguns navios da frota, ao ver nossa situação, imediatamente enviaram seus botes para nos ajudar; porém, mesmo com toda a ajuda, levamos o dia inteiro para salvar o navio. Usando de todos os meios possíveis — particularmente amarrando tudo junto com firmeza, usando muitas espias e colocando uma grande quantidade de sebo debaixo da água, no local que estava danificado — ele foi mantido inteiro. Por sorte, não enfrentamos nenhuma tempestade de vento ou teríamos sido despedaçados, pois estávamos num tal estado de destruição que fomos escoltados por outros navios até chegar a Belle-Isle, nosso lugar de destino, e então tudo foi retirado do navio e ele foi devidamente reparado.

Acredito que essa salvação do senhor Mondle — que ele, assim como eu, sempre considerou como um ato singular da Providência — exerceu desde então uma grande influência em sua vida e conduta. E agora que trato desse assunto, peço licença para relatar um ou dois casos que aumentaram imensamente minha crença na intervenção especial do Céu e que, de outro modo, por sua insignificância, não encontrariam lugar aqui. Eu pertenci por alguns dias, no ano de 1758, à tripulação do *Jason*, de 54 canhões, em Plymouth, e, uma noite, quando eu estava a bordo, uma mulher com uma criança de peito caiu do tombadilho no porão de carga, perto da quilha. Todos julgaram que a mãe e a criança estivessem ambas despedaçadas; para nossa grande surpresa, porém, nenhuma delas ficou ferida. Eu mesmo, um dia, caí de cabeça do tombadilho do *Etna* na parte do porão entre o mastro e a popa, quando estava sem lastro, e todos os que me viram cair gritaram que eu estava morto, porém eu não sofri nem um arranhão. E, no mesmo navio, um homem caiu do topo do mastro no convés sem se ferir.

Nesses e em muitos outros casos, julguei que poderia enxergar claramente a mão de Deus, sem cuja permissão um pardal não pode cair. Comecei a elevar meu temor em relação ao homem para Ele apenas e a invocar diariamente o Seu santo nome com temor e reverência. Creio que Ele ouviu minhas súplicas e, graciosamente, condescendeu em atender-me de acordo com a Sua palavra divina, plantando as sementes da piedade em mim, mesmo sendo eu uma das suas criaturas mais insignificantes.

Depois que nosso navio foi restaurado e estava de prontidão para atacar o local, as tropas a bordo dos navios de transporte receberam ordem para desembarcar, e meu senhor, como capitão júnior, participou do comando do desembarque. Isso foi no dia 12 de abril. Os franceses estavam alinhados em terra e haviam feito todas as disposições para resistir ao desembarque de nossos homens; nesse dia, apenas uma pequena parte deles conseguiu efetuá-lo. A maioria caiu depois de lutar com grande bravura, sendo feitos prisioneiros o general Crawford e uma série de outros. No combate desse dia também tivemos nosso tenente morto.

No dia 21 de abril, renovamos nossos esforços para desembarcar os homens, enquanto todos os navios de guerra estavam estacionados ao longo da costa para dar cobertura, disparando contra as baterias e trincheiras francesas do início da manhã até cerca de quatro horas, quando nossos soldados efetuaram um desembarque seguro. Eles imediatamente atacaram os franceses, que, após um intenso combate, foram obrigados a abandonar as baterias. Antes da retirada, os inimigos explodiram várias delas para evitar que caíssem em nossas mãos. Nossos homens então prosseguiram a fim de sitiar a cidadela e meu senhor recebeu ordem em terra para supervisionar o desembarque de todo material necessário para manter o cerco, em cujo serviço eu fui seu principal assistente.

Enquanto lá estive, circulei por diversas partes da ilha e, um dia em particular, minha curiosidade quase me custou a vida. Eu queria muito ver o modo de carregar os morteiros e de disparar os projéteis e, com esse propósito, fui até uma bateria inglesa que estava a apenas poucas jardas das muralhas da cidadela. Ali, de fato, eu tive a oportunidade de me satisfazer plenamente observando toda a operação; não, porém, sem correr um risco muito grande, tanto pelos projéteis ingleses que explodiam enquanto eu estava lá, como, da mesma forma, pelos franceses. Uma das suas maiores cargas rebentou a nove ou dez jardas[83] de onde eu estava. Havia uma única pedra ali perto, do tamanho aproximado de um barril,

---

[83] Uma jarda equivale a 0,9144 metro. (N. do T.)

e eu imediatamente abriguei-me debaixo dela a tempo de evitar a fúria do projétil. No local onde rebentou, a terra foi arrancada de tal modo que duas ou três barricas caberiam facilmente no rombo resultante e grandes quantidades de pedras e sujeira foram arremessadas a uma considerável distância. Três tiros também foram disparados contra mim e outro menino que estava junto comigo. Um deles, em particular, parecia

Trovão de rubro raio e fúria acesa,[84]

pois assobiou perto de mim com o barulho mais terrível, chocando-se contra uma rocha a pequena distância, a qual se despedaçou.

Ao perceber que estava numa situação perigosa, tentei retornar pelo caminho mais curto que pudesse encontrar e, assim, fui entre as sentinelas inglesas e as francesas. Um sargento inglês, que comandava os postos avançados, ao ver-me, e surpreso por eu ter chegado até lá (o que fizera furtivamente, ao longo da beira-mar), repreendeu-me severamente por isso e logo afastou o sentinela de seu posto, prendendo-o por sua negligência em permitir que eu avançasse as linhas.

Enquanto estava nessa situação, percebi, a uma pequena distância, um cavalo francês pertencente a alguns ilhéus e pensei que poderia então montá-lo para escapar com maior rapidez. Assim, peguei uma corda que trazia comigo e, com ela, fiz uma espécie de rédea, colocando-a ao redor da cabeça do cavalo. O manso animal permitiu muito quietamente que eu o amarrasse desse modo e o montasse. Tão logo subi no dorso do cavalo, comecei a chutá-lo e a bater nele, ten-

---

[84] John Milton (1608-1674), *Paradise Lost* (1674), v. 1:175. Ed. bras.: *Paraíso perdido*, tradução de Daniel Jonas, São Paulo, Editora 34, 2015, p. 45. (N. do T.)

tando por todos os meios fazer com que corresse, com muito pouco efeito, porém, sem conseguir tirá-lo de um passo vagaroso. Enquanto eu me movia lentamente, ainda ao alcance do tiro inimigo, encontrei um criado bem montado em um cavalo inglês. Eu imediatamente parei e, chorando, contei-lhe minha situação, implorando para que me ajudasse. E ele efetivamente o fez, pois, usando um excelente chicote grande que possuía, começou a golpear meu cavalo de forma tão violenta que ele acabou disparando comigo a toda a velocidade na direção do mar, sendo eu totalmente incapaz de contê-lo ou controlá-lo. Desse modo prossegui até chegar a um precipício escarpado. Eu agora não conseguia deter meu cavalo, e minha mente ficou tomada de apreensões quanto ao meu deplorável destino caso ele despencasse no precipício, o que parecia totalmente disposto a fazer. Eu, portanto, achei que seria melhor jogar-me dele de uma vez, o que fiz imediatamente com uma grande dose de destreza, felizmente escapando ileso. Assim que me senti livre, me dirigi ao navio do melhor modo, determinado a não ser novamente tão imprudente quando estivesse apressado.

Continuamos a sitiar a cidadela até junho, quando ela se rendeu. Durante o cerco, eu contei mais de sessenta projéteis ou carcaças no ar ao mesmo tempo. Depois de sua tomada, atravessei a cidadela e os abrigos antibombas subterrâneos, que eram cortados na rocha sólida, achando o lugar surpreendente, tanto pela solidez como pela construção. Apesar disso, nossos tiros e projéteis haviam feito impressionante devastação e destroços se amontoavam por toda parte.

Após a tomada dessa ilha, nossos navios, com alguns outros comandados pelo comodoro Stanhope no *Swiftsure*, foram para Basque Road, onde bloqueamos uma frota francesa.[85] Nossos navios permaneceram ali desde junho até fe-

---

[85] *Basse-road*, no original, deve ser lido Basque Road (Ancoradouro

vereiro seguinte e, nesse período, presenciei um grande número de cenas bélicas, com estratagemas de ambos os lados a fim de destruir a frota alheia. Às vezes atacávamos os franceses com alguns navios de linha; em outros momentos, com botes, tomando presas frequentemente. Uma ou duas vezes os franceses nos atacaram atirando projéteis de suas bombardas. Um dia, enquanto atirava projéteis em nossos navios, um navio francês soltou-se de suas regeiras,[86] atrás da Ilha de Ré. Estando ruim a maré, ele chegou à distância de um tiro do *Nassau*, mas este não conseguia trazer uma arma para poder atingi-lo e, assim, os franceses se foram. Fomos duas vezes atacados por seus brulotes, os quais eles acorrentavam juntos e em seguida deixavam ser levados flutuando com a maré. Porém, nas duas ocasiões, nós enviamos botes com ganchos e os rebocamos com segurança para longe da frota.

Tivemos diversos comandantes enquanto permanecemos nesse lugar: comodoros Stanhope, Dennis, Lorde Howe etc. A partir daí, antes de começar a guerra espanhola,[87] nosso navio e a corveta *Wasp* foram enviados para San Sebastián, na Espanha, pelo comodoro Stanhope. Depois, o comodoro Dennis enviou nosso navio para um cartel[88] em Bayonne, na

---

Basco); localizado entre a Ilha de Ré e a Ilha de Oléron, conduz à base naval de Rochefort. (N. do T.)

[86] Regeira, em linguagem náutica, designa uma espia que sai da extremidade de um navio e é amarrada a um cabo procedente de outro, enquanto permanece ancorado. É comumente utilizada para fazer o costado de um navio, ou bateria de canhões, ficar apontado na direção de algum objeto distante, como outro navio ou uma fortaleza na costa. (N. do T.)

[87] Em 4 de janeiro de 1762, a Grã-Bretanha declarou guerra à Espanha, aliada da França. (N. do T.)

[88] Acordo entre chefes militares em guerra sobre medidas de interesse recíproco ou troca de prisioneiros. (N. do T.)

França,[89] após o que[90] fomos para Belle-Isle em fevereiro de 1762, ali permanecendo até o verão. Partimos dali, então, de regresso a Portsmouth.

Depois de ser novamente preparado para o serviço, nosso navio partiu em setembro para Guernsey, onde eu fiquei muito feliz por reencontrar minha velha anfitriã, que então era viúva, e sua encantadora filha, minha antiga companheirinha. Passei ali um tempo muito feliz, junto delas, até outubro, quando recebemos ordens para retornar a Portsmouth. Nossa separação foi cercada por muito afeto e eu prometi voltar em breve para revê-las, sem saber o que o destino todo-poderoso havia reservado para mim.

Quando nosso navio chegou a Portsmouth, entramos no porto, lá permanecendo até o final de novembro, quando ouvimos muitas conversas sobre paz e, para nosso grande contentamento, no início de dezembro recebemos ordem para ir a Londres com nosso navio para sermos pagos.[91] Recebemos essa notícia com sonoros hurras e todas as outras demons-

---

[89] Entre outros que trouxemos de Bayonne, havia dois cavalheiros que estiveram nas Índias Ocidentais, onde vendiam escravos; e eles confessaram que uma vez fizeram uma falsa nota de venda, vendendo dois homens brancos portugueses em meio a um lote de escravos.

[90] Algumas pessoas acreditam que, por vezes, pouco antes das pessoas morrerem seus guardiões são vistos, ou seja, algum espírito idêntico a elas, embora elas próprias estejam em outros lugares ao mesmo tempo. Um dia, enquanto estávamos em Bayonne, o senhor Mondle viu um dos nossos homens, como ele pensou, na sala de armas e, pouco depois, chegando ao tombadilho, ele falou de algumas particularidades desse homem para alguns dos oficiais. Disseram-lhe que o homem estava então fora do navio, em um dos barcos com o tenente, mas o senhor Mondle não acreditou nisso e nós fizemos uma busca no navio, quando ele constatou que o homem estava realmente fora. Quando o barco retornou algum tempo depois, descobrimos que o homem tinha se afogado no exato momento em que o senhor Mondle julgou tê-lo visto.

[91] Embora a guerra estivesse efetivamente terminada, o Tratado de

trações de alegria, nada além de júbilo podia ser visto por todo o navio.

Também eu tinha minha cota na felicidade geral que havia nessa ocasião. Só pensava então em ser libertado e trabalhar por conta própria para, desse modo, conseguir um dinheiro que me permitisse adquirir uma boa educação, pois eu sempre tive um grande desejo de ser pelo menos capaz de ler e escrever e, enquanto estava a bordo do navio, havia me esforçado para melhorar em ambos. Enquanto estive no *Etna*, especialmente, o escriturário do capitão ensinou-me a escrever e passou-me noções de aritmética até a regra de três. Havia também Daniel Queen, um homem muito bem-educado, de cerca de quarenta anos de idade, que era um dos meus comensais a bordo desse navio e também servia e vestia o capitão. Felizmente, esse homem ficou logo muito ligado a mim, fazendo enormes esforços para me instruir em muitas coisas. Ele ensinou-me um pouco como barbear e fazer penteados e também a ler a Bíblia, explicando-me muitas passagens que eu não compreendia. Eu fiquei maravilhosamente surpreso ao ver as leis e regras de meu país escritas ali quase com exatidão, uma circunstância que, segundo creio, ajudava a gravar nossos usos e costumes mais profundamente em minha memória. Eu costumava conversar com ele sobre essa semelhança e muitas vezes passávamos a noite em claro juntos nessa atividade. Em suma, ele era como um pai para mim e alguns até mesmo costumavam me chamar pelo nome dele, chamando-me também de cristão negro. Na verdade, eu o amava quase com o afeto de um filho, privando-me de muitas coisas em seu favor. Quando ganhava algumas moedas jogando bolas de gude ou qualquer outro jogo ou quando conseguia algum dinheirinho — o que às vezes conseguia ao

Paris, que reconhecia a maioria dos ganhos territoriais britânicos, só foi assinado em 10 de fevereiro de 1763. (N. do T.)

fazer a barba de alguém —, eu costumava comprar-lhe um pouco de açúcar ou de tabaco, conforme minhas reservas de dinheiro permitiam. Ele costumava dizer que nós nunca deveríamos nos separar e que, depois que nosso navio recebesse o pagamento — uma vez que eu era tão livre como ele próprio ou qualquer outro homem a bordo —, ele me ensinaria seu ofício, com o qual eu poderia ganhar um bom sustento. Isso me deu nova vida e ânimo, e meu coração ardia dentro de mim enquanto pensava no longo tempo até que eu obtivesse minha liberdade. É certo que meu senhor não havia me prometido isso; no entanto, além das garantias que eu havia recebido de que ele não tinha o direito de me deter, ele sempre me tratara com a maior bondade, depositando em mim uma confiança ilimitada. Ele até cuidava de minha moralidade, jamais permitindo que eu o enganasse ou dissesse mentiras, sobre cujas consequências ele costumava advertir-me, dizendo que, caso eu agisse assim, Deus não me amaria. Desse modo, a julgar por toda essa amabilidade, nunca imaginei, em nenhum dos meus sonhos de liberdade, que ele cogitasse me deter por mais tempo do que eu desejasse.

Em consequência das ordens recebidas, navegamos de Portsmouth para o Tâmisa, chegando a Deptford em 10 de dezembro, onde lançamos ferro assim que a maré subiu. O navio ficou pronto em cerca de meia hora, quando meu senhor ordenou que a barcaça fosse tripulada. Num instante, sem ter me dado antes o menor motivo para suspeitar de nada a respeito, ele obrigou-me a entrar naquela barcaça, dizendo que eu pretendia abandoná-lo, mas ele me impediria de fazê-lo. Eu fiquei tão surpreso com o inesperado desse procedimento que, por algum tempo, não consegui replicar, pedindo apenas para buscar meus livros e meu baú de roupas. Mas ele blasfemou e, enquanto apanhava seu sabre, disse que eu não deveria sair de sua vista, pois caso contrário cortaria minha garganta. Comecei, entretanto, a me recompor e, criando coragem, disse-lhe que eu era livre e que pela lei ele não podia me tratar daquele modo. Isso, porém, só aumentou sua fúria e ele continuou a me xingar, dizendo que me faria saber em breve se ele podia ou não. Nesse instante, para espanto e tristeza de todos a bordo, saltou do navio para a barcaça.

A maré, para meu azar, havia acabado de começar a baixar, fazendo com que descêssemos o rio rapidamente até chegar junto a alguns navios mercantes das Índias Ocidentais que estavam de partida, pois meu senhor estava decidido a colocar-me a bordo do primeiro navio que aceitasse me receber. A tripulação da barcaça, que remava contra sua vontade, em vários momentos chegou à exaustão e teria parado na margem, mas ele não o permitiria. Alguns tentaram me consolar, dizendo-me que ele não podia me vender e que me apoiariam, o que me animou um pouco e fortaleceu minhas esperanças, pois, enquanto remavam, ele pedia a alguns navios para que me recebessem, mas nenhum deles o faria. Porém, assim que chegamos um pouco abaixo de Gravesend,[92] acostamos a um navio que estava de partida para as Índias Ocidentais na maré seguinte, cujo nome era *Charming Sally*, do capitão James Doran. Meu senhor foi a bordo e fez um acordo com ele a meu respeito, e em um pouco tempo fui enviado para dentro da cabine. Quando lá cheguei, o capitão Doran perguntou-me se eu o conhecia e eu respondi que não. "Então", disse ele, "você agora é meu escravo." Eu lhe disse que meu senhor não poderia me vender para ele nem para nenhuma outra pessoa. "Por quê?", perguntou ele. "Seu senhor não comprou você?" Eu admiti que sim. "Mas eu o servi", disse eu, "por muitos anos e ele ficou com todos os meus salários e o dinheiro das presas, pois só obtive seis centavos

---

[92] Cidade localizada no noroeste do condado de Kent, na Inglaterra, na margem sul do rio Tâmisa. (N. do T.)

durante a guerra. Além disso, eu fui batizado e, pelas leis desta terra, ninguém tem o direito de me vender." E acrescentei que havia ouvido um advogado e outras pessoas dizerem isso ao meu senhor em diversas oportunidades. Em seguida, ambos disseram que as pessoas que me falaram isso não eram minhas amigas. Mas eu repliquei, afirmando que era muito estranho que outras pessoas não conhecessem a lei tanto quanto eles. Quanto a isso, o capitão Doran disse que eu falava inglês em demasia e que, caso eu não me comportasse bem e permanecesse calado, ele tinha a bordo um método para me obrigar. Eu estava muito bem convencido de seu poder sobre mim para duvidar do que ele dizia, e a lembrança de meus antigos sofrimentos no navio negreiro surgiu em minha mente, fazendo-me estremecer. No entanto, antes de me afastar eu disse-lhe que, como não conseguia obter nenhum direito entre os homens dali, esperava conseguir algum futuramente no Céu, deixando a cabine imediatamente, cheio de ressentimento e tristeza.

Meu senhor levou consigo o único casaco que eu possuía e disse "caso seu dinheiro das presas fossem 10 mil libras, eu teria direito a tudo e o teria tomado". Eu possuía cerca de nove guinéus que havia juntado durante minha longa vida como marinheiro, a partir de gratificações insignificantes e pequenos negócios, e os escondi naquele instante para que meu senhor não os tomasse de mim da mesma maneira, ainda na esperança de que, de um jeito ou de outro, conseguiria fugir para a costa. E, de fato, alguns dos meus companheiros de bordo disseram-me que eu não deveria me desesperar, pois viriam me buscar e que, assim que conseguissem receber seus pagamentos, iriam imediatamente para Portsmouth, que era o destino daquele navio, atrás de mim.

Infelizmente, porém, todas as minhas esperanças foram frustradas e o momento da minha libertação ainda estava distante. Meu senhor, tendo logo concluído sua negociação com o capitão, deixou a cabine, partindo depois de entrar na barcaça junto com seu pessoal. Eu os acompanhei com um olhar dolorido até onde pude e, quando eles estavam fora de vista, joguei-me no convés, com meu coração pronto para rebentar de tristeza e angústia.

CAPÍTULO V

Reflexões do autor sobre sua situação — É enganado por uma promessa de ser libertado — Seu desespero ao navegar para as Índias Ocidentais — Chega a Montserrat, onde é vendido para o senhor King — Vários exemplos interessantes de opressão, crueldade e extorsão que o autor viu praticadas contra escravos nas Índias Ocidentais durante seu cativeiro de 1763 a 1766 — Discurso a esse respeito aos fazendeiros

Assim, no mesmo instante em que esperava que toda minha árdua labuta chegasse ao fim, eu era lançado, como supunha, em nova escravidão, em comparação com a qual todo meu trabalho até então havia sido em "perfeita liberdade"; e seus horrores, sempre presentes em minha mente, agora avançavam de um modo dez vezes mais grave. Chorei muito amargamente por algum tempo e comecei a achar que eu devia ter feito algo que desagradara ao Senhor Deus, para que Ele me punisse tão severamente assim. Isso me deixou possuído por dolorosas reflexões sobre minha conduta passada. Recordei-me que, na manhã de nossa chegada em Deptford, eu havia jurado levianamente que, assim que chegasse a Londres, passaria o dia em passeios e diversões. Minha consciência afetou-me por esse gesto irrefletido. Senti que o Senhor era capaz de me frustrar em tudo e, imediatamente, considerei que aquela minha situação era um castigo do Céu em razão da minha impudência em blasfemar. Eu, portanto, com o coração contrito reconheci minha transgressão a Deus, derramei minha alma diante dele com sincero arrependimento e com fervorosas súplicas implorei-lhe para que não me aban-

A interessante narrativa da vida de Olaudah Equiano

donasse em minha angústia nem me excluísse da sua misericórdia para sempre.

Em pouco tempo, minha aflição, esgotada com sua própria violência, começou a diminuir. Depois de passada a confusão inicial dos meus pensamentos, refleti com mais calma sobre a condição em que me encontrava. Considerei que sofrimentos e frustrações existem, por vezes, para nosso bem e pensei que Deus talvez tivesse permitido aquilo a fim de me ensinar sabedoria e resignação, pois até então Ele havia me protegido com as asas de sua misericórdia e, com sua mão invisível mas poderosa, conduzira-me de um modo que eu desconhecia. Essas reflexões me deram um pouco de conforto e, finalmente, me levantei do convés com um misto de desânimo e tristeza em meu semblante, no entanto, com alguma tênue esperança de que o *Senhor surgiria* para minha libertação.

Logo em seguida, quando meu novo senhor estava indo para terra, ele me chamou e disse para eu me comportar bem e fazer o serviço do navio, assim como os demais meninos, e que eu deveria ter o melhor desempenho nisso. Mas eu nada lhe respondi. Perguntaram-me então se eu sabia nadar e respondi que não. No entanto, fizeram-me descer para debaixo do convés e mantiveram-me bem vigiado.

Na maré seguinte, o navio partiu e, logo a seguir, chegou a Motherbank,[93] Portsmouth, onde aguardou por poucos dias a chegada de alguns integrantes do comboio das Índias Ocidentais. Enquanto permaneci ali, tentei conseguir, por todos os meios que podia imaginar junto às pessoas do navio, um bote que viesse da costa, pois não havia nenhum com permissão para acostar no navio e os seus próprios botes, sempre que usados, eram içados novamente no mesmo ins-

---

[93] Motherbank é um banco de areia de águas rasas ao largo da costa nordeste da Ilha de Wight, na Inglaterra. (N. do T.)

tante. Um marinheiro a bordo recebeu de mim um guinéu sob o pretexto de conseguir-me um bote, prometendo-me repetidas vezes que isso logo aconteceria. Quando ele assumiu a vigia no convés, eu assumi também e fiquei procurando por muito tempo, mas sempre em vão: nunca consegui ver o bote nem ter meu guinéu de volta. E — o que considerei ainda pior —, como descobri depois: o tempo todo esse sujeito informava seus companheiros sobre minha intenção de fugir, caso eu conseguisse fazê-lo de alguma forma. Porém, trapaceiro como era, ele nunca lhes disse que recebera de mim um guinéu para arranjar minha fuga. No entanto, depois que zarpamos e a tripulação do navio ficou sabendo de seu golpe, eu tive alguma satisfação em vê-lo detestado e desprezado por todos em razão de seu comportamento para comigo.

Eu ainda tinha esperança de que meus velhos companheiros não se esquecessem de sua promessa de ir a Portsmouth atrás de mim. E, por fim, de fato foram, mas apenas no dia anterior ao da partida. Alguns deles ali compareceram enviando-me algumas laranjas e outras provas de sua consideração. Também me enviaram a promessa de que eles próprios viriam até mim no dia seguinte ou no próximo. E também uma senhora que vivia em Gosport escreveu-me dizendo que viria e me retiraria do navio no mesmo momento. Essa senhora já havia sido muito íntima de meu antigo senhor e eu costumava vender e cuidar de uma grande quantidade de pertences para ela, em diversos navios; em troca ela sempre demonstrou grande amizade por mim, costumando dizer ao meu senhor que me levaria para morar com ela. Mas, para meu azar, os dois haviam se desentendido e ela acabou substituída nas boas graças de meu senhor por outra dama, que parecia a única patroa do *Etna*, geralmente hospedada a bordo. Eu não era um grande favorito desta senhora como fora da primeira; ela havia criado um ressentimento contra mim em alguma ocasião quando estava a bordo e não deixava de instigar meu senhor para me tratar da maneira como ele me tratou.[94]

No entanto, na manhã seguinte, em 30 de dezembro, estando o vento intenso e vindo de leste, a fragata *Oeolus*, que devia escoltar o comboio, fez um sinal para zarpar. Todos os navios então levantaram suas âncoras e, antes que qualquer dos meus amigos tivesse alguma oportunidade de vir em meu socorro, nosso navio começou sua viagem, para minha inexprimível angústia. Que tumultuadas emoções agitaram minha alma quando o comboio começou a navegar comigo a bordo como prisioneiro, agora desesperançado! Eu mantive meus olhos lacrimejantes sobre a terra, em estado de sofrimento indizível, sem saber o que fazer e sem esperança de poder me salvar. Enquanto minha mente estava nessa situação, a frota navegava e em 24 horas perdi de vista a almejada terra. Nas primeiras expressões de minha dor, condenei meu destino e desejei que jamais tivesse nascido.

Eu estava pronto para amaldiçoar a maré que nos levava, a ventania que soprava impelindo minha prisão e, até mesmo, o navio que nos conduzia. E apelei à morte para me aliviar dos horrores que sentia e temia, para que eu suportasse estar naquele lugar

> *Onde os escravos são livres e os homens não mais oprimem.*
> *Tolo que eu era, habituado há tanto tempo com o tormento,*

[94] Assim, acabei sacrificado pela inveja e pelo ressentimento que dominaram essa mulher ao saber que a senhora a quem ela sucedera nas boas graças do meu senhor tencionava me levar para servi-la; o que, caso eu tivesse uma vez estado em terra, ela não seria capaz de impedir. Ela sentiu seu orgulho ferido com a superioridade de sua rival, a qual seria servida por um criado negro: foi mais para evitar isso do que para se vingar por meu intermédio que ela fez o capitão tratar-me assim tão cruelmente.

A confiar na esperança ou a sonhar mais uma vez com
o contentamento.

[...]

Agora arrastado novamente para além do oceano
ocidental,
Para gemer sob a corrente de algum fazendeiro mau;
Onde meus pobres compatriotas esperam na
escravidão
Do duradouro destino a ansiada libertação:
Duro e persistente destino! Enquanto, antes de
amanhecer o dia,
Despertados pelo chicote seguem seu caminho sem
alegria;
E, enquanto suas almas ardem envergonhadas e
angustiadas,
Saúdam com gemidos as novas manhãs indesejadas,
E, repreendendo a cada hora o sol que vagarosamente
passa,
Prosseguem em suas labutas até que esteja esvaída
toda a sua raça.
Nenhum olho para os seus sofrimentos com uma
lágrima marcar;
Nenhum amigo para confortar e nenhuma esperança
para animar:
Então, como as entediadas bestas de quem ninguém se
apieda, eles vão
Aos barracos como uns desgraçados, para tão
ordinária refeição;
Agradecem aos céus por um dia miserável terminar,
Mergulham então no sono, desejando não mais
acordar.[95]

---

[95] *The Dying Negro*, poema publicado originalmente em 1773. Tal-

A turbulência das minhas emoções, no entanto, naturalmente deu lugar a pensamentos mais tranquilos e logo percebi que nenhum mortal na terra poderia evitar o que estava decretado pelo destino.

O comboio navegou durante seis semanas sem nenhum acidente, com ventania agradável e mar liso, até fevereiro, quando, numa manhã, o *Oeolus* abalroou um brigue[96] pertencente ao comboio, o qual afundou no mesmo instante, engolfado pelos sombrios recônditos do oceano. Uma grande confusão imediatamente tomou conta do comboio até o sol raiar e o *Oeolus* foi iluminado para prevenir novos danos.

No dia 13 de fevereiro de 1763, a partir do calcês,[97] avistamos Montserrat, a ilha que era o nosso destino, e logo depois eu observava aquelas

> *Regiões de dor, sombrias, onde paz*
> *E descanso não restam, nem esperança*
> *Que a todos no fim resta; mas tortura*
> *Sem fim.*[98]

vez não deva ser considerado impertinente acrescentar aqui que esse pequeno poema elegante e patético (emocionalmente tocante) foi inspirado, como parece pelo anúncio que o precede, pelo seguinte incidente. "Um negro que poucos dias antes tinha fugido de seu senhor e fora batizado com a intenção de se casar com uma mulher branca, sua companheira de criadagem, sendo pego e enviado a bordo de um navio no Tâmisa, aproveitou uma oportunidade para disparar contra sua própria cabeça."

[Equiano mistura nessa passagem, e cita de forma imprecisa, versos das três primeiras edições de *The Dying Negro, a Poetical Epistle, from a Black, Who Shot Himself on Board a Vessel in the River Thames, to his Intended Wife*, de Thomas Day e John Bicknell. (N. do T.)]

[96] Embarcação a vela com dois mastros. (N. do T.)

[97] Topo do mastro. (N. do T.)

[98] John Milton, *Paraíso perdido*, op. cit., vv. 1: 65-8. (N. do T.)

Diante da visão dessa terra de cativeiro, uma nova sensação de horror percorreu todo o meu corpo, abatendo-me até o fundo do coração. Nesse momento meu antigo estado de escravidão ressurgiu em minha mente numa terrível retrospectiva, revelando apenas sofrimentos, açoites e grilhões. E, no primeiro paroxismo de minha dor, roguei pelo raio de Deus e seu poder vingador, para que me atingisse com um golpe mortal antes de permitir que eu me tornasse um escravo, vendido de um senhor a outro.

Nesse meu estado de espírito, nosso navio ancorou, descarregando logo a seguir a sua carga. Aprendi o que era trabalhar duro quando me fizeram ajudar a descarregar e recarregar o navio. E, como consolo pela angústia daquela situação, ainda tive todo meu dinheiro roubado por dois marinheiros que depois fugiram do navio.

Eu já havia me acostumado há tanto tempo com o clima europeu que, no começo, achei muito doloroso o sol escaldante das Índias Ocidentais. A impetuosa rebentação, ao mesmo tempo, era capaz de lançar frequentemente o bote e as pessoas dentro dele acima da linha da maré alta, o que provocava fraturas nos membros ou até mesmo morte instantânea, e todo dia eu me feria.

Por volta de meados de maio, quando o navio ficou pronto para partir para a Inglaterra, eu acreditava o tempo todo que as mais negras nuvens do destino estavam se acumulando sobre minha cabeça e esperava que sua explosão me lançasse junto aos mortos. Foi então que o capitão Doran mandou-me em terra uma manhã e eu soube pelo mensageiro que meu destino já estava determinado. Com passos trêmulos e coração palpitante, fui até o capitão, encontrando-o na companhia do senhor Robert King, um quacre que era o principal comerciante do local. O capitão então me contou que meu antigo senhor havia me enviado para lá para que eu fosse vendido, mas que lhe pedira, no entanto, que conseguisse para mim o melhor dono possível, pois, segundo dissera, eu era um menino de muito valor. O capitão Doran disse ter constatado que isso era verdade e que, caso tivesse que permanecer nas Índias Ocidentais, ficaria feliz em conservar-me consigo. No entanto, não poderia se arriscar a me levar para Londres, pois estava bastante seguro de que ao ali chegar eu o abandonaria.

Naquele instante, desatei num choro e implorei-lhe muito para que me levasse consigo à Inglaterra. Mas foi tudo em vão. Ele me disse que havia conseguido para mim o melhor dono em toda a ilha, com quem eu deveria ser tão feliz como se estivesse na Inglaterra e que, por essa razão, achou melhor permitir que ele ficasse comigo, embora pudesse ter me vendido para seu próprio cunhado por um valor muito superior àquele recebido desse cavalheiro. O senhor King, meu novo senhor, falou em seguida, dizendo que decidira comprar-me em razão do meu bom caráter e que, como ele não tinha a menor dúvida sobre meu bom comportamento, eu deveria ficar numa boa situação junto a si. Ele também me disse que não vivia nas Índias Ocidentais, mas na Filadélfia, para onde partiria em breve e, como eu conhecia um pouco das regras de aritmética, quando chegássemos lá ele me colocaria na escola e me prepararia para trabalhar no comércio. Essa conversa aliviou um pouco meu espírito e, ao deixar esses senhores, já estava consideravelmente mais relaxado do que quando os encontrara. Fiquei muito grato ao capitão Doran e até mesmo ao meu antigo senhor pela reputação que me atribuíram, uma reputação que mais tarde eu considerei de infinita valia para mim.

Eu fui novamente a bordo para me despedir de todos os meus companheiros. O navio partiu no dia seguinte e, quando levantou âncora, fui à beira-mar e olhei para ele com o coração muito ansioso e dolorido, seguindo-o com meus olhos até que desaparecesse completamente no horizonte. Estava tão prostrado pela tristeza que, por muitos meses, era incapaz até de erguer minha cabeça e acredito que acabaria morrendo sob ela, caso meu novo senhor não tivesse sido gentil comigo. De fato, logo descobri que ele merecia plenamente a boa reputação que o capitão Doran lhe havia atribuído, pois possuía o mais amável caráter e temperamento, sendo muito caridoso e humano. Se alguns dos seus escravos se comportavam mal, ele não os açoitava nem maltratava, mas se desfazia deles. Isso fazia com que eles temessem desagradá-lo, pois, uma vez que ele tratava seus escravos melhor do que todos os outros homens da ilha, acabava sendo, em contrapartida, melhor e mais fielmente servido por eles. Devido a seu tratamento gentil, eu afinal fiz um esforço para me recompor e, com firmeza, embora sem dinheiro, resolvi enfrentar qualquer coisa que o destino houvesse decretado para mim.

O senhor King logo me perguntou o que eu poderia fazer, dizendo, ao mesmo tempo, que não tinha a intenção de me tratar como um escravo comum. Eu disse-lhe que sabia algo de marinharia, podia fazer a barba e pentear cabelos muito bem e também refinar vinho[99] (o que havia aprendido a bordo e fizera muitas vezes). Disse ainda que sabia escrever e entendia aritmética razoavelmente bem até a regra de três. Ele então me perguntou se eu sabia alguma coisa de aferição e, diante da minha resposta negativa, disse que um de seus funcionários deveria me ensinar a aferir.[100]

O senhor King negociava com todo tipo de mercadoria e mantinha de um a seis funcionários. Ele carregava muitos navios num ano, destinados particularmente à Filadélfia, onde nascera, e mantinha vínculos com um grande estabelecimento comercial daquela cidade. Ele, além disso, possuía

[99] Purificar ou clarificar vinho. (N. do T.)

[100] Determinar a capacidade de um navio. (N. do T.)

muitos navios e embarcações costeiras de vários tamanhos que costumavam circular pela ilha e outros lugares para buscar rum, açúcar e outros bens. Eu sabia remar e conduzir esses barcos muito bem e esse trabalho duro, que foi o primeiro que ele designou para mim, costumava ser minha ocupação constante nas temporadas do açúcar. Eu remava o barco, labutando nos remos de uma a dezesseis horas por dia, durante as quais recebia quinze centavos por dia para sobreviver, embora, às vezes, fossem apenas dez centavos. No entanto, isso era consideravelmente mais do que era concedido aos outros escravos que costumavam trabalhar comigo e que pertenciam a outros senhores da ilha. Aquelas pobres almas nunca recebiam de seus senhores ou proprietários mais do que nove centavos por dia e, raramente, mais de seis centavos, embora rendessem para eles três ou quatro pisterinas[101] por dia. Isso ocorre porque, nas Índias Ocidentais, mesmo homens que não possuem fazendas próprias costumam comprar escravos com a finalidade de alugá-los a fazendeiros e comerciantes por até uma moeda por dia. Dessa renda do trabalho diário deles, apenas uma parcela é repassada aos próprios escravos para sua subsistência, que é fixada de acordo com a vontade exclusiva desses senhores, sendo, em geral, muito escassa.

Meu senhor muitas vezes dava aos proprietários desses escravos, por dia, duas vezes e meia o valor dessas moedas e tinha que fornecer víveres aos pobres camaradas, porque ele achava que seus proprietários não os alimentavam suficientemente bem, de acordo com o trabalho que eles faziam. Os escravos costumavam apreciar muito isso e, como eles sabiam que meu senhor era um homem de sentimento, ficavam sempre mais felizes trabalhando para ele do que para qualquer outro cavalheiro, alguns dos quais, depois de terem sido pagos pelos trabalhos desses pobres homens, nem sequer lhes

---

[101] Essas pisterinas são do valor de um xelim.

repassavam as parcelas que lhes cabiam desse rendimento. Muitas vezes eu até vi esses desgraçados infelizes serem espancados por solicitar seus pagamentos; e frequentemente eram açoitados severamente por seus donos caso não lhes trouxessem o dinheiro diário ou semanal no prazo exato, embora as pobres criaturas fossem obrigadas a esperar muitas vezes mais da metade de um dia os cavalheiros para quem haviam trabalhado, antes que pudessem receber sua remuneração, isso geralmente aos domingos, quando eles queriam tempo para si.

Em particular, eu conheci um compatriota meu que certa vez não levara diretamente a seu senhor o dinheiro semanal que havia ganho e, embora o tivesse feito no mesmo dia, ainda assim, por essa suposta negligência, foi amarrado ao chão em estacas e estava prestes a receber cem chibatadas, não fosse por um cavalheiro implorar para que fossem apenas cinquenta. Esse pobre homem era muito trabalhador e, por sua frugalidade, havia guardado tanto dinheiro trabalhando a bordo do navio que conseguiu um homem branco para comprar-lhe um barco, à revelia de seu senhor. Algum tempo depois de ele conquistar essa pequena propriedade, o governador precisou de um barco para trazer seu açúcar de várias partes da ilha; ao saber que o barco pertencia a um negro, ele se apoderou dele sem pagar nem um centavo ao proprietário. Diante disso, o homem procurou seu senhor para queixar-se a respeito do ato do governador, mas a única compensação que recebeu foi uma censura muito veemente de seu senhor, que lhe perguntou como era possível algum de seus negros se atrever a possuir um barco. Caso a ruína da fortuna do governador, justamente merecida, pudesse de algum modo servir como satisfação para o pobre homem que foi por ele assim roubado, este não ficou sem consolo. Extorsão e rapina são maus fornecedores e, algum tempo depois, como me foi dito, o governador morreu na prisão de King's

Bench, na Inglaterra, em grande pobreza. A última guerra[102] favoreceu esse pobre negro e ele encontrou alguns meios de fugir de seu senhor cristão, indo para a Inglaterra, onde eu o vi depois em diversas ocasiões.

Frequentemente, semelhantes tratamentos levavam esses pobres coitados ao desespero e eles acabavam arriscando suas vidas para fugir de seus senhores. Muitos deles, incapazes de obter a remuneração à qual faziam jus e temendo serem açoitados como de costume, caso voltassem para casa sem ela, fugiam para qualquer lugar em busca de refúgio e muitas vezes uma recompensa era oferecida por suas capturas vivos ou mortos. Nesses casos, meu senhor costumava chegar a um acordo com seus proprietários e ajustar-se pessoalmente com eles, salvando assim muitos do açoitamento.

Uma vez, fui alugado por alguns dias para consertar um barco sem que nenhuma das partes me fornecesse alimentos. Finalmente, eu contei ao meu senhor sobre esse tratamento e ele me retirou dali. Em muitas das propriedades, nas diversas ilhas às quais eu costumava ser enviado em busca de rum ou açúcar, eles não entregavam os produtos para mim nem para qualquer outro negro, sendo meu senhor obrigado a enviar um homem branco junto comigo a esses lugares, a quem costumava pagar de seis a dez pisterinas por dia.

Por ter sido utilizado dessa maneira durante o tempo em que servi ao senhor King, indo a várias propriedades na ilha, tive todas as oportunidades que poderia desejar para conhecer o terrível tratamento dado aos coitados, tratamento esse que me deixou conformado com minha situação e me fez bendizer a Deus por ter caído nas mãos de quem caíra.

Tive a boa fortuna de agradar a meu senhor em todos os serviços em que ele me utilizou e quase não havia aspecto de seus negócios ou assuntos domésticos ao qual eu não me

---

[102] Entenda-se, a Revolução Americana. (N. do T.)

dedicasse ocasionalmente. Com frequência eu supria as funções de um funcionário no recebimento e na entrega de cargas para os navios, cuidando dos armazéns e entregando mercadorias. Além disso, costumava fazer a barba e pentear meu senhor, quando conveniente, e cuidar de seu cavalo. Quando necessário, o que era muito frequente, eu trabalhava também a bordo de diversos barcos dele. Desse modo, tornei-me muito útil ao meu senhor, fazendo-o economizar mais de cem libras por ano, como ele costumava admitir. Ele também não hesitava em dizer que eu era mais vantajoso para ele do que qualquer um de seus funcionários, embora seus salários nas Índias Ocidentais fossem em geral de sessenta a cem libras por ano.

Tenho por vezes ouvido a afirmação de que um negro não pode render ao seu senhor o valor do custo inicial dele. Nada, porém, pode estar mais longe da realidade. Eu suponho que nove décimos dos artesãos em todas as Índias Ocidentais são escravos negros e sei bem que os tanoeiros entre eles ganham dois dólares por dia. Os carpinteiros, o mesmo — e frequentemente mais —, como também os pedreiros, os ferreiros, os pescadores etc., e eu conheci muitos escravos cujos senhores recusariam mil libras correntes por eles. Mas, certamente, essa afirmação é em si contraditória, pois, caso fosse verdade, por que os fazendeiros e comerciantes pagariam tal preço pelos escravos? Acima de tudo, por que aqueles que fazem essa afirmação bradam tão alto contra a abolição do tráfico de escravos? Como estamos tão cegos, e a argumentos tão inconsistentes são eles levados por interesse equivocado! Eu admito, realmente, que os escravos, por serem mal alimentados e malvestidos, por trabalharem em excesso e pelo açoitamento, tornam-se às vezes tão degradados que acabam descartados como imprestáveis para o trabalho, abandonados para perecer na floresta ou para morrer num monturo.

Meu senhor recebeu — várias vezes e de diferentes cavalheiros — ofertas de cem guinéus por mim. Mas, para minha grande satisfação, ele sempre lhes disse que não me venderia. Então eu costumava me desdobrar em minhas diligências e cuidados por receio de cair nas mãos daqueles homens que não concediam a um escravo valioso a simples subsistência. Muitos deles até costumavam criticar meu senhor por alimentar seus escravos tão bem como ele fazia (embora muitas vezes eu passasse fome e um inglês possivelmente acharia minha ração demasiado medíocre). Ele, porém, costumava dizer-lhes que faria sempre assim, porque desse modo os escravos tinham melhor aparência e trabalhavam mais.

No período em que estive assim empregado por meu senhor, testemunhei muitas vezes todo tipo de crueldade praticada contra meus infelizes companheiros de escravidão. Com frequência, novas cargas de negros costumavam ficar aos meus cuidados para venda e atentados violentos contra a castidade das escravas eram uma prática quase constante entre nossos funcionários e outros brancos. Embora com relutância, eu era obrigado a me sujeitar a isso a todo instante, estando impossibilitado de ajudá-las. Quando algumas dessas escravas estiveram a bordo dos barcos do meu senhor para ser transportadas a outras ilhas ou à América, eu soube que nossos imediatos cometeram esses atos do modo mais ignóbil, para desgraça não apenas dos cristãos, mas de toda a humanidade. Soube, até mesmo, que eles satisfaziam seus desejos brutais com meninas de menos de dez anos de idade. Alguns deles praticavam tais abominações com tão escandaloso excesso, que um dos nossos capitães chegou a demitir um imediato e alguns outros por essa razão. Ainda em Montserrat, vi um negro estaqueado no chão e castrado da forma mais chocante, tendo em seguida suas orelhas cortadas aos poucos, tudo porque ele havia se relacionado com uma mulher branca que era uma prostituta barata. Como se não houvesse, para os brancos, nenhum crime em roubar a virtude de uma menina africana inocente, havendo, no entanto, o mais hediondo dos crimes quando se trata de um negro que apenas satisfez uma paixão da natureza cuja tentação foi oferecida por alguém de uma cor diferente — ainda que essa mulher fosse a mais depravada da sua espécie.

Um certo senhor Drummond disse-me que havia vendido 41 mil negros e que, uma vez, ele cortara fora a perna de um negro por ter fugido. Perguntei-lhe se o homem havia morrido na operação. De que modo ele, como cristão, poderia responder pela terrível ação perante Deus? Ele me disse que a resposta era algo de outro mundo, enquanto o que ele pensara e fizera consistiam numa política. Eu lhe disse que a doutrina cristã nos ensinava a tratar os outros como gostaríamos de ser tratados. Então ele disse que o método dele atingira o efeito desejado — evitando que aquele homem e alguns outros fugissem.

Outro negro foi semienforcado,[103] e em seguida queimado, por tentar envenenar um feitor cruel. Assim, por meio de repetidas crueldades, os miseráveis são inicialmente levados ao desespero, para ser a seguir assassinados, e isso porque eles ainda conservam consigo tanto de sua natureza humana a ponto de desejar pôr um fim à sua miséria e retaliar seus tiranos! De fato, esses feitores são geralmente as pessoas que têm o pior caráter em qualquer categoria de homens nas Índias Ocidentais. Infelizmente, muitos senhores humanitários, por não residirem em suas propriedades, são obrigados a deixar a administração destas nas mãos desses carniceiros humanos, que, pelas razões mais insignificantes, ferem e mu-

---

[103] *Half-hanging* é um método de tortura pelo qual uma corda, colocada ao redor do pescoço da vítima, é puxada firmemente e em seguida afrouxada quando a pessoa fica inconsciente. A vítima é depois revivida e o processo repetido. (N. do T.)

tilam os escravos de uma forma chocante e, de modo geral, em todos os aspectos os tratam como animais[104] Eles não têm nenhuma consideração com a situação das mulheres grávidas nem a mínima atenção com o alojamento dos negros do eito. As cabanas deles, que deveriam ser bem cobertas, e o lugar onde fazem seu breve repouso, que deveria ser seco, são muitas vezes galpões abertos construídos em lugares úmidos, de modo que, quando as pobres criaturas voltam cansadas da labuta no campo, contraem muitas doenças por ficar expostas ao ar úmido nessa condição desconfortável enquanto seus corpos estão quentes e seus poros abertos. Essa negligência certamente conspira com muitas outras para causar um decréscimo nos nascimentos, bem como no número dos negros adultos vivos.[105]

Posso citar muitos exemplos de cavalheiros que residem em suas propriedades nas Índias Ocidentais num cenário bem diferente: os negros são tratados com indulgência e cuidados adequados e, assim, suas vidas são prolongadas e seus senhores beneficiados. Para honra da humanidade, conheci vários cavalheiros que comandavam suas propriedades dessa ma-

[104] Equiano usa o termo *overseer*, que é frequentemente utilizado para se referir aos administradores das fazendas, ou feitores-mores, como eram chamados no Brasil. Mas a disciplina aos cativos, que incluía castigos físicos, era função normalmente atribuída aos feitores — também chamados "feitores de eito" ou "feitores de partido". Por toda *A interessante narrativa*, Equiano trata as funções como sinônimos. Sobre os feitores no Brasil colonial, ver Stuart B. Schwartz, *Segredos internos: engenhos e escravos na sociedade colonial, 1550-1835*, São Paulo, Companhia das Letras, 1988, pp. 264-6. (N. da E.)

[105] Os senhores britânicos eram conhecidos pelo absenteísmo, deixando os cuidados de suas propriedades — e da população escravizada — nas mãos de feitores e administradores. Sobre o absenteísmo senhorial, ver Trevor Burnard, "Passengers Only: The Extent and Significance of Absenteeism in Eighteenth Century Jamaica", *Atlantic Studies*, vol. 1, nº 2 (2004), pp. 178-95. (N. da E.)

neira e eles descobriram que a benevolência era de seu genuíno interesse. Entre muitos que poderia mencionar em várias das ilhas, conheci um deles[106] em Montserrat cujos escravos aparentavam estar notavelmente bem e este senhor nunca precisava de novos suprimentos de negros. Há muitas outras propriedades, especialmente em Barbados, que, em função desse tratamento sensato, não precisavam jamais de novos estoques de negros. Tenho a honra de conhecer um cavalheiro, dos mais dignos e humanos, que é natural de Barbados e possui propriedades lá. Esse senhor escreveu um tratado sobre o tratamento dado aos seus próprios escravos.[107] Ele lhes concede duas horas de repouso ao meio-dia e muitos outros confortos e indulgências, particularmente em seus resguar-

[106] Mr. Dubury e muitos outros em Montserrat.

[107] Sir Philip Gibbes, baronete, Barbados. Ver sua *Instructions for the Treatment of Negroes, Inscribed to the Society for Propagating the Gospel in Foreign Parts*, 1786 (Vendido por Shepperson and Reynolds, Londres), pp. 32 e 33: "Se a quantidade de negros diminui, o decréscimo deve ser sempre atribuído à falta de cuidados ou a uma falta de discernimento no modo como são tratados. — É sabido que todos os animais, racionais e irracionais, multiplicam-se em todos os países onde predominam o bem-estar e a abundância e onde não se sentem a carência e a opressão. Isso é universalmente reconhecido: de modo que, onde ocorre um decréscimo, o plano da Providência de crescer e multiplicar é insensata, assim como impiamente frustrado pela falta de cuidado e humanidade ou pela falta de discernimento e atenção. O povo de Barbados não precisa estender suas pesquisas a países distantes. Em São Vicente eles podem ficar sabendo que uma embarcação da África destinada a Barbados, eu creio, desde o início do presente século, ficou encalhada naquela ilha. As pessoas que se salvaram do naufrágio estabeleceram-se em São Vicente. Enfrentando todas as dificuldades que necessariamente decorrem de tamanho infortúnio, numa ilha quase desabitada (pois São Vicente possuía então pouquíssimos índios nativos), esses africanos se estabeleceram e o número deles cresceu de modo bastante considerável. — Eis a prova de que os negros se multiplicarão mesmo nesse clima, quando não vivem e trabalham sob condições que impedem o povoamento".

A interessante narrativa da vida de Olaudah Equiano

dos. Além disso, ele produz em sua propriedade mais mantimentos do que eles conseguem consumir, de modo que, por essas atenções, ele preserva as vidas de seus negros, mantendo-os saudáveis e tão felizes quanto a condição da escravidão pode permitir. Eu mesmo, como será visto na sequência, administrei uma fazenda onde, graças a esses cuidados, os negros eram extraordinariamente alegres e saudáveis e o trabalho deles rendia metade a mais do que costuma render quando do recebem o modo de tratamento ordinário. Portanto, devido à falta dessas atenções e cuidados com os pobres negros, sendo eles, ao invés, oprimidos como são, não é de admirar que a redução em seu número exija anualmente 20 mil novos negros para preencher os postos vagos pelos mortos.

Essas exceções humanitárias que já mencionei e outras das quais estou inteirado fazem com que Barbados seja citada, com justiça, como o lugar onde os escravos recebem o melhor tratamento e que demanda o menor número de novatos entre todos das Índias Ocidentais. Apesar disso, até mesmo essa ilha ainda requer mil negros por ano para que seja mantido seu estoque original, que é de apenas 80 mil. Desse modo, podemos dizer que a duração total da vida de um negro ali é de apenas dezesseis anos![108] Ainda que o clima naquele local, em todos os aspectos, seja o mesmo daquele de onde eles foram trazidos, talvez até mais saudável. Quanto aos colonizadores britânicos, por que não se verifica uma redução semelhante no número deles? E como é enorme a diferença existente entre o clima inglês e o das Índias Ocidentais!

Quando eu estava em Montserrat, um negro que conheci, chamado Emanuel Sankey, tentou escapar de sua infeliz escravidão escondendo-se a bordo de um navio londrino. O destino, contudo, não favoreceu aquele pobre homem opri-

---

[108] De Benezet, *Account of Guinea*, p. 16.

mido, pois, tendo sido descoberto quando o navio estava navegando, ele acabou restituído ao seu senhor. Esse *senhor cristão* imediatamente prendeu o desgraçado no chão, amarrando-o em estacas por seus pulsos e tornozelos. Em seguida, inflamou algumas varas com cera de selagem, despejando tudo sobre suas costas.

Havia um outro senhor que era conhecido por sua crueldade e eu acredito que ele não possuía escravo que não tivesse sido ferido, tendo pedaços de sua carne completamente arrancados. Além de puni-los desse modo, depois ele costumava obrigá-los a entrar numa caixa de madeira comprida, uma espécie de arca que ele possuía para esse propósito, dentro da qual os mantinha confinados por quanto tempo lhe aprouvesse. Esse caixote era exatamente da altura e da largura de um homem, não tendo os pobres coitados nenhum espaço para se mover quando em seu interior.

Era muito comum em várias das ilhas, particularmente em São Cristóvão, ferrar os escravos com as iniciais do nome do seu senhor; além disso, uma carga de pesados ganchos de ferro era pendurada ao redor dos seus pescoços. Na verdade, eles eram oprimidos com correntes pelos motivos mais banais e, frequentemente, outros instrumentos de tortura eram acrescentados. A máscara de flandres, os anjinhos[109] etc. são tão notórios que dispensam descrição; às vezes eram utilizados para as falhas mais insignificantes. Eu vi um negro ser espancado até que alguns de seus ossos quebrassem apenas por ter deixado transbordar uma panela fervente.

Depois de um açoitamento, não é raro fazer com que os escravos se ajoelhem e agradeçam aos seus donos, orando — ou melhor, dizendo — para Deus abençoá-los. Frequentemen-

---

[109] Instrumento de tortura medieval, anjinhos são anéis de ferro com parafusos, por vezes presos a uma tábua, usados para apertar os polegares da vítima. (N. do T.)

te perguntava a muitos escravos (que costumavam andar várias milhas para encontrar suas esposas — e isso tarde da noite, depois de esgotados por uma árdua jornada de trabalho) por que eles iam tão longe procurar esposas e por que não tomavam as negras de seu próprio senhor, particularmente aquelas que viviam juntas, como escravas domésticas. Suas respostas sempre foram: "Porque quando o senhor ou a senhora decidem punir as mulheres, eles fazem seus maridos açoitar as próprias esposas e isso nós não suportaríamos fazer".

Será surpreendente que semelhante tratamento leve as pobres criaturas ao desespero, fazendo-as buscar na morte um refúgio contra aqueles perversos que tornam suas vidas intoleráveis, enquanto,

> *Brancos de horror tremendo entreviram,*
> *Agastados, o lote lamentável,*
> *Sem folga* (!?)[110]

Isso eles fazem com frequência. Um negro a bordo de um navio de meu senhor, ao qual eu então pertencia, depois de ter sido agrilhoado por uma falta insignificante e mantido naquela situação durante alguns dias, cansou-se da vida e aproveitou uma oportunidade para jogar-se ao mar. No entanto, ele foi recolhido antes de se afogar. Um outro, cuja vida também era um fardo para si, decidiu passar fome até morrer, recusando-se a comer qualquer alimento. Isso lhe rendeu um castigo severo e ele também, na primeira oportunidade que surgiu, saltou no mar em Charlestown,[111] sendo porém salvo.[112]

---

[110] *Paraíso perdido*, *op. cit.*, vv. 2: 616-8. (N. do T.)

[111] No estado da Carolina do Sul. (N. do T.)

[112] As condições de vida dos cativos no Caribe britânico (com espe-

Em relação às escassas posses dos negros, não se dispensa consideração maior do que aquela dispensada às pessoas e às vidas deles. Eu já relatei um ou dois exemplos de particular opressão, dos muitos que testemunhei, mas o seguinte é frequente em todas as ilhas. Os infelizes escravos do eito, depois de labutar o dia todo para um proprietário insensível, que não lhes fornece nada além de poucos víveres, às vezes subtraem furtivamente alguns momentos de seu descanso ou refeição para colher uma pequena quantidade de gramíneas, conforme seu tempo lhes permite. Em geral, eles as amarram num pacote — que vale uma moeda (seis centavos) ou meia moeda — e as levam à cidade ou ao mercado para vender. Nada é mais comum nessas ocasiões do que os brancos tomarem deles essas gramíneas sem pagar nada por elas. E isso não é tudo, pois também muitas vezes, como é do meu conhecimento, nossos funcionários e muitos outros cometem, ao mesmo tempo, atos de violência contra as pobres, miseráveis e desamparadas mulheres, as quais eu tenho visto permanecer por horas a chorar em vão, sem obter nenhuma compensação nem remuneração de qualquer espécie. Não é esse um pecado vil e flagrante, suficiente para fazer com que o julgamento de Deus recaia sobre as ilhas? Ele nos diz que o opressor e o oprimido estão ambos em suas mãos. Ora, se não são esses os pobres, os de coração partido, os cegos, os cativos e os feridos sobre os quais nosso Salvador fala, quem seriam eles?

Uma vez em Santo Eustáquio, um desses saqueadores veio a bordo de nosso navio e comprou algumas aves e porcos de mim. Depois de passado um dia inteiro desde sua par-

---

cial atenção ao caso jamaicano) e as sevícias às quais eram submetidos foram analisadas por Trevor Burnard em *Mastery, Tyranny, and Desire: Thomas Thistlewood and His Slaves in the Anglo-Jamaican World*, Chapel Hill/Londres, The University of North Carolina Press, 2004. (N. da E.)

tida com as compras, ele retornou querendo seu dinheiro de volta. Eu recusei-me a entregar-lhe, porém, não vendo meu capitão a bordo, ele começou a tentar me lograr com os ardis usuais, jurando até mesmo que arrombaria meu cofre para tomar meu dinheiro. Como meu capitão estava ausente, julguei que de fato cumpriria sua promessa, e ele já estava em via de me atacar quando, felizmente, um marinheiro britânico a bordo, cujo coração não havia sido corrompido pelo clima das Índias Ocidentais, interveio e o impediu. Mas, caso esse homem cruel tivesse me atacado, eu certamente teria arriscado minha vida para defender-me, pois o que significa a vida para alguém assim oprimido? Ele, no entanto, partiu praguejando e ameaçou atirar em mim assim que me encontrasse em terra, pagando depois o meu preço.

A pouca consideração que é dada à vida de um negro nas Índias Ocidentais é tão universalmente conhecida que poderia parecer impertinente citar a seguinte passagem, caso algumas pessoas não tivessem sido ousadas o bastante para afirmar recentemente que, a esse respeito, os negros estão em pé de igualdade com os europeus. Pela Lei 329, página 125, da assembleia de Barbados, é decretado que "Se qualquer negro ou outro escravo, sob punição por seu senhor ou por ordem deste, em razão de fuga ou de qualquer outro crime ou contravenção praticado contra seu referido senhor, vier infelizmente a perder a vida ou um membro, ninguém estará de modo algum sujeito a multa; mas se alguém, por licenciosidade ou apenas por *sanguinolência ou intenção cruel, intencionalmente vier a matar um negro ou outro escravo de sua propriedade, deverá pagar ao tesouro público quinze libras esterlinas*". E é o mesmo na maioria, se não em todas as ilhas das Índias Ocidentais. Não é essa uma das muitas leis das ilhas que clamam sonoramente por retificação? E os membros da assembleia que a decretou, não merecem eles ser chamados de selvagens e animais em vez de cristãos e homens? É uma lei ao mesmo tempo impiedosa, injusta e insensata que, por sua crueldade, desonraria até mesmo uma assembleia cujos membros fossem considerados bárbaros e, por sua injustiça e *insanidade*, chocaria a moralidade e o senso comum de um samoiedo ou um hotentote.

Por mais que essa e muitas outras leis do sanguinolento código das Índias Ocidentais pareçam chocantes à primeira vista, como sua iniquidade se agrava quando consideramos a quem sua aplicação pode ser estendida! O senhor James Tobin, um zeloso trabalhador na área da escravidão, faz um relato[113] a respeito de um fazendeiro francês, seu conhecido na ilha da Martinica, que lhe mostrou muitos mulatos trabalhando nos campos como bestas de carga, dizendo ao senhor Tobin que todos eles eram seus próprios filhos! Eu mesmo conheci casos semelhantes. Diga-me, leitor, se esses filhos e filhas do fazendeiro francês são menos seus filhos por terem sido gerados em mulheres negras? E qual há de ser a virtude desses legisladores e os sentimentos desses pais que estimam a vida de seus filhos — não importa como foram gerados — em não mais do que quinze libras, embora sejam assassinados, como diz a lei, *por licenciosidade ou sanguinolência?* Porém, o tráfico de escravos não está inteiramente em guerra contra o coração do homem? E, certamente, aquilo que começou com a quebra das barreiras da virtude, em sua continuação provoca a destruição de todos os princípios e sepulta todos os sentimentos arruinados!

Já cheguei a ver muitas vezes, em diversas ilhas, escravos sendo pesados em balanças — particularmente aqueles que eram esquálidos — para serem depois vendidos por três a seis centavos, ou por nove centavos a libra. Meu senhor, entretanto, cuja humanidade ficava chocada com essa prática, cos-

---

[113] Em seu *Cursory Remarks*.

A interessante narrativa da vida de Olaudah Equiano   135

tumava vendê-los em lotes. Durante ou após uma venda, não era raro ver negros separados de suas esposas, esposas separadas de seus maridos, e filhos de seus pais, enviados para outras ilhas ou a qualquer outro lugar que seus senhores impiedosos escolhiam, provavelmente para nunca mais se encontrarem! Muitas vezes meu coração sofreu diante dessas separações, quando os amigos de quem partia ficavam na orla mantendo seus olhos fixos no navio até ele sumir de vista, entre suspiros e lágrimas.

Um pobre negro *creole*[114] que eu conhecia bem, depois de ter sido muitas vezes assim levado de ilha a ilha, finalmente passou a residir em Montserrat. Esse homem costumava contar-me muitas histórias melancólicas a seu respeito. Geralmente, depois de trabalhar para seu senhor, ele costumava usar seu escasso tempo livre para pescar. Quando apanhava algum peixe, seu senhor frequentemente o tomava dele sem pagar nada e, em outras ocasiões, outros brancos também faziam o mesmo. Um dia ele me disse, de um modo muito comovente: "Às vezes, quando um homem branco toma meu peixe, eu procuro meu senhor e ele assegura meu direito; mas quando é o meu senhor que toma meus peixes à força, o que devo fazer? Eu não tenho ninguém a quem recorrer para garantir meu direito". Em seguida, olhando para o alto, o pobre homem disse: "Eu devo olhar para cima, para o poderoso Deus nas alturas, por justiça". Esse relato singelo me comoveu muito, e não pude deixar de sentir a justa razão que Moisés tinha ao interceder por seu irmão contra o egípcio.[115] Exortei o homem a continuar elevando seus olhos para Deus nas alturas, uma vez que não havia consolo ali embaixo. To-

[114] No original, *creole*, palavra empregada para designar um indivíduo nascido nas Antilhas ou na América Espanhola, fosse este de origem europeia ou africana. (N. do T.)

[115] Êxodo 7:1-25. (N. do T.)

davia, eu não imaginava então que eu mesmo sofreria tais abusos mais de uma vez nas minhas próprias transações nas ilhas e necessitaria dessa mesma exortação dali por diante; nem mesmo que, algum tempo depois, aquele pobre homem e eu deveríamos sofrer juntos da mesma maneira, como será contado a seguir.

Semelhante tratamento não era restrito a determinados locais ou indivíduos, pois, em todas as diversas ilhas em que estive (e visitei não menos de quinze), o tratamento dado aos escravos era praticamente o mesmo. Por isso, é quase certo que a história de uma ilha ou até mesmo de uma fazenda, com poucas exceções, como as que mencionei, pode valer como sendo a história de todas, tamanha é a tendência que possui o tráfico de escravos de corromper a mente dos homens e de endurecer todos os seus sentimentos humanitários! Pois eu não posso supor que os negociantes de escravos tenham nascido piores do que os outros homens. Não. É a fatalidade dessa equivocada cobiça que corrompe o leite da bondade humana e o transforma em fel. Caso as atividades desses homens tivessem sido outras, eles poderiam ser tão generosos, bondosos e justos quanto são insensíveis, rapinantes e cruéis. Esse tráfico certamente não pode ser bom, pois se espalha como uma peste, contaminando tudo que toca! Viola direitos naturais primordiais da humanidade — igualdade e independência —, conferindo a um homem um domínio sobre seus semelhantes que Deus jamais poderia pretender! Pois ele tanto eleva o dono a uma posição tão superior à da humanidade como faz o escravo recair abaixo dela e, com toda a audácia do orgulho humano, estabelece uma distinção entre eles imensurável em extensão e eterna em duração! No entanto, quão equivocada é a cobiça, até mesmo a dos fazendeiros! Serão os escravos mais úteis sendo rebaixados assim à condição de animais do que seriam se lhes permitissem gozar dos privilégios dos homens? A liberdade, que propaga saúde e prosperidade em toda a Grã-Bretanha, lhes responde: não! Quando vocês escravizam os homens, vocês os privam de metade da sua virtude. Vocês os ajustam de acordo com sua própria conduta, que é um exemplo de fraude, rapinagem e crueldade, e os compelem a conviver com vocês num estado de guerra. E vocês ainda se queixam que eles não são honestos ou confiáveis! Vocês os estupeficam com açoites, achando isso necessário para mantê-los num estado de ignorância, e ainda afirmam que são incapazes de aprender, que as mentes deles são como um solo estéril ou um pântano e que com eles a cultura seria desperdiçada. Afirmam ainda que eles vêm de um ambiente onde a natureza — embora pródiga em generosidades num grau que vocês mesmos desconhecem — teria deixado somente o homem deficiente e inacabado, incapaz de desfrutar dos tesouros que ela derramou para esse homem! Trata-se de afirmação ao mesmo tempo ímpia e absurda.[116] Por que vocês usam esses instrumentos de tortura? São eles adequados para um ser racional utilizar contra outro? Vocês não se sentem atingidos pela vergonha e pela mortificação ao ver membros da sua própria espécie assim tão rebaixados? Mas, acima de tudo, não existem perigos que acompanham esse tipo de tratamento? Não estão vocês, o tempo todo, a temer uma insurreição? O que não seria surpreendente, pois quando

> *Dos termos da paz nada*
> *Se viu ou garantiu; que paz se espera*
> *P'ra escravos, a não ser rija custódia,*

---

[116] *Observations on a Guinea Voyage*, em uma série de cartas ao reverendo T. Clarkson, por James Field, Stanfield, em 1788, pp. 21, 22: "Os súditos do rei do Benim, em Gatoe, onde estive, tinham seus mercados em ordem e bem abastecidos; neles abundavam luxos desconhecidos dos europeus".

E chicote, e castigo arbitrário
Imposto? E que paz devolveremos
Além de hostilidades e agressões,
Recusa pertinaz, sim, lento ajuste,
Mas sempre urdindo forma de travar
O segador na sega, e o seu júbilo
Em fazer o que danos mais nos faz?[117]

No entanto, com a mudança de sua conduta e o tratamento humano de seus escravos, todo motivo de medo seria banido. Eles seriam fiéis, honestos, inteligentes e vigorosos; e vocês teriam paz, prosperidade e felicidade.

[117] *Paraíso perdido, op. cit.*, vv. 2:331-40, pp. 129-31; o trecho em questão corresponde a uma fala de Belzebu, no cristianismo, o quarto demônio mais poderoso do inferno. Vincent Carretta refere-se a esta passagem em seu posfácio. (N. do T.)

CAPÍTULO VI

Alguns relatos de Brimstone Hill em Montserrat —
Mudança favorável na situação do autor — Seu início
como comerciante com três centavos — Seus vários
êxitos negociando nas diversas ilhas e na América, e as
injustas opressões que ele sofre em suas transações
com os brancos — Uma imposição curiosa sobre a
natureza humana — O perigo das ondas nas Índias
Ocidentais — Notável caso de rapto de um mulato
livre — O autor é quase assassinado pelo doutor
Perkins em Savannah

No capítulo anterior, coloquei o leitor diante de alguns dos muitos casos de opressão, extorsão e crueldade de que fui testemunha nas Índias Ocidentais. No entanto, se eu tivesse que relacioná-los todos, a lista seria tediosa e repugnante. As punições aos escravos, em todas as situações triviais, são tão frequentes e tão bem conhecidas, assim como os diversos instrumentos utilizados para torturá-los, que seus relatos já não surpreendem mais, além de serem chocantes demais para agradar ao escritor ou ao leitor. Assim, deverei doravante mencionar apenas aqueles que incidentemente ocorreram comigo no curso de minhas aventuras.

Nos diversos serviços em que fui utilizado por meu senhor, tive oportunidade de ver muitas cenas curiosas em diferentes ilhas, mas fiquei especialmente impressionado com uma conhecida curiosidade chamada Brimstone Hill, que é uma montanha alta e íngreme a poucas milhas da cidade de Plymouth, em Montserrat. Eu tinha ouvido bastante a respeito de algumas maravilhas que havia para conhecer nessa colina e uma vez fui visitá-la com alguns brancos e negros. Quando chegamos ao topo, vi sob diferentes penhascos grandes flocos de enxofre formados pelos vapores de várias pequenas lagoas que estavam, então, em ebulição natural na terra. Algumas dessas lagoas eram brancas como leite, outras bastante azuis e ainda muitas de diferentes cores. Eu mergulhei algumas batatas que havia levado comigo em diversas lagoas e, em poucos minutos, elas ficaram bem cozidas. Eu as provei, mas eram muito sulfurosas. As fivelas de prata dos sapatos e todas as outras coisas desse metal que tínhamos conosco em pouco tempo ficaram pretas como chumbo.

Numa noite, quando estava na ilha, senti uma estranha sensação, conforme relatarei a seguir. Disseram-me que a casa onde eu morava era assombrada por espíritos. Uma vez, à meia-noite, quando eu dormia sobre uma grande arca, senti todo o prédio tremer de um modo incomum e espantoso, de tal modo que me derrubou da arca onde estava deitado. Fiquei extremamente amedrontado, pensando tratar-se de uma assombração dos espíritos. Aquilo me deixou num tremor indescritível e imediatamente cobri toda minha cabeça enquanto me deitava, sem saber o que pensar ou fazer. Em meio a essa consternação, um cavalheiro que ficava no quarto ao lado veio e eu fiquei feliz de ouvi-lo. Ele simulou uma tossida e perguntou-se se eu havia sentido o terremoto. Eu disse que tinha sido derrubado da arca onde dormia, mas não sabia o que havia provocado aquilo. Ele me disse que fora um terremoto, que o derrubara de sua cama. Ouvindo isso, tranquilizei-me.

Em outro momento ocorreu um episódio semelhante, quando eu estava a bordo de uma embarcação no ancoradouro de Montserrat, à meia-noite, enquanto dormíamos. A embarcação sacudiu da maneira mais inexplicável que se possa imaginar; para mim, era como quando uma embarcação ou barco se move sobre pedregulho, que é como melhor posso descrevê-lo. Muitas coisas a bordo saíram de seus lugares, mas felizmente não houve qualquer dano.

Por volta do final de 1763, a generosa Providência aparentemente surgiu para mim de um modo bem mais favorável. Um dos navios de meu senhor, uma chalupa das Bermudas de cerca de sessenta toneladas de arqueação, era comandado pelo capitão Thomas Farmer, um inglês, homem muito alerta e ativo que ganhara uma grande quantidade de dinheiro para meu senhor com sua boa gestão no transporte de passageiros entre as ilhas. Mas, com muita frequência, seus marinheiros costumavam se embriagar e fugir do navio, dificultando bastante o seu trabalho. Esse homem havia simpatizado comigo e muitas vezes implorara a meu senhor para que me deixasse viajar consigo como marinheiro. Meu senhor lhe dizia, porém, que não podia abrir mão de mim, embora o navio por vezes não pudesse sair por falta de pessoal, pois marinheiros eram escassos na ilha. No entanto, por necessidade ou por persuasão, finalmente meu senhor acabou cedendo, embora com muita relutância, permitindo que eu fosse com esse capitão. Mas ele o admoestou firmemente para que tomasse cuidado para evitar minha fuga, pois, caso eu fugisse, ele o faria pagar por mim. Assim sendo, o capitão por algum tempo manteve um olho alerta sobre mim sempre que o navio ancorava e, tão logo devesse retornar, mandava buscar-me em terra novamente.

Desse modo, eu mourejava eternamente, ora fazendo uma coisa, ora outra; desse modo, o capitão e eu éramos praticamente os homens mais úteis a serviço do meu senhor. Eu havia também me tornado tão útil ao capitão a bordo do navio que, muitas vezes, quando ele me pedia para acompanhá-lo — ainda que fosse por apenas 24 horas, até alguma das ilhas próximas —, caso meu senhor dissesse que não poderia me ceder, ele praguejava e deixava de fazer a viagem, dizendo ao meu senhor que eu era melhor para ele a bordo do que quaisquer três brancos que ele tinha, pois estes costumavam se comportar mal em muitos aspectos, em especial se embriagando, ocasiões em que frequentemente furavam o bote a fim de impedir que o navio retornasse logo. Meu senhor sabia disso muito bem e, finalmente — diante das constantes súplicas do capitão, depois de eu tê-lo acompanhado várias vezes —, para minha grande satisfação disse-me um dia que o capitão não o deixaria em paz e perguntou se eu preferia embarcar como marinheiro ou ficar em terra cuidando das lojas, pois ele não aguentava mais ser atormentado daquela maneira. Fiquei muito feliz com essa proposta, pois imediatamente considerei que, estando a bordo, poderia ter uma oportunidade de ganhar algum dinheiro ou de, eventualmente, empreender minha fuga caso fosse maltratado. Eu também esperava receber uma comida melhor e mais abundante, pois com frequência havia passado muita fome, embora meu senhor tratasse seus escravos extraordinariamente bem, como mencionei. Por isso, sem hesitação respondi-lhe que gostaria de ser marinheiro, caso fosse de seu agrado.

Assim, fui mandado a bordo imediatamente. No entanto, entre a terra e o navio, quando esse estava no porto, sobrava-me pouco ou nenhum descanso, já que meu senhor sempre desejava que eu estivesse junto dele. Ele era, deveras, um cavalheiro muito agradável e, não fosse por minhas expectativas a bordo, eu não cogitaria em deixá-lo. Mas o capitão também gostava muito de mim e eu era totalmente o seu braço direito. Fazia tudo que podia para merecer sua predileção e, em contrapartida, recebia dele um tratamento melhor do que qualquer outra pessoa da minha condição nas Índias Ocidentais jamais recebeu, segundo creio.

Depois de ter passado algum tempo navegando com esse capitão, eu finalmente procurei arriscar minha sorte começando a negociar. Eu não tinha nada além de um pequeno capital para iniciar: uma única moedinha de meio *bit*, valor correspondente a três centavos na Inglaterra, era toda minha reserva. No entanto, eu confiava que o Senhor estaria comigo e, em uma de nossas viagens a Santo Eustáquio, uma ilha holandesa, comprei um copo de vidro com meu meio *bit* e, ao chegar a Montserrat, o vendi por um *bit*, ou seja, seis centavos. Felizmente fizemos várias viagens sucessivas a Santo Eustáquio (que era um entreposto geral para as Índias Ocidentais a cerca de vinte léguas[118] de Montserrat). Em nossa viagem seguinte, julgando meu copo tão rentável, comprei com este *bit* dois outros copos e, ao voltar, os vendi por dois *bits*, o correspondente a um xelim. Ao retornarmos, com esses dois *bits*, comprei mais quatro desses copos, que vendi por quatro *bits* em nosso regresso a Montserrat. Em nossa viagem seguinte a Santo Eustáquio, comprei dois copos com um *bit* e, com os outros três, comprei um jarro de gim de cerca de três quartilhos[119] de volume. Ao chegamos a Montserrat, vendi o gim por oito *bits* e os copos, por dois, e assim meu capital chegou então a um total de um dólar, bem economizado e conquistado no período de um mês, ou seis semanas, quando louvei o Senhor por estar tão rico.

Conforme navegávamos para diversas ilhas, ia gastando ocasionalmente esse dinheiro em várias coisas e ele costumava render um bom valor, especialmente quando íamos a Guadalupe, a Granada e às demais ilhas francesas. Assim, fui passando pelas ilhas por mais de quatro anos, sempre comerciando como fazia, e nessas ocasiões sofri muitos maus-tratos e testemunhei muitas injustiças cometidas contra outros negros em nossas transações com os brancos. Durante nossos

---

[118] A distância entre as ilhas é de aproximadamente 93 quilômetros. (N. do T.)

[119] Um quartilho corresponde a um *pint*, ou seja, a 0,568 litro. (N. do T.)

momentos de lazer, quando estávamos dançando e nos divertindo, eles nos molestavam e nos insultavam sem motivo.

Na verdade, por mais de uma vez fui obrigado a elevar meus olhos para Deus nas alturas, como eu havia aconselhado àquele pobre pescador algum tempo antes. Havia pouco tempo que eu comerciava por conta própria, do modo relatado acima, quando experimentei provação semelhante, na companhia dele. Esse homem, acostumado ao mar, foi numa emergência colocado a bordo de nosso barco por seu senhor numa viagem para a ilha de Santa Cruz para auxiliar no trabalho; para essa nossa navegação, ele havia trazido consigo todo o pouco que possuía para negociar, que consistia em laranjas e limões num saco, no valor de seis *bits*. Eu também levava comigo meu estoque inteiro, que era de cerca de doze *bits* em produtos do mesmo tipo, divididos em dois sacos, pois tínhamos ouvido falar que essas frutas vendiam bem naquela ilha.

Quando lá chegamos, eu e ele fomos para terra num horário conveniente para vender nossas frutas. Porém mal havíamos desembarcado quando fomos abordados por dois brancos que nos tomaram nossos três sacos. A princípio, não podíamos adivinhar o que eles pretendiam fazer e, por algum tempo, julgamos que estavam apenas zombando conosco. Eles, porém, logo nos fizeram perceber que não se tratava disso, pois imediatamente levaram nossas mercadorias para uma casa ali perto, ao lado do forte, enquanto nós os seguíamos por todo o caminho implorando-lhes, em vão, para que nos devolvessem nossas frutas. Eles não só se recusaram a devolvê-las como ainda nos xingaram e ameaçaram nos açoitar bastante caso não partíssemos imediatamente. Dissemos-lhes que esses três sacos eram tudo que possuíamos de valor no mundo e que leváramos conosco para vender ao chegar de Montserrat, mostrando-lhes o navio. Isso, porém, acabou servindo muito em nosso desfavor, pois então eles constataram que nós éramos estrangeiros, bem como escravos. Eles continuaram, portanto, a nos ofender, exigindo que fôssemos embora, e até pegaram bastões para nos bater. Nesse momento, percebendo que eles falavam a sério, saímos dali completamente confusos e desesperados. Assim, no mesmo instante em que ganharia mais do que o triplo do que eu jamais ganhara antes em qualquer negócio em minha vida, acabei despojado de cada centavo que possuía. Era um infortúnio insuportável, mas não sabíamos como resolver nosso problema. Consternados, fomos até o comandante do forte e dissemos-lhe como havíamos sido tratados por pessoas daquele local. Não obtivemos, porém, a menor ajuda: ele respondeu às nossas reclamações apenas com uma saraivada de imprecações contra nós, pegando imediatamente um chicote de cavalo a fim de nos agredir, de modo que fomos obrigados a sair dali muito mais rapidamente do que havíamos entrado.

Naquele momento, na agonia da angústia e da indignação, desejei que a ira de Deus, com seu relâmpago bifurcado, pudesse transfixar esses cruéis opressores, lançando-os entre os mortos. No entanto, perseveramos ainda: retornamos até a casa para implorar e suplicar várias vezes por nossas frutas, até que, finalmente, outras pessoas que estavam na casa nos perguntaram se não nos contentaríamos caso ficassem com um saco, restituindo-nos os outros dois. Nós, sem ver outra alternativa, concordamos com isso e eles ficaram com o saco que pertencia a meu companheiro, ao reparar que continha dois tipos de fruta. Os outros dois, que eram os meus, nos foram restituídos. Assim que eu os recebi, corri o mais rápido que pude, chamando o primeiro negro que consegui para me ajudar a sair dali. Meu companheiro, no entanto, permaneceu um pouco mais para pedir, dizendo-lhes que o saco que estava em poder deles era o seu e que aquilo era tudo que ele possuía de valioso no mundo. Mas isso de nada adiantou e ele foi obrigado a retornar sem nada.

O pobre velho, contorcendo suas mãos, chorou amargamente por seu prejuízo e, de fato, elevou seus olhos para Deus nas alturas, o que me deixou tão comovido por pena dele, que lhe entreguei quase um terço das minhas frutas. Seguimos então para o mercado para vendê-las e a Providência nos foi mais favorável do que poderíamos esperar, pois nós vendemos nossas frutas extraordinariamente bem: consegui pelas minhas cerca de 37 *bits*. Tal reverso surpreendente da fortuna, em tão pouco tempo, parecia um sonho para mim e demonstrou ser um grande incentivo para eu confiar no Senhor em qualquer situação. Meu capitão, depois, costumava apoiar-me frequentemente, garantindo meus direitos quando eu era pilhado ou maltratado por aqueles desagradáveis depredadores cristãos, entre os quais estremecia ao observar as incessantes execrações blasfemas que eram gratuitamente proferidas por pessoas de todas as idades e condições, não só sem motivo, mas até como se fossem indulgências e diversões.

Numa de nossas viagens a São Cristóvão, eu tinha onze *bits* que me pertenciam e meu amigável capitão emprestou-me mais cinco, com os quais comprei uma Bíblia. Fiquei muito feliz em adquirir esse livro, que dificilmente conseguiria encontrar em qualquer lugar. Creio que não havia nenhum à venda em Montserrat e, para minha grande tristeza, por ter sido forçado a sair do *Etna* da maneira como relatei, minha Bíblia e o *Guia para os índios*, os dois livros que eu amava acima de todos, foram deixados para trás.

Enquanto eu estava nesse lugar, São Cristóvão, deu-se uma imposição muito curiosa a respeito da natureza humana. Um homem branco queria se casar na igreja com uma negra livre que tinha terras e escravos em Montserrat, mas o clérigo disse-lhe que era contra a lei do lugar casar uma pessoa branca com uma negra na igreja. O homem, então, pediu para se casar na água, com o que o pároco consentiu. Então, os dois amantes entraram num barco, o pároco e o sacristão em outro, e assim a cerimônia realizou-se. Depois disso, o par amoroso veio a bordo do nosso navio e meu capitão os tratou extremamente bem, levando-os com segurança para Montserrat.

O leitor não pode deixar de avaliar como uma situação dessas era penosa para uma mente como a minha: estava eu diariamente exposto a novos sofrimentos e opressões, depois de ter vivido dias muito melhores e de ter experimentado, de certo modo, uma condição de liberdade e abundância. Além disso, cada parte do mundo onde eu havia estado até então me parecia um paraíso em comparação com as Índias Ocidentais. Minha mente estava, portanto, o tempo todo repleta de maquinações e pensamentos sobre minha libertação, se possível por meios honestos e honrados, pois eu me lembrava do velho adágio — que acredito ter sido sempre o princípio a me guiar — segundo o qual a honestidade é a melhor política; da mesma forma que de outro preceito de ouro — faça aos outros como você quer que eles lhe façam. No entanto, como desde os primeiros anos eu era um predestinacionista, julgava que aquilo que o destino tivesse determinado deveria sempre acontecer e, portanto, se por acaso fosse minha sina ser libertado, nada poderia me impedir, embora naquele momento não pudesse vislumbrar nenhum meio ou esperança de obter minha liberdade. Por outro lado, se fosse meu destino não ser libertado, eu não deveria sê-lo jamais e todos os meus esforços para esse fim seriam infrutíferos. Em meio a esses pensamentos, eu olhava para o alto ansiosamente com preces a Deus por minha liberdade e, ao mesmo tempo, valia-me de todos os meios honestos e fazia o que estivesse ao meu alcance para obtê-la.

Com o passar do tempo, consegui acumular algumas libras, com boas perspectivas de ganhar mais, o que era de pleno conhecimento de meu amigável capitão. Isso lhe permitia, às vezes, tomar algumas liberdades comigo; porém, sempre que ele me tratava de modo rude, eu costumava expressar-lhe claramente minha disposição, dizendo que preferiria morrer a sofrer os abusos que os outros negros sofriam e que havia perdido o prazer de viver quando a liberdade se fora. Eu disse isso, embora prevendo que meu bem-estar então ou minhas futuras esperanças de liberdade (humanamente falando) dependiam desse homem. No entanto, uma vez que não podia admitir a ideia de navegar sem mim, ele acabava sempre se moderando diante de minhas ameaças. Assim, permaneci com ele e, graças ao meu grande zelo às suas ordens e aos seus negócios, conquistei a confiança dele e através de sua bondade para comigo obtive finalmente minha liberdade.

Enquanto eu assim prosseguia, sempre pensando na liberdade e resistindo à opressão do melhor jeito possível, minha vida estava em constante suspense, particularmente durante as ressacas que mencionei anteriormente, uma vez que eu não sabia nadar. As ondas são extremamente violentas nas Índias Ocidentais e em todas as ilhas eu ficava sempre exposto à sua ruidosa ira e devoradora fúria. Eu vi um barco atingido e sacudido até a destruição, com vários mutilados a bordo. Certa vez, na ilha de Granada, quando eu e cerca de outros oito estávamos remando um grande barco com dois barris de água dentro, uma onda nos atingiu e levou o barco e todos que estavam em seu interior a cerca da metade da distância de um arremesso de pedra, em meio a algumas árvores e além da marca da maré alta. Tivemos que conseguir toda a ajuda possível na fazenda mais próxima para que o barco fosse consertado e recolocado na água. Em Montserrat, numa noite, num duro esforço a bordo para chegar ao largo da costa, nossa chata virou quatro vezes. Na primeira vez quase me afoguei, no entanto, o colete que usava me manteve acima da água por algum tempo e, enquanto isso, chamei um homem que estava próximo e era bom nadador, dizendo-lhe que eu não sabia nadar. Ele então veio apressadamente ao meu encontro e, justo quando eu estava afundando, agarrou--me e levou-me para um lugar raso, partindo depois para buscar o barco. Assim que retiramos a água de seu interior, tentamos novamente por mais três vezes — com receio de sermos maltratados por nossa ausência — e, como sempre, as terríveis ondas fizeram como na primeira vez. Mas, finalmente, em nossa quinta tentativa atingimos nosso objetivo, com risco de morte iminente. Um dia, na baía de Old Road, em Montserrat, nosso capitão, eu e mais três homens estávamos indo buscar rum e açúcar numa grande canoa quando uma única onda jogou-a a uma incrível distância da água, alguns de nós até mesmo à distância de um arremesso de pedra uns dos outros. A maioria ficou muito ferida, de modo que eu e muitos outros dizíamos com frequência — pois realmente achávamos — que não existia outro lugar como aquele sob os céus. Estava, portanto, ansiosíssimo para partir dali, desejando diariamente ver cumprida a promessa de meu senhor de irmos para a Filadélfia.

Enquanto permanecíamos nesse lugar, ocorreu a bordo da nossa chalupa um fato muito cruel, que me encheu de horror, embora mais tarde eu tenha descoberto que práticas semelhantes eram frequentes. Havia um jovem mulato livre muito inteligente e decente que navegara muito tempo conosco. Ele tinha uma mulher livre como esposa, com quem possuía um filho e que então vivia na costa, sendo todos muito felizes. Nosso capitão e o imediato, assim como outras pessoas a bordo e muitos de outros lugares, até mesmo os nativos das Bermudas então conosco, sabiam que, desde criança, esse jovem sempre foi livre e que ninguém jamais o havia reivindicado como sua propriedade. No entanto, como nessas partes a força frequentemente se sobrepõe ao direito, aconteceu que um capitão das Bermudas, cujo navio permaneceu ali por alguns dias em sua rota, veio a bordo de nosso navio e, vendo o mulato, cujo nome era Joseph Clipson, disse-lhe que ele não era livre e que tinha ordens de seu senhor para levá-lo para as Bermudas. O pobre homem não podia acreditar que o capitão falasse a sério, mas logo se desenganou quando seus homens colocaram as violentas mãos sobre ele. Embora ele exibisse uma certidão de seu nascimento livre em São Cristóvão e a maioria das pessoas a bordo soubesse que ele fora aprendiz na construção de barcos e sempre passara por homem livre, ainda assim foi retirado à força de nosso navio. Ele então pediu para ser levado em terra diante de um funcionário público ou dos magistrados, e esses violadores infernais dos direitos humanos prometeram-lhe que ele seria; porém, em vez disso, levaram-no a bordo de outro navio e, no dia seguinte, sem conceder ao pobre homem nenhuma audiência em terra e nem mesmo permitir que visse sua esposa ou filho, levaram-no embora, ficando ele, provavelmente, condenado a não revê-los nunca mais na vida. Esse não foi o único caso desse tipo de barbárie que testemunhei. Desde então eu vi muitas vezes, na Jamaica e em outras ilhas, homens livres que conhecera na América serem trapaceados desse modo vil e mantidos na escravidão. Ouvi falar de duas práticas semelhantes até na Filadélfia e, não fosse pela benevolência dos quacres naquela cidade, muitos da raça negra, que agora respiram o ar da liberdade, estariam, creio eu, gemendo certamente sob as correntes de algum fazendeiro.

Esses fatos abriram minha mente para uma nova situação de horror que eu antes desconhecia. Até então achava que somente a escravidão era terrível; a condição dos negros livres, porém, pareceu-me então no mínimo semelhante e, em alguns aspectos, até pior, pois estes vivem em constante temor por sua liberdade. Mas essa liberdade é apenas nominal, uma vez que eles são universalmente insultados e pilhados sem possibilidade de obter reparação, pois assim é a equidade das leis das Índias Ocidentais, que em seus tribunais de justiça não admitem nenhuma prova produzida por um negro livre. Nesse contexto, será surpreendente que os escravos, quando tratados com um mínimo de brandura, prefiram até mesmo a miséria da escravidão a esse arremedo de liberdade? Eu sentia agora completa repugnância das Índias Ocidentais e achava que nunca seria totalmente livre até que partisse dali.

Com tais pensamentos, minha mente ansiosa e
   pressagiadora
Recordou-se daquelas cenas agradáveis de outrora;
Cenas em que a justa liberdade, em arranjo radiante,
Ilumina a escuridão e até torna o dia brilhante;
Onde nem a cor da pele, nem a riqueza, nem a posição
   podem
Proteger o desgraçado que escraviza o homem.[120]

Eu estava determinado a envidar todos os esforços para obter minha liberdade e retornar à Velha Inglaterra.[121] Para esse propósito, julguei que o conhecimento da navegação poderia ser-me útil, pois, embora não tivesse a intenção de fugir, a menos que fosse maltratado, ainda assim, nessa eventualidade, se soubesse navegar eu poderia tentar minha fuga em

---

[120] Não foi possível identificar a fonte desses versos, embora Vincent Carreta assinale que a frase conclusiva — "escraviza o homem" — seja extraída de *The Task, A Poem in Six Books* (Londres, 1785), de William Cowper (1731-1800), e estime que o próprio Equiano seja o autor desses versos. (N. do T.)

[121] O autor refere-se à Velha Inglaterra, assim como à Velha França, para distingui-las, respectivamente, da Nova Inglaterra e da Nova França, como eram conhecidos então territórios colonizados por esses países na América do Norte. (N. do T.)

nossa chalupa, que era uma das embarcações a vela mais rápidas das Índias Ocidentais, e não ficaria desorientado, na dependência de levar alguém junto. Caso eu fizesse essa tentativa, pretenderia ir para a Inglaterra. Mas isso, como disse, seria apenas no caso de eu ser maltratado. Portanto, contratei o imediato do nosso navio para me ensinar a navegar e, para isso, concordei em pagar-lhe 24 dólares, tendo, na verdade, já lhe adiantado uma parte do dinheiro. No entanto, quando o capitão, algum tempo depois, ficou sabendo que o imediato receberia essa quantia para me ensinar, ele o repreendeu e disse que era uma vergonha para ele receber qualquer dinheiro de mim. De todo modo, meu progresso nesse ofício tão útil foi muito retardado pela constância de nosso trabalho. Caso eu quisesse fugir, não faltariam oportunidades, que se apresentavam com frequência e, particularmente, numa ocasião logo depois disso. Quando estávamos na ilha de Guadalupe, havia uma grande frota de navios mercantes com destino à Velha França e, uma vez que os marinheiros eram então muito escassos, eles ofereciam de quinze a vinte libras por homem para a viagem. Por essa razão, nosso imediato e todos os marinheiros brancos abandonaram nossa embarcação e subiram a bordo dos navios franceses. Eles teriam me admitido também para partir junto, pois me estimavam e juraram que me protegeriam, caso eu fosse. Como a frota partiria no dia seguinte, acredito que realmente poderia ter ido com segurança para a Europa naquela oportunidade. Contudo, uma vez que meu senhor era bondoso, eu não tentaria abandoná-lo; recordando ainda a velha máxima de que "a honestidade é a melhor política", deixei que partissem sem mim. Meu capitão ficou deveras muito receoso, temendo que os abandonasse — ele e o navio — naquela ocasião, já que eu dispunha de uma oportunidade tão boa. Porém, graças a Deus, essa minha fidelidade se mostraria muito proveitosa para mim no futuro, quando eu menos imaginava. Assim, caí tanto nas graças do capitão, que ele próprio passou então a me ensinar determinados elementos de navegação. Alguns dos nossos passageiros e outros, todavia, o repreenderam muito ao ver isso, dizendo que era uma coisa muito perigosa permitir que um negro soubesse navegação, de maneira que fui novamente prejudicado em minhas aspirações.

Por volta do final do ano de 1764, meu senhor comprou uma chalupa maior, chamada *Providence*, de cerca de setenta ou oitenta toneladas, a qual estava sob o comando de meu capitão. Eu o acompanhei nesse navio e transportamos uma carga de novos escravos para a Geórgia e Charlestown. Meu senhor agora me deixava exclusivamente com o capitão, embora ele ainda desejasse que eu ficasse consigo. Eu, todavia, que sempre desejei muito que as Índias Ocidentais desaparecessem da minha vista, fiquei muito feliz com a ideia de poder conhecer qualquer outro país. Portanto, contando com a bondade do meu capitão, preparei todas as poucas mercadorias do meu negócio que consegui e, quando o navio ficou pronto, nós navegamos, para minha grande alegria. Ao chegarmos aos nossos destinos, Geórgia e Charlestown, eu esperava ter uma oportunidade para vender meus poucos bens com lucro. Mas ali, particularmente em Charlestown, deparei-me com compradores brancos que abusavam de mim como em outros lugares. Não obstante, eu estava decidido a resistir, considerando que nenhuma sina ou provação é dura demais quando o generoso Céu é o recompensador.

Em breve embarcamos novamente nossa carga e retornamos a Montserrat, onde, assim como nas demais ilhas, eu vendi bem os meus haveres. E dessa forma continuei a negociar durante o ano de 1764, deparando-me com inúmeros casos de opressão, como de costume.

Depois disso, meu senhor equipou o navio para ir à Filadélfia no ano de 1765 e, enquanto estávamos carregando e nos preparando para a viagem, eu trabalhava com entusiasmo redobrado, na esperança de conseguir nessas viagens dinheiro suficiente para finalmente comprar minha liberdade, se Deus quisesse e, também, para conhecer a cidade de Filadélfia, da qual tinha ouvido falar muito nos anos anteriores. Além disso, eu sempre desejei comprovar a promessa feita por meu senhor no dia em que o conheci. Em meio a esses elevados pensamentos, enquanto eu estava preparando minhas poucas mercadorias, meu senhor mandou me chamar à sua casa num domingo. Quando ali cheguei, encontrei-o na companhia do capitão e, ao entrar, fiquei tomado de espanto no momento em que ele me disse que ouvira dizer que eu pretendia fugir ao chegar à Filadélfia. "Portanto", disse ele, "eu devo vendê-lo de novo; você me custou muito dinheiro, não menos de quarenta libras esterlinas; e é inadmissível perder tanto." "Você é um sujeito valioso", continuou ele, "e eu posso a qualquer momento obter cem guinéus por você de muitos cavalheiros nesta ilha." Ele então me falou do cunhado do capitão Doran, um senhor severo que sempre quis me comprar para fazer de mim seu feitor. Meu capitão disse ainda que conseguiria obter muito mais do que cem guinéus por mim na Carolina.

Eu sabia que isso era verdade, pois o cavalheiro que queria me comprar fora várias vezes a bordo de nosso navio, pedindo-me para viver consigo e dizendo que me trataria bem. Quando lhe perguntei em qual trabalho me colocaria, ele disse que, como eu era marinheiro, faria de mim capitão de um dos seus navios de arroz. Mas recusei e, temendo ao mesmo tempo, dada a súbita mudança que percebi no humor do capitão, que ele pretendesse me vender, eu disse ao cavalheiro que não viveria com ele de jeito nenhum e que certamente fugiria com seu navio. Mas ele disse que não temia isso, pois me capturaria novamente, e passou a relatar como me trataria cruelmente caso eu o fizesse. Meu capitão, no entanto, deu-lhe a entender que eu sabia um pouco de navegação. Ele então pensou melhor e, para minha grande alegria, partiu dali.

Eu então neguei ao meu senhor ter dito que fugiria na Filadélfia, e tampouco que pretendesse fazê-lo, pois nem ele me maltratava nem, até aquele momento, o capitão; se eles me maltratassem, eu certamente já teria feito algumas tentativas de fuga. Eu acreditava que, caso fosse da vontade de Deus que eu algum dia fosse libertado, assim seria e, pelo contrário, caso não fosse da vontade dele, isso não aconteceria. Esperava, portanto, que, se fosse para ser libertado algum dia, deveria sê-lo por meios honestos, pelo menos enquanto estivesse sendo bem tratado. No entanto, como eu não podia fazer nada em meu favor, caberia a ele fazer como lhe aprouvesse, restando-me apenas ter esperança e confiar no Deus do Céu. Naquele instante, minha mente ficou repleta de maquinações e planos de fuga.

Eu então recorri ao capitão, perguntando-lhe se ele já havia visto algum indício da minha parte capaz de demonstrar a menor tentativa de fuga, e também se não era verdade que eu sempre reembarcava de acordo com o tempo livre que ele me concedia. Perguntei, especialmente, a respeito daquela ocasião em que todos os nossos homens nos abandonaram em Guadalupe para embarcar na frota francesa, aconselhando-me a acompanhá-los: acaso eu não poderia tê-lo feito sem que ele conseguisse apanhar-me novamente? Para minha grande surpresa e enorme alegria, o capitão confirmou cada palavra do que eu havia dito e ainda mais, pois disse que havia me testado em diversas oportunidades, a fim de verificar se eu faria alguma tentativa desse tipo, tanto em Santo Eustáquio como na América, e ele nunca achou que eu tivesse feito a menor tentativa, pois, pelo contrário, eu sempre embarcara de acordo com as ordens dele. Disse que realmente acreditava que, caso pretendesse fugir alguma vez, eu teria feito isso na noite em que o imediato e todos os outros abandonaram nosso navio em Guadalupe, pois nunca poderia ter tido oportunidade melhor. Meu senhor havia sido enganado pelo nosso imediato — embora eu ignorasse quem era meu inimigo — e então o capitão informou-lhe o motivo que o imediato tinha para enganá-lo com aquela mentira: é que eu havia comunicado ao capitão sobre as provisões que o imediato havia desperdiçado ou retirado do navio.

Esse discurso do capitão foi para mim como a ressurreição para um morto e, instantaneamente, minha alma glorificou a Deus. E tanto mais ao ouvir meu senhor dizer, em seguida, que eu era um sujeito sensível, que ele nunca tivera intenção de me tratar como um escravo comum e que, não fossem pelas solicitações do capitão e pela reputação que eu tinha junto deste, não teria jamais permitido que eu tivesse saído dos armazéns como eu havia feito. Disse ainda que, ao fazê-lo, ele considerara que, levando uma coisinha ou outra a diferentes lugares para vender eu poderia ganhar algum dinheiro. E também que pretendia me incentivar nisso concedendo-me um crédito de meio tonel de rum e de meio barril de açúcar de uma vez, de modo que, sendo cuidadoso, eu poderia depois de algum tempo ter dinheiro suficiente para comprar minha liberdade. Quando esse fosse o caso, eu poderia confiar que ele me deixaria obtê-la pelo valor de quarenta libras esterlinas, que era apenas o mesmo preço que ele pagara por mim. Essas palavras alegraram meu pobre coração além da conta, embora, na verdade, não expressassem mais do que a exata ideia que eu havia concebido em minha mente há muito tempo a respeito de meu senhor e dei-lhe imediatamente a seguinte resposta: "Senhor, eu sempre o tive em grande consideração, de fato o tive, e isso me fez servi-lo com tanta diligência". Ele então me deu uma grande moeda de prata, daquelas que eu nunca havia visto ou possuído antes, e mandou eu me preparar para a viagem, dizendo que ele gostaria de me conceder um crédito de um terço de pipa[122] de açúcar e outro de rum. Ele também disse que tinha duas amáveis irmãs na Filadélfia, com as quais eu poderia suprir alguma necessidade. Diante disso meu nobre capitão pediu para eu embarcar e, conhecendo o brio africano, ele me recomendou a não dizer nada a respeito daquilo a ninguém, prometendo que o imediato mentiroso não deveria nunca mais acompanhá-lo.

Essa foi, realmente, uma verdadeira transformação: num momento, sentir a mais intensa dor e, num piscar de olhos, passar para a mais completa alegria. Isso me causou tamanhas sensações que eu só era capaz de expressar por meus olhares; meu coração estava tão dominado pela gratidão que eu seria capaz de beijar os pés de ambos. Ao sair da sala, eu imediatamente fui, ou melhor, voei, para o navio, que estava sendo carregado. Meu senhor, cumprindo com sua palavra, confiou-me um terço de pipa de rum e outro de açúcar. Então zarpamos, chegando com segurança à elegante cidade de Filadélfia. Eu logo vendi muito bem minhas mercadorias ali e, nesse lugar charmoso, achei tudo abundante e barato.

Enquanto eu estava ali, aconteceu um fato muito extraordinário. Disseram-me uma noite que havia uma mulher *ocultista*, chamada senhora Davis, que revelava segredos, predizia acontecimentos etc. A princípio, não pus muita fé nessa história, pois achava inconcebível que algum mortal pudesse predizer os futuros desígnios da Providência e não acreditava em nenhuma revelação que não fosse das Sagradas Escrituras. No entanto, fiquei muito espantado ao ver essa mulher num sonho naquela noite, embora ela fosse alguém que eu jamais vira antes em minha vida. Isso me causou tamanha impressão que, no dia seguinte, eu não conse-

---

[122] Um terço de pipa, *tierce* no original, equivale a 42 galões. (N. do T.)

A interessante narrativa da vida de Olaudah Equiano   159

guia tirar essa ideia da cabeça e fiquei tão ansioso para encontrá-la quanto estivera indiferente antes. Consequentemente, à noite, depois de sair do trabalho, procurei saber onde ela morava e, ao ser levado até ela, para minha inexprimível surpresa vi a mesma mulher, com o mesmo vestido que parecia vestir em minha visão. Ela imediatamente me disse que eu havia sonhado com ela na noite anterior, relatando-me muitas coisas que haviam acontecido com uma precisão que me surpreendeu e, por fim, disse-me que eu não deveria ser escravo por muito tempo. Essa foi a notícia mais agradável, pois eu acreditei nisso mais facilmente depois que ela relatou acontecimentos passados da minha vida de modo tão fiel. Ela disse que, nos dezoito meses seguintes, minha vida ficaria em grande perigo por duas vezes e que, caso me salvasse, eu deveria prosseguir bem depois. Então recebi sua bênção e nos separamos. Depois de permanecer ali por algum tempo, até que nosso navio fosse carregado e eu tivesse comprado minhas pequenas mercadorias, partimos daquele lugar agradável navegando para Montserrat, para uma vez mais enfrentar as ondas furiosas.

Chegamos com segurança a Montserrat, onde descarregamos nossa carga e vendi bem minhas coisas. Logo a seguir, embarcamos escravos para levar a Santo Eustáquio e, dali, para a Geórgia. Eu sempre me esforcei, fazendo um trabalho redobrado a fim de abreviar ao máximo nossas viagens. Em razão desse excesso de trabalho, quando estávamos na Geórgia tive febre e calafrios. Fiquei muito doente por onze dias, quase morrendo. Minha mente estava então extremamente comovida em relação à eternidade e eu temi muito aquele terrível acontecimento. Orei, portanto, ao Senhor, para que me poupasse e, em minha mente, prometi a Deus que seria uma boa pessoa caso me recuperasse. Finalmente, graças ao tratamento de um eminente médico, recobrei minha saúde e, logo depois, o navio foi carregado e partiu para Montserrat.

Durante a viagem, uma vez que eu já estava perfeitamente recuperado e com muitos negócios do navio para cuidar, todos os meus esforços para manter minha integridade e cumprir minha promessa a Deus começaram a falhar. Apesar de tudo que pudesse fazer, conforme nos aproximávamos das ilhas, minhas resoluções diminuíam mais e mais, como se o próprio ar dessa região ou seu clima parecessem fatais à piedade. Depois que chegamos com segurança a Montserrat e eu voltei para terra, esqueci-me de minhas antigas determinações. Ai de mim! Como o coração é propenso a abandonar aquilo que Deus deseja que ele ame! E quão fortemente as coisas deste mundo afetam os sentidos e cativam a alma!

Depois que nosso navio foi descarregado, logo o aprontamos e, como de costume, nele embarcamos alguns dos pobres e oprimidos nativos da África e outros negros. Em seguida, partimos novamente para a Geórgia e Charlestown. Chegamos à Geórgia e, depois de ter desembarcado parte da nossa carga, prosseguimos para Charlestown com o restante. Enquanto estávamos lá eu vi a cidade iluminada. Armas eram disparadas e havia fogueiras e outras demonstrações de alegria em virtude da revogação da Lei do Selo.[123]

Ali eu vendi alguns bens por conta própria. Os brancos os compravam com promessas atraentes e palavras justas, pagando-me, todavia, apenas valores muito baixos. Houve um cavalheiro, em particular, para quem vendi um tonel de rum, que me criou uma quantidade enorme de problemas. Embora eu tenha usado a influência do meu amigável capitão, não consegui receber nada por aquilo, pois, sendo um negro, não tinha como obrigá-lo a me pagar. Isso me deixou

---

[123] A Lei do Selo ou *Stamp Act* impunha taxas a todos os documentos que circulavam nas colônias americanas. Foi sancionada em 1765 e revogada em 1766, embora Equiano situe essa ocorrência em 1765. (N. do T.)

muito aflito, sem saber o que fazer, e eu perdi algum tempo à procura desse cristão. Quando chegou o sábado (dia em que os negros costumam tirar folga), embora eu estivesse muito disposto a ir ao culto público, fui obrigado a contratar alguns negros para me ajudarem a remar um bote por todo lado em busca desse cavalheiro. Quando o encontrei, depois de muitas solicitações, tanto de minha parte como de meu digno capitão, ele finalmente pagou-me em dólares. Alguns deles, no entanto, eram de cobre e, consequentemente, de nenhum valor, mas ele se aproveitou por eu ser negro e me obrigou a ficar com eles ou com nada, embora eu objetasse. Logo depois, quando estava tentando passá-los no mercado entre outros brancos, fui insultado por tentar passar moedas falsas e, embora lhes mostrasse o homem de quem eu as recebera, estive a ponto de ser amarrado e açoitado sem nenhum juiz nem júri. No entanto, graças a um bom par de pernas, saí correndo dali, escapando assim das bastonadas que deveria receber. Embarquei o mais depressa que pude, mas continuei ainda com medo deles até que partíssemos, o que graças a Deus fizemos pouco depois e eu nunca mais estive junto deles desde então.

Logo fomos para a Geórgia, onde deveríamos completar nosso carregamento. Ali o pior destino de todos os tempos me aguardava, pois, numa noite de domingo, quando eu estava com alguns negros no quintal do senhor deles, na cidade de Savannah, aconteceu que esse senhor — doutor Perkins, que era um homem muito severo e cruel — chegou embriagado e, não gostando de ver negros desconhecidos em seu quintal, imediatamente investiu contra mim, junto com um rufião branco que ele tinha a seu serviço, ambos me atacando com as primeiras armas que conseguiram apanhar. Eu gritei por socorro e misericórdia o quanto pude, mas, embora eu tivesse me saído muito bem e ele conhecesse meu capitão, que estava alojado ali perto, nada disso adiantou. Eles me espancaram e me machucaram de modo vergonhoso, quase me matando. Eu perdi tanto sangue com as feridas que, prostrado, mal conseguia me mover, ficando tão amortecido que por muitas horas fui incapaz de sentir algo.

No início da manhã, levaram-me para a prisão. Como não retornara ao navio durante toda a noite, meu capitão, sem saber onde eu estava e apreensivo porque eu ainda não havia aparecido, começou a perguntar por mim e, ao descobrir meu paradeiro, foi imediatamente ao meu encontro. Assim que o bom homem me viu tão ferido e machucado, não conseguiu conter as lágrimas, levando-me logo da prisão para seus aposentos e, imediatamente, mandou chamar os melhores médicos do lugar, que a princípio afirmaram que eu não conseguiria me recuperar. Diante disso, meu capitão procurou todos os advogados na cidade para se aconselhar, mas eles disseram-lhe que nada poderiam fazer por mim, uma vez que eu era um negro. Ele então foi até o doutor Perkins, o herói que havia me derrotado, e o ameaçou, jurando que se vingaria dele e desafiando-o para uma luta. Mas a covardia é sempre companheira da crueldade, e o doutor recusou-se. No entanto, graças à perícia de um médico local, o doutor Brady, comecei finalmente a melhorar. Por mais machucado e dolorido que estivesse, com feridas por todo o corpo que me impediam de permanecer em qualquer posição, eu, todavia, mais sofria ao ver a preocupação do capitão para comigo: aquele homem digno cuidava de mim e me assistia durante toda a noite e, graças à sua atenção e à do médico, consegui sair da cama em cerca de dezesseis ou dezoito dias. Durante todo esse período, fiz muita falta a bordo, pois costumava, com frequência, subir e descer o rio em balsas e buscar outros lotes da nossa carga, estivando-as quando o imediato estava doente ou ausente.

Em cerca de quatro semanas eu já tinha condições de assumir meus deveres e, depois de uma quinzena, tendo embarcado todo nosso carregamento, nosso navio zarpou para Montserrat, ali chegando com segurança em menos de três semanas, pouco antes do final do ano. Isso finalizou minhas aventuras em 1765, pois não saí mais de Montserrat até o início do ano seguinte.

FIM DO PRIMEIRO VOLUME

CAPÍTULO VII

*O desgosto do autor com as Índias Ocidentais — Formula
planos para obter sua liberdade — Ridícula decepção que ele
e seu capitão sofrem na Geórgia — Por meio de várias
viagens bem-sucedidas, ele finalmente adquire uma quantia
de dinheiro suficiente para comprar sua liberdade — Solicita
a seu senhor, que aceita e concede sua alforria, para sua
grande alegria — Ele depois embarca como um homem livre
em um dos navios de King e navega para a Geórgia —
Opressões sobre negros livres, como de costume — Seu
empreendimento com perus — Navega para Montserrat e,
em sua travessia, seu amigo, o capitão, adoece e morre*

A cada dia, então, eu me aproximava da minha liberdade e estava impaciente para voltar a navegar, podendo assim ter oportunidade para conseguir uma soma suficientemente grande para comprá-la. Minha insatisfação não durou muito tempo, pois, no início de 1766, meu senhor comprou outra chalupa, batizada de *Nancy*, que era a maior que eu já havia visto. Ela estava parcialmente carregada e deveria seguir para a Filadélfia. Nosso capitão podia escolher entre três e fiquei bem satisfeito por ele ter escolhido essa, que era a maior, já que, possuindo ele um navio grande, eu teria mais espaço, podendo levar comigo uma quantidade maior de mercadorias. Assim, depois de entregar nosso velho navio, o *Prudence*, e completar o carregamento do *Nancy* com quase o triplo a mais — com quatro barris de carne de porco que eu trouxera de Charlestown —, inseri a maior carga que pude, confiando na Providência de Deus para prosperar em meu empreendimento. Com essas expectativas, naveguei para a Filadélfia. Durante a viagem, quando nos aproximávamos da terra, fui surpreendido pela primeira vez com a visão de algumas baleias, não tendo nunca visto esses grandes monstros marinhos antes. Enquanto navegávamos ao longo da costa, numa manhã avistei um filhote de baleia bem perto do navio; era aproximadamente do comprimento de uma barca e nos seguiu durante todo o dia, até que passássemos pelos Cabos.[124]

Chegamos rapidamente e com segurança à Filadélfia, onde vendi meus bens, principalmente para os quacres. Estes sempre pareceram ser uma espécie de gente discreta e muito honesta, nunca tentaram tirar proveito de mim. Eu, portanto, os estimava, preferindo desde então negociar com eles a negociar com quaisquer outros.

Num domingo de manhã, enquanto eu estava lá, ao dirigir-me à igreja passei por acaso diante de um templo quacre. As portas abertas e a lotação de pessoas no local excitaram minha curiosidade para adentrá-lo. Quando entrei no templo, para minha grande surpresa, vi uma mulher muito alta de pé no meio deles, falando numa voz audível algo que eu não conseguia entender. Sem ter jamais visto nada parecido, permaneci a observar por algum tempo, admirando aquela cena singular. Assim que acabou, aproveitei uma oportunidade para pedir informações sobre o lugar e as pessoas, quando fiquei sabendo que eles eram chamados de quacres. Perguntei, particularmente, o que aquela mulher que vira no meio deles havia dito, mas ninguém quis me responder.[125] Eu

---

[124] Provável referência à foz do rio Delaware. (N. do T.)

[125] Os quacres rejeitam qualquer organização clerical, não contam com um clero formado por ministros, pregadores ou padres, pois acreditam na relação direta entre o crente e Deus, sendo que homens e mulheres podem compartilhar a sua inspiração divina individual nos cultos quando assim desejarem. (N. do T.)

então os deixei e, logo depois, quando estava voltando, cheguei a uma igreja cheia de gente. Seu pátio estava igualmente lotado e havia até algumas pessoas em cima de escadas a olhar pelas janelas. Achei isso estranho, pois nunca havia visto, nem na Inglaterra nem nas Índias Ocidentais, igrejas assim tão lotadas. Por isso, tomei a liberdade de perguntar a algumas pessoas o que aquilo significava e eles disseram-me que o reverendo senhor George Whitfield estava pregando. Eu ouvira falar muitas vezes desse cavalheiro e desejava vê-lo e ouvi-lo, mas nunca tivera oportunidade. Resolvi então satisfazer-me com o espetáculo e me espremi no meio da multidão. Ao entrar na igreja vi aquele homem piedoso exortando o povo com o maior fervor e zelo, suando tanto quanto eu sempre suava quando na escravidão na praia de Montserrat. Isso me deixou muito abalado e impressionado. Nunca havia visto clérigos empenhados desse modo e já não achava difícil compreender por que eles pregavam para congregações tão escassas.

Depois de termos descarregado ali a nossa carga e recarregado o navio, partimos novamente dessa terra fecunda, zarpando para Montserrat. Minhas transações até aquele momento haviam sido tão bem-sucedidas que eu achava que, ao vender minhas mercadorias quando chegasse a Montserrat, já deveria possuir o suficiente para comprar minha liberdade. Porém, logo que a embarcação ali chegou, meu senhor veio a bordo e deu ordens para irmos para Santo Eustáquio e descarregar lá a nossa carga, prosseguindo dali para a Geórgia. Eu fiquei muito decepcionado com isso, mas, pensando, como de costume, que seria inútil resmungar das determinações do destino, cedi sem lamentação e seguimos para Santo Eustáquio. Depois de descarregarmos nossa carga lá, pegamos uma carga viva, como nós chamamos um carregamento de escravos. Ali eu vendi razoavelmente bem as minhas mercadorias, porém, não sendo capaz de gastar todo meu dinheiro de modo tão vantajoso nessa ilhota como em muitos outros lugares, gastei apenas uma parte, levando o restante comigo. Navegamos dali para a Geórgia e fiquei feliz quando chegamos lá, embora não tivesse muitos motivos para gostar daquele lugar depois da minha última aventura em Savannah. Ansiava, no entanto, por regressar a Montserrat e obter minha liberdade, a qual esperava ser capaz de comprar nesse retorno. Assim que ali chegamos, visitei meu zeloso médico, senhor Brady, a quem fiz os melhores agradecimentos que pude por sua bondade e atenção durante minha doença.

Enquanto permanecemos naquele local, um estranho incidente aconteceu com o capitão e comigo, que nos frustrou bastante. Um prateiro, que nós havíamos levado àquele lugar algumas viagens antes, combinou com o capitão de voltar conosco às Índias Ocidentais e, ao mesmo tempo, prometeu dar-lhe uma grande soma de dinheiro, tendo fingido simpatizar com ele e ser um homem muito rico, como o julgamos. Porém, enquanto carregávamos nossa embarcação, esse homem foi levado adoentado para a casa onde trabalhava e, depois de uma semana, estava muito mal de saúde. Conforme seu estado piorava, mais ele insistia em dizer que daria ao capitão tudo aquilo que havia prometido, de modo que este cuidava dele dia e noite, na expectativa de receber algo considerável com a morte daquele homem, que não tinha mulher nem filho. Eu também costumava ir com o capitão, por seu próprio desejo, para cuidar dele, especialmente quando vimos que não havia sinais de sua recuperação. A fim de me recompensar por esse esforço, o capitão prometeu dar-me dez libras assim que conseguisse receber os bens do sujeito. Achei que isso seria de grande valia para mim, embora já tivesse dinheiro quase suficiente para comprar minha liberdade, caso chegasse com segurança na viagem para Montserrat. Com essa expectativa, acabei gastando mais de oito libras do meu dinheiro num terno superfino para usar numa dança quando obtivesse a liberdade, que eu então esperava estar muito próxima. Nós continuamos ainda a dar assistência àquele homem, permanecendo junto dele inclusive no último dia de sua vida até muito tarde da noite, quando fomos a bordo. Depois de irmos para a cama, por volta de uma ou duas horas da manhã, o capitão foi chamado e informado de que o homem havia falecido. Diante disso ele veio até minha cama e, acordando-me, informou-me a respeito, pedindo-me que levantasse, conseguisse uma luz e fosse imediatamente com ele. Eu disse-lhe que estava com muito sono, preferindo que ele levasse outra pessoa consigo ou então, já que o homem estava morto mesmo e não poderia querer mais nenhuma assistência, que deixássemos tudo como estava até a manhã seguinte. "Não, não", disse ele, "teremos o dinheiro hoje à noite, eu não posso esperar até amanhã, então vamos." Assim sendo, levantei-me, acendi uma luz e partimos ambos para encontrar o homem tão morto como poderíamos desejar. O capitão disse que lhe daríamos um belo enterro em gratidão pelo tesouro prometido e pediu que fosse trazido tudo que pertencera ao falecido. Entre outras coisas, havia um conjunto de baús cujas chaves ele guardara enquanto o homem estava doente. Quando foram apresentados, nós os abrimos com grande ansiedade e expectativa e, como havia um grande número deles, um dentro de outro, com muita impaciência retiramos cada qual de dentro do outro. Quando, por fim, chegamos ao menor deles e o abrimos, vimos que estava cheio de papéis, que nós supusemos serem cédulas de dinheiro e, ao vê-los, nossos corações saltaram de alegria. Nesse instante o capitão, batendo palmas, exclamou "Graças a Deus, aqui está". Porém, quando voltamos ao baú e começamos a examinar o suposto tesouro e a tão longamente esperada recompensa, (ai! ai! como são incertos e enganosos todos os assuntos humanos!) o que encontramos! Quando julgávamos estar

A interessante narrativa da vida de Olaudah Equiano   169

pondo as mãos numa fortuna, agarramos um grande vazio. Todo o montante que havia no conjunto de baús era de apenas um dólar e meio e tudo o que o homem possuía não daria sequer para pagar o seu caixão. Nossa súbita e intensa alegria deu lugar então a uma súbita e intensa dor. Meu capitão e eu parecíamos, por algum tempo, as mais ridículas das figuras — retratos de desgosto e decepção! Partimos muito mortificados, deixando o falecido para cuidar de si próprio o melhor que pudesse, pois nós tínhamos tomado conta dele tão bem, quando estava vivo, a troco de nada.

Zarpamos mais uma vez para Montserrat e lá chegamos com segurança, porém muito desgostosos por nosso amigo prateiro. Depois de termos descarregado o navio e de eu ter vendido minhas mercadorias — apossando-me de cerca de 47 libras —, consultei meu verdadeiro amigo, o capitão, sobre como deveria proceder para oferecer ao meu senhor o dinheiro para minha liberdade. Ele me disse para ali comparecer em determinada manhã, quando ele e meu senhor estariam juntos para o café da manhã. Assim sendo, para lá me dirigi, onde encontrei o capitão, conforme ele havia combinado. Ao entrar, fiz uma reverência ao meu senhor e, com meu dinheiro em mãos e muitos receios no coração, supliquei-lhe para que honrasse a oferta que me fizera, quando lhe aprouvera prometer-me minha liberdade tão logo eu pudesse comprá-la. Ele pareceu confuso diante dessas palavras e começou a recuar; naquele instante, meu coração afundava dentro de mim. "O quê?", disse ele, "conceder-lhe sua liberdade? Por quê, onde você conseguiu o dinheiro? Por acaso você tem quarenta libras esterlinas?" "Tenho, sim senhor", respondi. "Como você as conseguiu?", ele replicou. Eu lhe disse que fora muito honestamente. O capitão interveio então, dizendo que sabia que eu havia conseguido o dinheiro muito honestamente e com bastante esforço, e que eu era particularmente cuidadoso. Diante disso, meu senhor retorquiu afirmando que eu era capaz de ganhar dinheiro muito mais rápido do que ele e que não teria feito a promessa que me fizera caso tivesse imaginado que eu conseguiria o dinheiro tão rapidamente. "Venha, venha", disse meu digno capitão batendo nas costas do meu senhor. "Venha, Robert (esse era o nome dele), eu acho que você deve deixá-lo ter sua liberdade. Você aplicou muito bem o seu capital; recebeu um bom retorno por ele durante todo esse tempo e, agora, eis aí finalmente o retorno do principal. Eu sei que Gustavus fez você ganhar mais do que cem ao ano e ele ainda vai fazer-lhe poupar dinheiro, uma vez que não vai deixá-lo. Vamos, Robert, aceite o dinheiro." Meu senhor disse então que não desonraria sua promessa e, pegando o dinheiro, mandou-me ir ao oficial no cartório de registro para buscar minha alforria por escrito. Tais palavras de meu senhor foram para mim como uma voz vinda do Céu: num instante toda minha apreensão transformou-se em indescritível felicidade e eu me curvei do modo mais reverente em gratidão, incapaz de expressar meus sentimentos, senão pelo transbordamento dos meus olhos e um coração repleto de graças a Deus, enquanto meu verdadeiro e digno amigo, o capitão, nos felicitava com uma satisfação sincera, especialmente intensa.

Assim que terminaram os primeiros arrebatamentos da minha alegria e eu, da melhor maneira que podia, manifestara meus agradecimentos a esses meus dignos amigos, levantei-me com o coração cheio de afeição e reverência, deixando a sala a fim de obedecer à jubilosa ordem do meu senhor de ir ao cartório de registro. Quando estava saindo da casa, vieram-me à mente as palavras do salmista no Salmo 126, pois, assim como ele, "eu glorificava Deus em meu coração, em quem eu confiara". Desde o dia exato em que fui forçado a partir de Deptford até aquele momento, essas palavras ficaram marcadas na minha mente e eu então as via, como pensara, realizadas e comprovadas. Meu pensamento era puro êxtase enquanto me precipitava para o cartório de registro e, a esse respeito, como o apóstolo Pedro[126] (cuja libertação da prisão foi tão repentina e extraordinária que ele pensou que estava tendo uma visão), eu mal podia crer que estivesse acordado. Céus! Quem poderia fazer jus ao que eu sentia naquele momento? Não os próprios heróis conquistadores em pleno triunfo! Não a terna mãe que acaba de recuperar sua criança há muito perdida e a aperta junto ao coração! Não o exausto e faminto marinheiro ao ver o desejado porto amigável! Não o amante quando, uma vez mais, abraça a mulher amada, depois de ela ter sido arrebatada de seus braços! Tudo dentro do meu peito era agitação, impetuosidade e delírio! Meus pés mal tocavam o chão, pois voavam de alegria e, como Elias quando se elevou ao céu, eles "foram acelerados com relâmpagos enquanto eu prosseguia". A todos que encontrava, eu falava da minha felicidade e alardeava sobre a virtude dos meus amáveis senhor e capitão.

Quando cheguei ao cartório e informei ao tabelião do que se tratava, ele felicitou-me pela ocasião e disse que redigiria minha carta de alforria pela metade do preço, que era um guinéu. Eu o agradeci por sua bondade e, depois de recebê-la e pagar-lhe, corri até meu senhor para que a assinasse, a fim de que pudesse ficar completamente liberto. Ele, em conformidade, assinou a carta de alforria naquele dia, de modo que, antes de anoitecer, eu, que naquela manhã era um escravo a estremecer diante do arbítrio alheio, tornei-me então meu próprio senhor, completamente livre. Considerei aquele o dia mais feliz da minha vida e minha alegria intensificou-se ainda mais com as bênçãos e orações daqueles da raça negra, particularmente dos idosos, aos quais meu coração sempre esteve ligado com reverência.

---

[126] Atos 12:9.

Uma vez que há algo de peculiar na forma de minha carta de alforria, expressando o poder e o domínio absolutos que um homem reivindica sobre seu semelhante, devo pedir permissão para apresentá-la aos meus leitores em toda sua extensão:

Montserrat — Saibam todos, pelo presente instrumento, que: Eu, Robert King, comerciante da paróquia de Santo Antônio, na mencionada ilha, apresento minhas saudações: Saibam que eu, o supracitado Robert King, levando em consideração a soma de setenta libras em moeda corrente da referida ilha,[127] a mim efetivamente paga a fim de que um escravo negro de nome Gustavus Vasa[128] deva e possa tornar-se livre, ser manumitido, emancipado, libertado e posto em liberdade; e que, pelo presente instrumento, manumito, emancipo, liberto e ponho em liberdade para sempre o escravo negro suprarreferido, chamado Gustavus Vasa, por meio deste dando, concedendo e liberando a ele, o citado Gustavus Vasa, todo direito, título, domínio, soberania e propriedade que, como amo e senhor, sobre o referido Gustavus Vasa eu possuí, ou agora possua, ou por qualquer meio eu possa ou consiga no futuro, eventualmente, possuir sobre ele, o referido negro, para sempre. Em fé disto eu, o suprarreferido Robert King, aponho minha firma e meu selo no presente instrumento, nesse décimo dia de

---

[127] A moeda corrente nos territórios das Índias Ocidentais era normalmente inflacionada em relação à libra esterlina. (N. do T.)

[128] Nas quatro vezes em que aparece neste documento, o sobrenome do autor está grafado com um "s" só. (N. do T.)

julho do ano de mil setecentos e sessenta e seis do Nosso Senhor.

Robert King

Assinado, selado e entregue na presença de Terrylegay, Montserrat

Registrado a inclusa alforria em toda sua extensão, nesse décimo primeiro dia de julho de 1766, *in liber* D.

Terrylegay, Tabelião

Em suma, tanto as pessoas justas como os negros imediatamente cunharam para mim uma nova denominação — *Freeman*[129] —, que era para mim a mais desejável do mundo. E, nas danças, meu traje azul da Geórgia, extrafino, não causou pouca impressão, como eu imaginara. Algumas das negras, que antes ficavam distantes, agora começaram a relaxar e parecer menos tímidas. Meu coração, porém, ainda estava preso a Londres, onde eu esperava estar em breve. Então meu digno capitão e seu patrão, meu antigo senhor, ao descobrir que minha mente estava inclinada na direção de Londres, disseram-me: "Nós esperamos que você não nos abandone e sim que ainda permaneça nos navios". Ali, curvei-me diante da gratidão, e apenas uma mente generosa pode julgar meus sentimentos, que se debatiam entre a disposição e o dever. Assim, não obstante meu desejo de estar em Londres, eu obedientemente respondi aos meus benfeitores que seguiria no navio e não os abandonaria.

A partir daquele dia, eu embarcaria como um bem-disposto marinheiro, a 36 xelins por mês, além das gratificações que pudesse obter. Minha intenção era fazer uma viagem ou duas, apenas para agradar a esses meus honrados benfeitores. Já decidira, porém, que no ano seguinte, se Deus quises-

---

[129] Homem livre, em inglês. (N. do T.)

se, eu tornaria a ver a Velha Inglaterra e surpreenderia meu antigo senhor, o capitão Pascal, que estava o tempo todo em minha mente, pois ainda o amava, apesar do modo como me tratara; e me agradava imaginar o que ele diria ao ver o que Deus havia feito por mim em tão pouco tempo, em vez de me deixar, como ele poderia talvez supor, sob o jugo cruel de algum fazendeiro. Até meu retorno, costumava me distrair e matar o tempo com devaneios desse tipo; agora, estando como no meu estado africano livre original, embarquei a bordo do *Nancy*, depois de ter aprontado tudo para nossa viagem. Nesse estado de serenidade, navegamos para Santo Eustáquio e, encontrando mares serenos e tempo agradável, ali logo chegamos. Depois de recebermos nossa carga a bordo, prosseguimos para Savannah, na Geórgia, em agosto de 1766.

Quando estávamos lá, eu costumava, como sempre, subir os rios em botes para buscar a carga e, nessa atividade, era frequentemente atacado por jacarés, que eram muito numerosos naquela costa e naqueles rios. Atirei em muitos deles quando estavam próximos, quase entrando em nossos barcos, o que às vezes evitamos com grande dificuldade. Eles nos deixavam apavorados. Eu vi um filhote vendido vivo na Geórgia por seis centavos.

Em uma noite, durante nossa estada nesse lugar, um escravo pertencente ao senhor Read, um comerciante de Savannah, aproximou-se do nosso navio e começou a me tratar muito mal. Com toda minha paciência, supliquei-lhe para que parasse, pois sabia que ali um negro livre possuía poucos ou nenhum direito, mas o sujeito, em vez de seguir minha recomendação, perseverou em seus insultos, chegando até mesmo a atacar-me. Diante disso, perdi completamente a calma e caí sobre ele, aplicando-lhe uma boa surra. Na manhã seguinte, seu dono foi ao nosso navio, quando estávamos acostados ao cais, querendo que eu desembarcasse para que ele pudesse me açoitar por toda a cidade por ter agredido seu escravo negro. Eu disse-lhe que ele havia me insultado e iniciado a provocação ao golpear-me primeiro. Naquela manhã, eu também havia relatado todo o ocorrido ao meu capitão e quis que ele fosse comigo até o senhor Read a fim de evitar más consequências. Ele, no entanto, disse que aquilo era uma coisa insignificante e que, caso o senhor Read dissesse algo, ele o apaziguaria, e pediu para que eu fosse trabalhar, o que fiz. Estando a bordo quando o senhor Read chegou solicitando-lhe que eu fosse entregue, o capitão respondeu que desconhecia completamente aquele assunto e que eu era um homem livre. Isso me deixou atônito e assustado, achei que era melhor ficar onde eu estava do que desembarcar e ser açoitado pela cidade sem ser julgado por juiz ou júri. Eu, portanto, recusei-me a me mover e o senhor Read foi embora jurando que traria todos os policiais da cidade a fim de que eu fosse retirado do navio.

Quando ele se foi, pensei que sua ameaça poderia bem se concretizar, para meu pesar; essa convicção se fortalecia, seja pelos muitos exemplos que eu já havia visto do tratamento dado aos negros livres, seja por um fato que era de meu conhecimento e havia acontecido ali pouco tempo antes. Havia um negro livre, carpinteiro, que eu sabia que havia sido preso por ter cobrado o dinheiro que deveria receber de um cavalheiro para quem trabalhara. Mais tarde, esse homem oprimido ainda foi expulso da Geórgia sob falsas acusações de pretender incendiar a casa daquele cavalheiro e fugir com seus escravos. Eu estava, portanto, muito desconcertado e bastante receoso de sofrer, no mínimo, um açoitamento. Temia, sobretudo, a ideia de ser chicoteado, pois nunca na minha vida recebera as marcas de alguma violência desse tipo. Nesse instante, uma raiva apoderou-se de minha alma e, por um breve instante, decidi resistir ao primeiro homem que tentasse me tocar com mãos violentas ou que me tratasse de um modo vil sem um julgamento, pois eu antes morreria como um homem livre do que padeceria açoitado nas mãos de malfeitores, com meu sangue derramado como o de um escravo. O capitão e outros, mais cautelosos, aconselharam-me a rapidamente me esconder, dizendo que o senhor Read era um homem muito rancoroso e que logo viria a bordo com policiais para me levar. A princípio, recusei esse conselho, pois estava determinado a resistir e me defender; porém, afinal, diante dos apelos prevalecentes do capitão e do senhor Dixon, com quem nos hospedávamos, acabei indo para a casa deste, que era um pouco afastada da cidade, num local chamado Yea-ma-chra.[130] Eu havia acabado de sair quando o senhor Read chegou com os policiais para me buscar e revistou o navio. Mas, sem conseguir me encontrar ali, ele jurou que me apanharia vivo ou morto. Fiquei escondido por cerca de cinco dias. No entanto, eu granjeara alguns amigos graças à boa reputação que meu capitão, assim como alguns outros cavalheiros que também me conheciam, sempre me atribuíram. Afinal, alguns deles disseram ao meu capitão que ele não estava me tratando bem ao permitir que abusassem de mim dessa maneira, afirmando que me socorreriam colocando-me a bordo de algum outro navio. Diante disso, meu capitão imediatamente procurou o senhor Read dizendo-lhe que desde que eu fugira do navio os trabalhos estavam negligenciados e que não conseguiria prosseguir com seu carregamento, pois nem ele nem o imediato se sentiam bem; como eu vinha administrando as coisas a bordo para eles, minha ausência retardaria a viagem, prejudicando, consequentemente, o proprietário. Ele pediu-lhe, portanto, que me perdoasse, dizendo que nunca teve qualquer queixa contra mim durante os muitos anos em que eu estava consigo. Depois de repe-

---

[130] Yea-ma-chra é o nome indígena para uma localidade próxima a Savannah. (N. do T.)

tidas súplicas, o senhor Read disse que eu poderia ir para o inferno e que não pretendia mais interferir na minha vida. Diante disso, meu capitão veio imediatamente ao meu encontro no alojamento dele e, contando-me quão bem as coisas haviam ido, pediu-me para embarcar.

Alguns dos meus outros amigos, todavia, perguntaram então se ele obtivera um mandado com os policiais e o capitão disse que não. Assim sendo, eles pediram para que eu permanecesse na casa, dizendo que me levariam a bordo de algum outro navio antes do anoitecer. Ao ouvir isso, o capitão ficou quase aturdido. Ele foi imediatamente buscar um mandado e, depois de empreender todos os esforços ao seu alcance, finalmente o obteve junto aos meus perseguidores, mas eu tinha que pagar todas as despesas.

Depois de agradecer a todos os meus amigos por sua atenção, retornei a bordo para meu trabalho, pois sempre havia muito serviço para mim. Nós estávamos com pressa para completar nosso carregamento e deveríamos levar vinte cabeças de gado conosco para as Índias Ocidentais, onde são mercadorias muito rentáveis. A fim de me incentivar no trabalho e para compensar o tempo que eu havia perdido, meu capitão prometeu-me o privilégio de levar dois bois comigo, o que me fez trabalhar com ardor redobrado. Assim que terminei de carregar o navio — para o que fui obrigado a realizar as tarefas do imediato, além do meu próprio trabalho — e quando os bois já estavam próximos de ser embarcados, pedi ao capitão permissão para trazer os meus dois, conforme sua promessa. Porém, para minha grande surpresa, ele me disse que não havia lugar para eles. Eu então lhe pedi que me permitisse levar um, mas ele disse que não permitiria. Fiquei bastante mortificado com esse tratamento e disse-lhe que não tinha noção de que ele pretendia abusar de mim daquele modo e que eu não poderia julgar positivamente um homem que não cumpria sua promessa. Tivemos assim um desentendimento e eu dei a entender que pretendia deixar o navio. Diante disso ele pareceu ter ficado muito abatido e nosso imediato, que havia estado muito doente e cujas tarefas há muito tempo tinham recaído sobre mim, aconselhou-o a me convencer a ficar. Como consequência disso, ele se dirigiu a mim muito gentilmente, fazendo muitas promessas auspiciosas, dizendo-me que, como o imediato estava tão doente, ele não poderia se arranjar sem mim e que, como a segurança do navio e da carga dependiam em grande parte de mim, ele portanto esperava que eu não ficasse ofendido com o que se passara entre nós, jurando que me compensaria por tudo quando chegássemos às Índias Ocidentais. Então concordei em mourejar como antes. Logo depois disso, enquanto os bois estavam sendo embarcados, um deles correu na direção do capitão e chifrou tão furiosamente seu peito que ele nunca se recuperou do golpe.

A fim de fazer-me alguma compensação por seu tratamento em relação aos bois, o capitão insistia muito para que eu levasse comigo alguns perus e outras aves, dando-me liberdade para levar tantos quantos eu conseguisse acomodar no navio. Mas eu lhe disse que ele sabia muito bem que eu nunca havia transportado nenhum peru antes, pois sempre achei que essa ave era tão delicada que não tinha condições de cruzar os mares. No entanto, ele continuou a pressionar-me para que os comprasse dessa vez e, o que era muito surpreendente para mim, quanto mais eu recusava, mais ele insistia para que eu os levasse, chegando a garantir-me por todas as perdas que pudessem ocorrer, e acabei convencido a levá-los. Mas achei isso muito estranho, pois ele nunca havia agido assim comigo. Desse modo, e não podendo eu dispor do meu dinheiro de nenhuma outra forma, fui induzido afinal a levar quatro dúzias. Fiquei, no entanto, tão insatisfeito com os perus que resolvi não viajar mais para aquela região nem com aquele capitão e fiquei muito receoso de que a minha viagem como liberto seria de longe a pior que eu já havia feito.

Zarpamos então para Montserrat. O capitão e o imediato estavam ambos reclamando de doença ao partirmos e, conforme prosseguíamos viajando, eles pioravam. Isso foi por volta de novembro e não estávamos há muito tempo no mar quando começamos a encontrar fortes vendavais vindos do norte e águas agitadas. Além disso, em cerca de sete ou oito dias, todos os bois estavam a ponto de se afogar e quatro ou cinco deles morreram. Nosso navio, que inicialmente não tinha ficado abarrotado, estava então muito menos e, embora nós fôssemos apenas nove no total, incluindo cinco marinheiros e eu, ainda assim fomos obrigados a cuidar das bombas a cada trinta ou quarenta minutos. O capitão e o imediato iam ao convés sempre que podiam, o que então só raramente faziam, uma vez que eles pioraram tão rapidamente que não tiveram condições de verificar a posição do navio por mais de quatro ou cinco vezes em toda a viagem. Todo o cuidado do navio recaiu, portanto, sobre mim, e fui obrigado a conduzi-lo apenas pelo bom senso, não sendo capaz de fazer carteação de milhas.[131] O capitão agora lamentava muito por não ter me ensinado navegação, afirmando que, se por acaso ficasse bom novamente, não deixaria de fazê-lo. Em cerca de dezessete dias, porém, sua doença se agravou tanto que ele foi obrigado a permanecer em sua cama, continuando consciente, no entanto, até o final, a todo momento pondo o interesse do proprietário em primeiro lugar, pois esse homem justo e benevolente sempre pareceu muito preocupado com o sucesso daquilo que lhe era confiado. Quando esse querido amigo percebeu que os sinais da morte se aproxima-

---

[131] Conforme Vincent Carretta, por "carteação de milhas" (*to work a traverse*, no original) Equiano pode estar dizendo que não sabia como usar o indicador do caminho percorrido. (N. do T.)

vam, chamou-me pelo meu nome e, quando fui ao seu encontro, perguntou-me (com quase seu último suspiro) se ele já me fizera algum mal. "Deus me livre de pensar assim", respondi. Eu então passaria da mais desgraçada ingratidão ao maior dos pesares junto ao seu leito. Ele expirou sem dizer outra palavra e, no dia seguinte, entregamos seu corpo às profundezas do mar. Todos a bordo amavam esse homem e lamentaram sua morte, mas eu fiquei excessivamente afetado por ela e percebi que desconhecia, até que ele se fora, o tamanho da minha estima por ele. Deveras, eu tinha todos os motivos do mundo para ser ligado a ele, pois, além de ser em geral meigo, afável, generoso, leal, benevolente e justo, ele foi para mim um amigo e um pai; caso ele tivesse morrido cinco meses antes, por vontade da Providência, eu realmente acredito que não teria obtido minha liberdade quando a obtive e não é improvável que não fosse capaz de obtê-la depois de forma alguma.

Estando o capitão morto, o imediato veio ao convés e fez as observações como podia, inutilmente porém. No curso de mais alguns dias, os poucos bois que restavam foram encontrados mortos, mas meus perus, embora no convés e expostos a tempo tão úmido e ruim, passaram bem e eu depois ganhei quase 300% com sua venda, de modo que acabou se demonstrando uma feliz circunstância, para mim, não ter comprado os bois como pretendia, pois eles teriam perecido com os demais. Não pude evitar considerar isso — que poderia ser um acontecimento insignificante — uma Providência especial de Deus e fiquei devidamente agradecido.

Os cuidados com o navio tomaram todo o meu tempo e atraíram completamente a minha atenção. Como já estávamos então fora do alcance dos ventos variáveis, achei que não teria muitas dificuldades para encontrar as ilhas. Eu estava convencido de que havia direcionado o navio diretamente para Antígua, aonde eu desejava chegar por ser a mais próxima de nós. Depois de nove ou dez dias, atingimos essa ilha, para nossa grande alegria, e no dia seguinte chegamos com segurança a Montserrat.

Muitos ficaram surpresos ao saber que eu havia conduzido a chalupa ao interior do porto e eu agora receberia uma nova denominação, sendo chamado de *capitão*. Não foi pequeno o orgulho que senti e era muito lisonjeiro à minha vaidade ser chamado assim, pelo mais alto título que qualquer homem livre de cor naquele lugar poderia possuir.

Quando souberam da morte do capitão, todos que o conheciam a lamentaram muito, pois ele era um homem respeitado em toda parte. Ao mesmo tempo, o capitão negro não perdeu sua reputação, pois o sucesso que eu havia obtido aumentou em grande medida a afeição dos meus amigos e um cavalheiro dali ofereceu-me o comando de sua chalupa para circular entre as ilhas, mas eu recusei.

CAPÍTULO VIII

O autor, para obsequiar o senhor King, embarca mais
uma vez para a Geórgia em um de seus navios —
Um novo capitão é nomeado — Eles navegam, seguindo
um novo curso — Três sonhos notáveis — O navio
naufraga num baixio das Bahamas, mas a tripulação é
preservada, principalmente por expedientes do autor
— Ele deixa a ilha com o capitão num pequeno bote em
busca de um navio — Suas aflições — Encontro com
um barco salva-vidas — Navega para Providence —
É apanhado novamente por uma terrível tempestade,
e todos quase perecem — Chegada em New Providence
— O autor, depois de algum tempo, navega dali para a
Geórgia — Depara-se com outra tempestade, sendo
obrigado a regressar e reparar o navio — Chega à
Geórgia — Passa por novas opressões — Dois homens
brancos tentam raptá-lo — Oficia como pároco em uma
cerimônia fúnebre — Despede-se da Geórgia e navega
para a Martinica

Uma vez que, com a morte de meu capitão, eu perdera meu grande benfeitor e amigo, havia agora pouco incentivo para permanecer mais tempo nas Índias Ocidentais, exceto por minha dívida de gratidão para com o senhor King, que julguei ter compensado muito bem ao trazer de volta sua embarcação em segurança e entregar sua carga a contento.

Comecei a pensar em me despedir daquela parte do mundo, da qual eu estava cansado há muito tempo, e voltar para a Inglaterra, onde o meu coração sempre esteve. Mas o senhor King ainda me pressionou muito para permanecer em

A interessante narrativa da vida de Olaudah Equiano

seu navio; como ele havia feito tanto por mim, sentia-me incapaz de recusar suas solicitações e acabei consentindo em partir noutra viagem à Geórgia, uma vez que o imediato, devido a seu péssimo estado de saúde, estava completamente imprestável no navio. Assim, um novo capitão foi designado, cujo nome era William Phillips, um velho conhecido meu. Depois de reparado nosso navio e do embarque de vários escravos, zarpamos para Santo Eustáquio, onde permanecemos por apenas alguns dias, rumando para a Geórgia no dia 30 de janeiro de 1767.

Nosso novo capitão vangloriava-se peculiarmente de sua perícia na navegação e condução de uma embarcação e, em consequência disso, ele nos dirigiu por um novo rumo, vários pontos mais a oeste do que jamais havíamos ido antes, o que me pareceu muito extraordinário.

No dia 4 de fevereiro, logo após tomarmos nosso novo curso, sonhei que o navio havia naufragado em meio às ondas e rochas, e que eu era o responsável pelo salvamento de todos a bordo. Na noite subsequente, tive o mesmo sonho. Esses sonhos, no entanto, não causaram nenhuma impressão em minha mente e, na noite seguinte, que era da minha vigia embaixo, fui bombear água do navio logo depois das oito horas, pouco antes de sair do convés, como é de costume. Estando exausto pelos afazeres do dia e cansado devido ao bombeamento (pois tivemos um grande vazamento de água), comecei a expressar minha impaciência e praguejei: "maldito seja este porão". Mas essas palavras imediatamente abalaram minha consciência. Ao sair do convés fui para a cama, e mal havia adormecido quando tive novamente o mesmo sonho com o navio, aquele que eu sonhara nas duas noites precedentes. À meia-noite, a vigilância era trocada e, como eu era sempre responsável pelo turno do capitão, subi então ao convés. Quando era uma e meia da manhã, o homem no leme avistou algo sob o vau a sotavento, onde o mar batia;

imediatamente ele me disse que era um golfinho-de-risso e pediu para que eu desse uma olhada. Assim, levantei-me e o observei por algum tempo. Porém, quando vi o mar batendo várias vezes contra ele, disse que aquilo não era um peixe, mas uma rocha. Certificando-me logo disso, desci até o capitão e, com certo embaraço, contei-lhe do perigo que corríamos, pedindo que subisse imediatamente ao convés. Ele disse que estava tudo muito bem e eu subi novamente. Assim que cheguei ao convés, o vento, que estivera muito forte, havia diminuído um pouco, e o navio começou a ser levado pela correnteza lateralmente em direção às rochas. Como o capitão ainda não havia aparecido, retornei até ele e disse que o navio estava então próximo de uma grande rocha, pedindo para ele subir rapidamente. Ele disse que subiria e eu retornei ao convés. Quando lá cheguei novamente, constatei que não estávamos a mais de um tiro de pistola de distância da rocha e ouvia o ruído da rebentação das ondas ao nosso redor. Isso me deixou extremamente alarmado e, como o capitão ainda não havia vindo ao convés, perdi toda a minha paciência e, enfurecendo-me bastante, corri novamente até ele e perguntei por que ele não havia subido e o que pretendia com tudo aquilo. "As ondas da rebentação", eu disse, "estão ao nosso redor e o navio está quase nas rochas." Diante disso ele acompanhou-me ao convés e nós tentamos mudar o navio de direção e retirá-lo da correnteza, mas, como o vento estava muito fraco, foi em vão. Então chamamos imediatamente toda a tripulação e, pouco depois, preparamos a extremidade de uma amarra e a prendemos à âncora. A essa altura as ondas lançavam espuma à nossa volta, fazendo um ruído terrível na rebentação, e, no exato momento em que jogamos a âncora, o navio chocou-se contra as rochas. Agora era uma onda após a outra, como se cada uma chamasse a seguinte. O bramido dos vagalhões aumentou e, com uma única elevação das ondas, a chalupa foi perfurada e ficou imobilizada entre as rochas! Num instante uma cena de horror se apresentou à minha mente, como eu nunca havia experimentado ou concebido antes. Todos os meus pecados fitaram-me de frente e achei, especialmente, que Deus havia lançado sua horrenda vingança sobre a minha cabeça culpada por eu ter amaldiçoado o navio do qual minha vida dependia. Diante disso, fiquei sem energia, esperando afundar a cada minuto: resolvi então que, caso eu ainda me salvasse, nunca mais praguejaria outra vez. E, em meio às minhas aflições, enquanto as terríveis ondas quebravam com fúria incessante entre as rochas, lembrei-me do Senhor (embora temendo que eu fosse indigno de perdão), e pensei que, como muitas vezes Ele já salvara, poderia salvar ainda; e as recordações das muitas misericórdias que me havia demonstrado em tempos passados deram-me remotas esperanças de que Ele ainda poderia me socorrer.

Comecei então a pensar num meio de nos salvarmos, e acredito que nenhuma mente jamais se igualou à minha, tão repleta de inventividade misturada com planos, embora eu não soubesse como escapar da morte. O capitão ordenou imediatamente que fossem fechadas com pregos as escotilhas do porão, onde havia mais de vinte escravos, os quais teriam inevitavelmente perecido caso ele tivesse sido obedecido. Quando ele pediu a alguém que pregasse as escotilhas, julguei que o meu pecado era a causa daquilo e que Deus me acusaria pelo sangue daquelas pessoas. Esse pensamento invadiu minha mente naquele instante com tal violência que me dominou completamente e eu desmaiei. Recuperei-me justo quando estavam prestes a pregar as escotilhas e, ao perceber isso, pedi-lhes que parassem. O capitão disse então que aquilo deveria ser feito e eu perguntei-lhe por quê. Ele disse que todos iriam tentar entrar no bote, que era pequeno, e desse modo nós nos afogaríamos, pois ele não comportaria mais do que dez, no máximo.

Eu já não podia mais conter minha emoção e disse-lhe que ele merecia afogar-se por não saber como conduzir o navio — e acredito que o pessoal o teria jogado no mar caso eu tivesse feito a menor sugestão nesse sentido. No entanto, as escotilhas não foram pregadas e, como nenhum de nós poderia deixar o navio naquele momento devido à escuridão, e por não saber aonde ir — além disso, estávamos convencidos de que o bote (além de estar quebrado) não poderia resistir às ondas —, todos disseram que permaneceriam na parte seca do navio, confiando em Deus até que surgisse a luz do dia, quando saberíamos melhor o que fazer.

Eu então recomendei que deixassem o bote preparado para a manhã seguinte e alguns começaram a fazê-lo; outros, no entanto, abandonaram todos os cuidados com o navio e consigo próprios e caíram na bebedeira. No fundo de nosso bote faltava um pedaço de cerca de dois pés de comprimento e nós não tínhamos nenhum material para repará-lo. No entanto — como a necessidade é a mãe da invenção —, peguei um pouco de couro da bomba, preguei na parte quebrada e ainda emplastrei sua superfície com gordura de sebo. Assim preparados, aguardamos pela luz do dia na maior ansiedade, com cada minuto nos parecendo uma hora até que ela surgisse. Finalmente ela saudou nossos olhos ansiosos e a gentil Providência acompanhou sua chegada com o que foi para nós um grande alívio, pois a terrível ondulação começava a acalmar.

A próxima coisa que descobrimos para elevar nossos espíritos abatidos foi um pequeno recife, ou ilha deserta, a cerca de cinco ou seis milhas de distância. Um obstáculo, todavia, logo se apresentou, pois não havia profundidade suficiente para nosso bote transpor os recifes, e isso nos levou novamente a uma triste consternação. Como, porém, não havia alternativa, fomos obrigados a colocar no bote apenas poucas coisas de cada vez e, o que era ainda pior, todos nós precisávamos sair frequentemente para arrastá-lo e suspendê-lo por cima dos recifes. Isso nos custou muito trabalho extenuante e, para aumentar ainda mais nossa angústia, não podíamos evitar que as rochas cortassem e ferissem demasiado as nossas pernas.

Havia apenas quatro pessoas para trabalhar comigo nos remos, que eram três negros e um marinheiro *creole* holandês; embora tivéssemos feito cinco viagens com o bote nesse dia, não havia ninguém para nos ajudar. Porém, caso nós não tivéssemos trabalhado dessa maneira, eu realmente acredito que as pessoas não se salvariam, pois nenhum dos brancos fez nada para preservar sua vida. Na verdade, nem sequer conseguiriam, pois eles logo ficaram tão bêbados que só eram capazes de ficar prostrados pelo convés feito porcos, de modo que fomos obrigados a carregá-los para dentro do bote e conduzi-los para terra à força. Essa falta de ajuda tornou nosso trabalho intoleravelmente árduo, a tal ponto que, de tanto fazer o transporte até a terra naquele dia, a pele das minhas mãos ficou parcialmente esfolada.

No entanto, continuamos a trabalhar duro e a empreender esforços o dia inteiro, até que todos os que estavam a bordo fossem levados a terra a salvo, de modo que não perdemos nenhuma das 32 pessoas.

Meu sonho, então, retornou à minha mente com toda a força: havia sido completamente realizado, pois o nosso perigo havia sido o mesmo com o qual eu sonhara e eu não podia deixar de me considerar como o principal agente para efetuar nosso resgate, uma vez que, por terem alguns se embriagado, os demais foram obrigados a duplicar seus esforços. E foi uma sorte termos conseguido, pois logo o remendo de couro se esgarçaria e o bote ficaria imprestável.

Na situação em que estávamos, quem iria imaginar que os homens poderiam ser tão negligentes em relação ao perigo que corriam? Pois, caso o vento tivesse aumentado as ondas, deixando-as como estavam quando o navio se chocou, teríamos de dar um último adeus a todas as esperanças de salvação.

Embora eu tivesse advertido as pessoas que estavam bebendo, e suplicado para que reconhecessem a importância do salvamento, elas, no entanto, persistiram como se não possuíssem a menor faísca de razão. Não pude deixar de pensar que, caso alguma daquelas pessoas fosse perdida, Deus me responsabilizaria por sua vida, e essa foi, talvez, uma das razões para que eu trabalhasse tão arduamente para salvá-las. E, realmente, cada uma delas depois pareceu bastante consciente do préstimo que eu lhes fizera e, enquanto permanecemos na ilha, fui uma espécie de líder entre elas.

Levei alguns limões, laranjas e limas a terra e, julgando ser bom o solo onde estávamos, plantei vários deles como uma recordação para alguém que pudesse naufragar ali futuramente. Esse parcel, como descobrimos depois, era uma das ilhas das Bahamas, que consistem num arquipélago de grandes ilhas, com as menores — ou parcéis,[132] como são chamadas — intercaladas entre elas. Tinha cerca de uma milha de circunferência, com uma praia de areia branca que se estendia regularmente ao longo dele.

Na parte onde tentamos desembarcar inicialmente havia alguns pássaros muito grandes, chamados flamingos, os quais, com o reflexo do sol, pareciam-nos, a uma pequena distância, tão grandes quanto homens. E quando eles caminhavam para a frente e para trás, não conseguíamos entender o que eram: nosso capitão jurou que seriam canibais. Isso

[132] O termo *key*, usado no original, designa uma pequena ilha arenosa de baixa altitude, formada na superfície de um recife de coral. (N. do T.)

causou um grande pânico entre nós e começamos a discutir o que faríamos. O capitão queria ir para um parcel que estava à vista, porém a uma grande distância. Mas eu fui contra, uma vez que, para fazê-lo, nós não conseguiríamos salvar todo mundo. "Portanto", eu disse, "vamos desembarcar aqui, e talvez estes canibais possam ir para a água." Assim, seguimos na direção deles e quando nos aproximávamos, para nossa grande alegria e não menor surpresa, eles se afastavam, um após o outro, muito deliberadamente, e por fim levantaram voo, aliviando por completo nossos temores.

Ao longo do parcel havia tartarugas e diversos tipos de peixes em tamanha abundância que os capturávamos sem isca, o que foi um grande alívio para nós, depois das provisões salgadas a bordo. Havia também uma grande rocha na praia, de cerca de dez pés de altura, a qual tinha, no topo, o formato de uma tigela de ponche. Não pudemos deixar de pensar que a Providência a havia ordenado para nos prover com água da chuva. E era algo singular que, se a água não fosse retirada no momento em que chovia, depois de pouco tempo ela se tornava tão salgada como a água do mar.

Nossa primeira preocupação, depois de comer e beber, foi fazer cabanas para nos abrigar, o que fizemos da melhor maneira possível com algumas velas trazidas do navio. Começamos então a pensar num meio de sair daquele lugar, que era completamente desabitado, e decidimos reparar nosso bote, que estava muito danificado, e sair ao mar em busca de um navio ou de alguma ilha habitada.

Foram precisos, porém, onze dias até que o bote ficasse pronto para o mar da maneira como desejávamos, com uma vela e outras coisas necessárias. Quando já tínhamos tudo preparado, o capitão pediu-me para permanecer em terra enquanto ele partia ao mar em busca de um navio para retirar todas as pessoas do parcel. Mas recusei, e o capitão e eu, juntamente com outros cinco, partimos no bote em direção a

New Providence.[133] Caso alguma coisa acontecesse, não tínhamos conosco nada além de dois mosquetes carregados de pólvora, e nosso estoque de provimentos consistia em três galões de rum, quatro de água, um pouco de carne salgada e alguns biscoitos. Desse modo, partimos para o mar.

No segundo dia de nossa viagem chegamos a uma ilha chamada Abbico,[134] a maior das ilhas das Bahamas. Estávamos muito necessitados de água, pois, àquela altura, todo nosso suprimento já havia sido consumido e estávamos extremamente fatigados por remar durante dois dias no calor do sol. Como era tarde da noite, levamos o bote a terra para tentar conseguir água e pernoitar. Ao desembarcar procuramos água, mas não conseguimos encontrar nenhuma. Quando escureceu, por medo de animais selvagens, pois o lugar era uma densa floresta intacta, acendemos fogueiras ao nosso redor e fizemos turnos para vigiar. Nessas circunstâncias, descansamos muito pouco, esperando com impaciência pelo amanhecer. Assim que surgiu a alvorada, partimos outra vez em nosso bote, na esperança de encontrar socorro durante o dia.

Estávamos então muito abatidos e enfraquecidos de tanto remar, uma vez que nossa vela era inútil, e também quase exauridos pela necessidade de água fresca para beber. Não restava mais nada para comer, apenas carne salgada, que não podíamos consumir sem água. Nessa situação, prosseguimos com dificuldade o dia todo, sempre com a ilha, que era muito longa, à vista. À noite, não vendo alívio algum, descemos a terra novamente e amarramos nosso bote. Saímos à procura de água fresca, bastante debilitados por sua falta. Ca-

[133] New Providence é uma ilha onde se localiza a capital das Bahamas. (N. do T.)

[134] Atual Ábaco; na verdade, a maior ilha das Bahamas é Andros. (N. do T.)

vamos e procuramos por todo lado durante o resto da noite, mas não conseguimos encontrar nem uma gota. Assim, nosso desânimo naquele momento tornou-se excessivo e nosso terror, tão grande que só contávamos com a morte para nos libertar. Sem água fresca, não podíamos sequer tocar em nossa provisão de carne — que era tão salgada quanto salmoura. Além disso, estávamos demasiado aterrorizados pelo medo de animais selvagens. Quando a indesejável noite chegou, agimos como na noite anterior e, na manhã seguinte, partimos novamente da ilha na esperança de avistar algum navio. Dessa maneira, esforçamo-nos ao máximo até às quatro horas, passando nesse período por diversos parcéis, sem conseguir, contudo, encontrar nenhum navio.

Ainda sedentos, desembarcamos novamente num desses parcéis, na esperança de encontrar um pouco de água. Ali encontramos algumas folhas que continham umas poucas gotas, as quais sorvemos com entusiasmo. Cavamos então em vários lugares, mas sem sucesso. Enquanto cavávamos buracos à procura de água, uma substância negra e espessa surgiu, mas nenhum de nós foi capaz de tocá-la, exceto o pobre *creole* holandês, que bebeu mais de um quarto de galão dela, tão avidamente como se fosse vinho. Tentamos capturar peixes, porém não conseguimos e já começávamos a lamentar por nosso destino e a nos entregar ao desespero quando, em meio aos nossos murmúrios, o capitão bradou subitamente: "Uma vela! Uma vela! Uma vela!".

Essas palavras animadoras foram como o perdão para um condenado e nos voltamos instantaneamente para vê-la. Mas em pouco tempo alguns de nós começaram a temer que não fosse um veleiro. No entanto, resolvemos arriscar e embarcamos no seu encalço. Depois de meia hora, para nossa indescritível alegria, vimos claramente que se tratava de uma embarcação. Diante disso nossos espíritos abatidos reviveram e nós partimos em sua direção na maior velocidade imaginável. Ao nos aproximar, descobrimos que se tratava de uma pequena chalupa, do tamanho aproximado de um *hoy*,[135] de Gravesend, e abarrotada de pessoas, uma circunstância cujo significado não conseguíamos compreender. Nosso capitão, que era galês, jurou que eles eram piratas e nos matariam. Eu disse que deveríamos abordá-la de qualquer maneira, mesmo se fosse para morrer por isso, e que, caso não nos recebessem amigavelmente, deveríamos enfrentá-los do melhor jeito que pudéssemos, pois não haveria alternativa entre o perecimento deles ou o nosso. Essa opinião foi imediatamente acatada e, realmente, acredito que o capitão, eu e o holandês teríamos então enfrentado vinte homens. Tínhamos dois sabres e um mosquete que eu trouxera no bote e, nessa situação, remamos até acostá-la e imediatamente a abordamos. Acredito que havia cerca de quarenta pessoas a bordo, mas quão grande foi nossa surpresa ao descobrir, logo que embarcamos, que a maior parte delas estava no mesmo apuro que nós!

Eles pertenciam a uma escuna baleeira que naufragara dois dias antes cerca de nove milhas ao norte do nosso navio. Quando ela naufragou, alguns deles pegaram os botes e deixaram parte de seu pessoal e de seus bens num parcel, do mesmo modo como nós havíamos feito. Tal como nós, estavam indo para New Providence em busca de um navio quando encontraram essa pequena chalupa, chamada de barco salva-vidas, utilizada naqueles mares na procura de embarcações naufragadas. Eles estavam então indo buscar o restante das pessoas que pertenciam à escuna; para o que o salva-vidas deveria levar todas as coisas que pertenciam ao navio, assim como ter o auxílio de seu pessoal para retirar dali o que conseguissem, devendo em seguida transportar a tripulação para New Providence.

---

[135] Pequena embarcação, geralmente empregada para o transporte de passageiros e bagagens de um lugar a outro. (N. do T.)

A interessante narrativa da vida de Olaudah Equiano

Relatamos ao pessoal do barco salva-vidas qual era a condição do nosso navio e fizemos com eles um acordo semelhante àquele feito pelo pessoal da escuna. Diante da concordância deles, imploramos-lhes para que fossem diretamente ao nosso parcel porque nosso pessoal estava precisando de água.

Eles concordaram, portanto, em seguir primeiro junto conosco e, em dois dias, chegamos ao parcel, para a indescritível alegria das pessoas que havíamos deixado, pois, durante nossa ausência, elas haviam chegado a uma situação extremamente aflitiva por falta de água. Felizmente para nós, havia então no salva-vidas mais pessoas a bordo do que ele poderia transportar, além de mantimentos para um período razoável de tempo. Por conseguinte, eles contrataram o pessoal da escuna para trabalhar nos nossos destroços e nós deixamos nosso bote com eles, embarcando para New Providence.

Nada poderia ter sido mais afortunado do que nosso encontro com esse navio de resgate, pois New Providence estava a tamanha distância que jamais conseguiríamos alcançá-la com nosso bote. A ilha de Abbico era muito mais extensa do que supúnhamos, e foi somente depois de navegar por três ou quatro dias que chegamos seguros à sua extremidade mais distante, no rumo de New Providence.

Quando ali chegamos, abastecemo-nos de água e recebemos uma boa quantidade de lagostas e moluscos, o que significou um grande alívio para nós, já que nossas provisões e nossa água estavam quase esgotadas.

Prosseguimos então nossa viagem. Porém, no dia seguinte, após deixarmos a ilha tarde da noite, enquanto ainda estávamos entre os parcéis das Bahamas, uma violenta ventania nos pegou de surpresa, de modo que fomos obrigados a cortar o mastro. O navio ficou a ponto de afundar, pois se separou de suas âncoras e se chocou várias vezes contra os baixios. Naquele momento, nós esperávamos a cada minuto que ele se despedaçasse e que cada instante fosse o nosso último, a tal ponto que meu velho capitão, o inútil e doentio imediato, e vários outros desmaiaram, e a morte nos encarava por todos os lados.

Os blasfemadores a bordo começaram então a invocar o Deus do Céu para socorrê-los: e, sem dúvida, para além de nossa compreensão, Ele realmente nos ajudou, salvando-nos milagrosamente! No auge de nosso perigo, o vento acalmou por alguns minutos e, embora as ondas estivessem indescritivelmente altas, dois homens que eram exímios nadadores tentaram chegar até a boia da âncora — nós ainda a víamos na água, a uma certa distância — numa pequena chata que pertencia ao navio de resgate e não era grande o suficiente para transportar mais de dois. O barquinho, que estava acostado ao nosso navio, encheu-se de água várias vezes durante os esforços dos dois para nele entrar; e eles não viram nada além da morte diante de si, assim como nós. Mas disseram que poderiam morrer tanto daquela forma como de outra qualquer. Um rolo de corda muito pequena, com uma pequena boia, foi colocado junto deles, que por fim, com grande risco, conseguiram afastar a chata do navio; e esses dois intrépidos heróis aquáticos remaram pela vida em direção à boia da âncora. Todos nós mantivemos os olhos fixos neles o tempo inteiro, esperando que cada minuto fosse para eles o derradeiro, e as orações daqueles que ainda estavam conscientes eram oferecidas a Deus em favor deles, para um rápido salvamento e para o nosso próprio, que deles dependia. E Ele nos ouviu e respondeu!

Aqueles dois homens finalmente alcançaram a boia e, prendendo o barquinho a ela, amarraram uma extremidade da corda na pequena boia e jogaram a outra na direção do navio. Ao ver isso, nós a bordo arremessamos croques e chumbos amarrados em linhas a fim de apanhar a boia: finalmente a apanhamos e prendemos a extremidade da cordinha numa espia; em seguida fizemos-lhes um sinal para puxar e eles puxaram a espia para si e a prenderam à boia. Feito isso, rebocamos por nossas vidas e, pela misericórdia de Deus, saímos dos baixios, voltando para as águas profundas, e o barquinho retornou com segurança ao navio.

Ninguém é capaz de conceber nossa sincera alegria por essa segunda salvação da destruição, somente aqueles que sofreram os mesmos apuros. Aqueles que haviam perdido as forças e os sentidos voltaram a si e agora estavam tão alegres quanto antes haviam ficado abatidos. Dois dias depois disso, o vento cessou e a água acalmou-se. O barquinho então foi a terra e nós derrubamos algumas árvores. Depois de encontrar e consertar nosso mastro, nós o levamos a bordo e o restauramos.

Assim que isso terminou, levantamos a âncora e partimos uma vez mais para New Providence, aonde chegamos com segurança após mais três dias, depois de termos passado mais de três semanas numa situação da qual não esperávamos escapar com vida. Os habitantes dali foram muito gentis conosco, demonstrando muita hospitalidade e amizade ao tomar conhecimento de nossa situação. Logo depois, cada um de meus velhos companheiros de sofrimento que era livre se separou de nós e definiu seu rumo para onde sua inclinação o guiava.

Um comerciante que tinha uma grande chalupa, vendo nossa condição e sabendo que queríamos ir para a Geórgia, disse a quatro de nós que seu navio estava seguindo para lá e que, caso nós trabalhássemos a bordo e o carregássemos, ele nos deixaria viajar de graça. Como não conseguíamos receber nenhum tipo de salário e achávamos muito difícil sair daquele lugar, fomos obrigados a aceitar sua proposta, embarcando e ajudando a carregar a chalupa, sendo-nos permitido, todavia, levar conosco somente os nossos víveres. Quando ela estava completamente carregada, ele nos informou que iria primeiro para a Jamaica, aonde deveríamos ir caso fôssemos nela. Isso, porém, eu recusei; mas meus companheiros de infortúnio não tinham nenhum dinheiro para socorrê-los e a necessidade os obrigava a aceitar a oferta e seguir aquela rota, ainda que não gostassem dela.

Permanecemos em New Providence por cerca de dezessete ou dezoito dias e, durante esse período, encontrei-me com muitos amigos que me incentivaram a permanecer lá com eles, mas eu recusei. No entanto, caso meu coração não estivesse preso à Inglaterra, eu teria permanecido, uma vez que gostei bastante daquele lugar, onde havia alguns negros livres que eram muito felizes, junto aos quais passava o tempo agradavelmente sob limeiras e limoeiros e ao som melodioso dos categutes.[136]

Finalmente, o capitão Phillips contratou uma chalupa para levá-lo à Geórgia, junto com alguns dos escravos que ele não conseguira vender ali, e concordei em partir com esse navio, o que significava que eu então me despedia daquele lugar. Quando o navio ficou pronto, todos nós embarcamos e eu disse adeus a New Providence, não sem pesar. Zarpamos para a Geórgia por volta das quatro horas da manhã com um vento favorável e, aproximadamente às onze horas da mesma manhã, uma breve e repentina tempestade surgiu arrancando a maioria de nossas velas. Como ainda estávamos entre os parcéis, em pouquíssimos minutos a chalupa foi lançada contra as rochas. Para nossa sorte, as águas eram profundas e o mar não estava tão bravo, de modo que, depois de termos trabalhado duro por algum tempo, e por sermos muitos, fomos salvos pela misericórdia de Deus: empregando nossos maiores esforços, conseguimos afastar a em-

---

[136] No original, *catguts*, cordas de instrumentos musicais, feitas a partir de tripa animal. (N. do T.)

barcação. No dia seguinte retornamos a New Providence, onde ela foi rapidamente reparada.

Algumas pessoas juravam que havia feitiços lançados contra nós por alguém em Montserrat; outros juravam que havia bruxas e feiticeiros entre os pobres escravos indefesos e que não chegaríamos jamais à Geórgia com segurança. Porém nada disso me intimidou e eu disse: "Vamos enfrentar novamente os ventos e mares sem praguejar, mas confiando em Deus, e Ele nos salvará". Zarpamos, portanto, uma vez mais e, trabalhando duro, em sete dias chegamos com segurança à Geórgia.

Após nossa chegada, fomos até a cidade de Savannah e, na mesma noite, fui à casa de um amigo, um negro cujo nome era Mosa, para me alojar. Ficamos muito felizes em nos reencontrar e, depois do jantar, ficamos fumando até que fosse entre nove e dez horas da noite. Aproximadamente nesse horário, uma guarda, ou patrulha, apareceu e, percebendo que havia luz na casa, bateu na porta. Nós abrimos e eles entraram, sentando-se e bebendo um pouco de ponche conosco. Eles também pediram algumas limas para mim, pois supunham que eu tivesse algumas, e eu prontamente lhas dei. Pouco depois eles me disseram que eu deveria ir com eles para a cadeia, o que me surpreendeu bastante depois de nossa amabilidade, e perguntei-lhes por que aquilo. Eles disseram que todos os negros que deixassem luz acesa em suas casas depois das nove horas deveriam ser levados sob custódia para pagar alguns dólares ou serem açoitados. Algumas daquelas pessoas sabiam que eu era um homem livre, mas, como o homem da casa, por não ser livre, tinha seu senhor para protegê-lo, eles não tomaram com ele a mesma liberdade que tomaram comigo. Eu disse-lhes que era um homem livre, que havia acabado de chegar de New Providence, que nós não estávamos fazendo nenhum barulho e que eu não era um estranho naquele lugar, mas muito conhecido por ali. "Além disso," perguntei, "o que vocês farão comigo?" "Isso você verá", responderam eles, "mas você deve ir para a cadeia conosco." Eu não tinha então a menor ideia se eles pretendiam obter dinheiro de mim ou não, mas lembrei-me imediatamente das laranjas e limões em Santa Cruz e, percebendo que nada iria serená-los, fui com eles para a cadeia, onde permaneci durante a noite.

Logo cedo, na manhã seguinte, esses malfeitores prepotentes açoitaram um negro e uma negra que eles mantinham na cadeia e, em seguida, disseram-me que eu também seria açoitado. Perguntei qual o motivo e se não havia nenhuma lei para os homens livres. Disse-lhes que, caso houvesse, eu a aplicaria contra eles. Mas isso só serviu para deixá-los ainda mais irritados e eles imediatamente juraram que me tratariam como o doutor Perkins me tratara. Estavam a ponto de colocar suas mãos violentas sobre mim quando um deles, mais humano do que os demais, disse que, como eu era um homem livre, eles não teriam como justificar-se perante a lei por me chicotear. Eu então mandei chamar imediatamente o doutor Brady, que tinha a reputação de ser um homem justo e digno e, diante de sua chegada em meu auxílio, eles me deixaram ir.

Esse não foi o único incidente desagradável que experimentei durante minha estada naquele lugar, pois um dia, quando estava um pouco afastado da cidade de Savannah, fui importunado por dois homens brancos que pretendiam aplicar em mim seus golpes habituais visando um rapto. Tão logo esses homens se aproximaram, um deles disse ao outro: "É esse mesmo o camarada que você perdeu e que nós estamos procurando". E o outro jurou imediatamente que eu era idêntico. Nisso, eles se dirigiram a mim e estavam prestes a me abordar, mas eu os mandei ficarem quietos e se afastarem, pois já tinha visto esse tipo de golpe ser aplicado em outros negros livres e eles não deveriam nem pensar em me tratar assim. Diante disso eles hesitaram um pouco e um deles disse ao outro "não vai dar", o outro respondeu que eu falava inglês bem demais. Retruquei dizendo que acreditava que sim e que também tinha comigo um bastão vingativo perfeito para a ocasião e minha intenção era igualmente adequada. Felizmente, porém, ele não foi utilizado e, depois de conversarmos um pouco desse modo, os trapaceiros foram embora.

Permaneci em Savannah por algum tempo, tentando ansiosamente chegar mais uma vez a Montserrat para ver o senhor King, meu antigo senhor, e depois dar um último adeus ao quadrante americano do globo. Finalmente encontrei uma chalupa chamada *Speedwell*, do capitão John Bunton, que era de Granada e estava de partida para a ilha francesa da Martinica com uma carga de arroz, e fui contratado para trabalhar a bordo dela.

Antes de minha partida da Geórgia, uma mulher negra, cujo filho morrera e estava obstinada por um sepultamento religioso, recorreu a mim com esse propósito, uma vez que não conseguia nenhum branco para realizá-lo. Eu lhe disse que não era pároco e, além disso, que a cerimônia religiosa relativa aos mortos não afetava a alma. Isso, porém, não a convenceu e ela continuou insistindo comigo de modo muito firme. Cedi então às suas fervorosas súplicas, consentindo finalmente em atuar como pároco pela primeira vez na minha vida. Por ser ela muito respeitada, havia um grande séquito, com negros e brancos junto ao túmulo. Eu assumi, portanto, aquela minha nova função e realizei a cerimônia fúnebre para a satisfação de todos os presentes, após o que dei adeus à Geórgia e naveguei para a Martinica.

CAPÍTULO IX

O autor vai à Martinica — Enfrenta novas dificuldades — Chega a Montserrat, onde se despede de seu antigo senhor e navega para a Inglaterra — Encontra o capitão Pascal — Aprende a tocar trompa — Emprega-se com o doutor Irving, onde aprende a tornar doce a água do mar — Deixa o doutor e parte em viagem para a Turquia e Portugal, fazendo depois uma viagem para Granada e outra para a Jamaica — Retorna ao doutor e ambos embarcam juntos numa viagem para o Polo Norte com o honorável capitão Phipps — Alguns relatos dessa viagem e os perigos pelos quais o autor passou — Retorna à Inglaterra

Dei assim meu derradeiro adeus à Geórgia, pois o tratamento que ali recebera causou-me uma aversão tão grande por aquele lugar que, ao embarcar para a Martinica, resolvi que nunca mais o visitaria outra vez.

Meu novo capitão conduziu seu navio com mais segurança do que o anterior e, após uma viagem agradável, chegamos seguros ao porto pretendido. Enquanto permaneci naquela ilha, circulei bastante, achando-a muito aprazível. Em particular, achei admirável a cidade de Saint-Pierre, que é a principal da ilha e, de todas as cidades que eu conhecera nas Índias Ocidentais, era a que, por suas construções, mais lembrava uma cidade europeia. Em geral, também os escravos eram mais bem tratados, tinham mais dias de folga e melhor aspecto do que aqueles das ilhas inglesas. Depois de termos feito ali nossos negócios, eu pretendia obter a minha dispensa, que era necessária, pois já estávamos no mês de

A interessante narrativa da vida de Olaudah Equiano

maio e desejava muito estar em Montserrat para me despedir do senhor King e de todos os meus amigos de lá a tempo de navegar para a Velha Inglaterra na frota de julho. Mas — ai de mim! — eu havia colocado um grande obstáculo em meu próprio caminho, que me deixava a ponto de perder minha travessia para a Inglaterra naquela temporada.

Eu havia emprestado ao meu capitão algum dinheiro, do qual agora necessitava para poder realizar os meus planos. Eu disse isso a ele, mas, quando solicitei a devolução — embora insistindo na minha situação de necessidade — encontrei tantas evasivas da parte dele que comecei, afinal, a recear perder meu dinheiro, já que não poderia recuperá-lo legalmente, pois, como já mencionei, não se admite o testemunho de um homem negro contra um branco em nenhum lugar das Índias Ocidentais, em qualquer circunstância e, portanto, meu próprio juramento seria inútil. Fui obrigado, consequentemente, a permanecer com ele até que estivesse disposto a restituir o meu dinheiro.

Assim sendo, partimos da Martinica para Granada. Eu cobrava meu dinheiro do capitão com frequência, mas sempre em vão e, para piorar minha situação, quando lá chegamos o capitão desentendeu-se com seus patrões. Desse modo, minha posição tornava-se mais difícil a cada dia, pois, além de nos fornecerem pouco ou nenhum mantimento a bordo e de eu não conseguir receber meu dinheiro nem salários, eu poderia ter conseguido então uma carona gratuita até Montserrat, caso estivesse em condições de aceitá-la. O pior de tudo era que estava chegando o final de julho e os navios nas ilhas deveriam zarpar por volta do dia 26 daquele mês. Por fim, depois de muitíssimas solicitações, acabei recebendo meu dinheiro do capitão e tomei o primeiro navio que consegui encontrar para Santo Eustáquio. Dali, parti em outro navio para Basseterre, em São Cristóvão, onde cheguei no dia 19 de julho.

No dia 22, tendo encontrado um navio com destino a Montserrat, pretendia seguir nele, mas o capitão e outros não me levariam a bordo até que eu me anunciasse e notificasse minha partida da ilha.[137] Falei-lhes da minha pressa em chegar a Montserrat e que não haveria tempo suficiente para o anúncio, pois era tarde da noite e o capitão estava prestes a zarpar. Mas ele insistiu que era necessário, dizendo que, caso contrário, não me levaria. Aquilo me deixou atordoado porque, caso fosse compelido a me submeter a essa degradante obrigação — à qual todo negro livre está sujeito, de anunciar-se como escravo quando deixa uma ilha, o que eu considerava uma grave opressão sobre qualquer liberdade —, temia perder a oportunidade de ir a Montserrat e, então, não conseguiria chegar à Inglaterra naquele ano. O navio já estava partindo e não havia tempo a perder. Eu, portanto, com o coração amargurado comecei imediatamente a tentar encontrar alguém que pudesse me ajudar a cumprir as exigências do capitão. Felizmente, em poucos minutos encontrei alguns cavalheiros de Montserrat que eu conhecia e, depois de ter-lhes contado minha situação, pedi o amigável apoio deles para me ajudar a sair da ilha. Alguns deles, diante disso, acompanharam-me até o capitão e o convenceram a respeito da minha liberdade. E, para minha imensa alegria, ele me pediu para que embarcasse. Nós então zarpamos e, no dia seguinte, dia 23, cheguei ao local desejado, depois de uma ausência de seis meses, na qual, por mais de uma vez, eu experimentara a mão salvadora da Providência quando todos os meios humanos para escapar da destruição pareciam impossíveis.

Encontrei meus amigos com uma alegria no coração que havia crescido em razão da ausência e dos perigos de que eu

---

[137] "Anunciar sua partida" era algo requerido para homens e mulheres negras, na hipótese de que, caso fossem cativos fugidos, alguém poderia apresentar uma queixa contra eles. (N. do T.)

havia escapado. Fui recebido com grande afeto por todos eles, mas especialmente pelo senhor King, a quem relatei o destino de sua chalupa, a *Nancy*, e as causas de seu naufrágio. Fiquei então sabendo, com extremo pesar, que durante minha ausência a casa dele fora arrastada pelo rompimento de uma lagoa localizada no topo de uma montanha que ficava defronte à cidade de Plymouth. Grande parte da cidade foi atingida e, com a inundação, o senhor King perdeu uma quantidade considerável de bens, quase perdendo também a própria vida.

Quando lhe disse que pretendia partir para Londres naquela temporada e que tinha ido visitá-lo antes da minha partida, o bom homem expressou uma grande afeição por mim e tristeza porque eu o deixaria. Calorosamente, aconselhou-me a permanecer ali, insistindo que, como eu era muito respeitado por todos os cavalheiros locais, poderia prosperar e, em pouco tempo, possuir minha própria terra e meus próprios escravos. Eu lhe agradeci por aquela demonstração de amizade, mas, como eu desejava muito estar em Londres, não poderia concordar em permanecer ali por mais tempo e implorei para que me perdoasse. Eu então lhe pedi a gentileza de fornecer-me um atestado sobre meu comportamento durante o período em que fiquei a seu serviço, com o que ele muito prontamente aquiesceu, fornecendo-me o seguinte:

"Montserrat, 26 de janeiro de 1767
    O portador do presente documento, Gustavus Vassa, foi meu escravo por mais de três anos e, durante esse período, ele sempre se comportou bem, cumprindo seu dever com honestidade e diligência.
    Robert King
    A todos aqueles a quem isso possa interessar."

Depois de conseguir esse atestado, e de ter declarado sinceramente minha gratidão e estima, deixei meu amável senhor preparado para partir para Londres. Concordei imediatamente em seguir com o capitão John Hamer por sete guinéus (a travessia para Londres), a bordo de um navio chamado *Andromache* e, nos dias 24 e 25, antes da minha partida, participei de danças livres — como são chamadas — com alguns dos meus compatriotas. Depois disso, despedi-me de todos os meus amigos e, no dia 26, embarquei para Londres, extremamente feliz em ver-me mais uma vez a bordo de um navio e, mais ainda, por estar tomando o rumo que há muito tempo eu desejava tomar.

Com o coração aliviado, dei adeus a Montserrat e desde então nunca mais pus meus pés ali. Desse modo, dei adeus ao som do açoite cruel e a todos os outros terríveis instrumentos de tortura; adeus à ofensiva visão da violação da castidade das mulheres negras, que com demasiada frequência surgia diante de meus olhos; adeus às opressões (embora tivessem sido menos graves contra mim do que contra a maioria dos meus compatriotas!); e adeus às ondas uivantes, furiosas e impetuosas. Eu ansiei por um coração agradecido para louvar o senhor Deus nas alturas por toda sua misericórdia! Nesse êxtase, pilotei o navio a noite toda.

Fizemos uma excelente viagem e, ao cabo de sete semanas, chegamos às escadarias de Cherry-Garden.[138] Assim, meus olhos ansiosos foram uma vez mais recompensados com a visão de Londres, depois de uma ausência de mais de quatro anos. Recebi imediatamente meu salário: nunca antes na minha vida havia ganhado sete guinéus tão rapidamente e, ao ser dispensado do navio, possuía, ao todo, 37 guinéus.

---

[138] Local de desembarque na margem sul do rio Tâmisa, cerca de quatro milhas abaixo do Palácio de Westminster. (N. do T.)

Eu ingressava então num cenário muito novo para mim, porém repleto de esperança. Naquelas circunstâncias, minha primeira ideia foi procurar alguns dos meus antigos amigos e, entre os principais deles, estavam as senhoras Guerin. Portanto, logo após regalar-me eu saí à procura daquelas amáveis senhoras, as quais desejava muito ver. Com alguma dificuldade e perseverança, encontrei-as em May's-hill, Greenwich.[139] Elas tiveram a mais agradável surpresa ao ver-me e eu fiquei muito feliz em encontrá-las. Contei-lhes minha história, com a qual elas ficaram muito admiradas, reconhecendo sinceramente que não honrava nada o primo delas, capitão Pascal. Naquela época, ele visitava o local frequentemente e, depois de quatro ou cinco dias, acabei encontrando-o no Parque Greenwich. Ele pareceu bastante surpreso ao ver-me e perguntou como eu havia retornado. Eu respondi: "Num navio", ao que ele retorquiu secamente: "Suponho que você não caminhou de volta para Londres sobre a água". Percebendo, pelo seu jeito, que ele parecia não estar arrependido por seu comportamento para comigo e que eu não tinha muitos motivos para esperar qualquer favor da sua parte, disse-lhe que ele havia me tratado muito mal, depois de eu ter sido um criado tão fiel a ele durante tantos anos. Diante disso, sem dizer mais nada, ele virou as costas e foi embora.

Depois de poucos dias reencontrei o capitão Pascal na casa das senhoras Guerin e pedi-lhe minha recompensa. Ele disse que nada me era devido, pois, se minha recompensa tinha sido de 10 mil libras, o direito à sua totalidade era dele. Eu falei que havia sido informado de outra maneira e, diante disso, ele me desafiou sugerindo, num tom de zombaria, que eu propusesse uma ação judicial contra si para obtê-la:

---

[139] Bairro situado no sudeste de Londres. (N. do T.)

"Há advogados suficientes", disse ele, "para assumir essa causa e você deveria ajuizá-la". Eu disse a ele então que ajuizaria, o que o deixou bastante enfurecido. No entanto, por consideração às senhoras, permaneci calmo e nunca fiz qualquer outra exigência por meus direitos.

Passado algum tempo, aquelas amigáveis senhoras perguntaram-me o que eu pretendia fazer da vida e de que modo elas poderiam ajudar-me. Eu agradeci-lhes e disse que, caso desejassem, poderia ser o criado delas, mas, caso contrário, como eu possuía 37 guinéus que poderiam sustentar-me por algum tempo, ficaria muito grato a elas se me recomendassem a alguém que me ensinasse um ofício por meio do qual eu pudesse ganhar a vida. De modo muito educado, elas responderam-me que, infelizmente, não lhes convinha tomar-me como criado delas e perguntaram que tipo de ofício eu gostaria de aprender. "Cabeleireiro", eu disse. Elas então prometeram ajudar-me nisso e, logo em seguida, recomendaram-me a um cavalheiro que eu havia conhecido antes, o capitão O'Hara, que me tratou muito gentilmente e me conseguiu um instrutor, que era cabeleireiro em Coventry Court, Haymarket, com quem ele me empregou. Permaneci com esse homem de setembro até fevereiro do ano seguinte. Nesse período, tínhamos um vizinho na mesma viela que ensinava trompa. Ele a tocava tão bem que fiquei fascinado pelo instrumento e combinei para que me ensinasse a tocá-la. Assim, ele me tomou como aluno e começou a ensinar-me e logo aprendi todos os três timbres. Deleitava-me em tocar esse instrumento por longas noites adentro, pois, além de ter me tornado um aficionado, eu não gostava de ficar à toa e com ele preenchia inofensivamente minhas horas vagas.

Nessa época, também combinei com o reverendo senhor Gregory, que morava na mesma viela — onde mantinha um estabelecimento de ensino e uma escola noturna —, de melhorar em aritmética. Ele fez isso chegando até as regras aritméticas de permuta e do cálculo de produtos com preços compostos, de modo que, durante todo o tempo em que lá estive, fiquei completamente ocupado.

Em fevereiro de 1768 fui contratado pelo doutor Charles Irving, em Pall-Mall[140] — muito célebre por seus bem--sucedidos experimentos em tornar doce a água do mar —, havendo ali muitos cortes de cabelo e penteados para que eu pudesse aperfeiçoar minha habilidade. Aquele cavalheiro era um excelente patrão, extremamente gentil e de bom temperamento, e permitia que eu frequentasse minhas escolas à noite, o que eu considerava uma grande bênção. Portanto, dei graças a Deus e a ele por isso e apliquei-me com a maior diligência para aproveitar a oportunidade.

Minha dedicação e diligência eram percebidas e apreciadas por meus três preceptores, os quais, por sua vez, empenhavam grande esforço em minha instrução e, além disso, eram todos muito gentis comigo. Logo descobri, no entanto, que meu salário — que era em dois terços inferior àquele que eu sempre recebera na minha vida (pois eu ganhava apenas doze libras por ano) — seria insuficiente para custear aquela despesa extraordinária com os mestres e mais as minhas próprias despesas indispensáveis. Meus antigos 37 guinéus, àquela altura, já haviam se reduzido a apenas um. Achei que seria melhor, portanto, arriscar-me novamente no mar em busca de melhor pagamento, já que eu tinha sido formado para aquilo e, até então, me saíra bem naquela atividade. Eu tinha também um desejo muito grande de conhecer a Turquia e estava determinado a satisfazê-lo. Assim sendo, no mês de maio de 1768, eu disse ao doutor que desejava voltar ao mar e, sem que ele fizesse nenhuma objeção, separamo-nos em termos amigáveis. No mesmo dia, fui à cidade à procura de

---

[140] Pall Mall é uma rua de Westminster, em Londres. (N. do T.)

um patrão.[141] Fui extremamente feliz em minha busca, pois logo fiquei sabendo de um cavalheiro cujo navio estava de partida para a Itália e para a Turquia e precisava de alguém que fosse bom em cortes de cabelo e penteados. Fiquei radiante com isso e, seguindo as indicações recebidas, fui imediatamente a bordo de seu navio, que considerei equipado com muito bom gosto, já pressentindo enorme prazer em navegar nele.

Não achando aquele cavalheiro a bordo, fui encaminhado ao alojamento dele, onde o encontrei no dia seguinte para dar-lhe uma demonstração do meu trabalho como cabeleireiro. Ele gostou tanto que me contratou imediatamente, de modo que fiquei completamente satisfeito, pois o navio, o patrão e a viagem estavam inteiramente de acordo com minhas pretensões. O navio chamava-se *Delaware* e o nome do meu patrão era John Jolly, um homem bem-humorado, asseado e elegante, exatamente o tipo de pessoa para quem eu gostaria de trabalhar.

Zarpamos da Inglaterra no mês de julho seguinte e nossa viagem foi extremamente agradável. Fomos a Vila Franca,[142] Nice e Livorno; em todos esses lugares fiquei encantado com a riqueza e a beleza dos países e admirado com os elegantes edifícios, que por lá são abundantes. Neles sempre encontramos uma fartura de vinhos extraordinariamente bons e frutas deliciosas, que eu apreciava muito. Não me faltaram ensejos para satisfazer tanto meu paladar como minha curiosidade, pois meu capitão sempre se alojava em terra naqueles lugares, propiciando-me assim oportunidades para

---

[141] *Master*, no original, que aqui significa o dono de um navio. (N. do T.)

[142] Provável referência à cidade portuguesa de Vila Franca de Xira, situada no estuário do Tejo, na região de Lisboa. (N. do T.)

conhecer o campo nas redondezas. Também aprendi a pilotagem do imediato, do que eu gostava muito. Quando deixamos a Itália, navegamos deliciosamente entre as ilhas do Mar Egeu e, a partir dali, seguimos para Esmirna, na Turquia. Essa é uma cidade muito antiga, cujas casas são construídas de pedra, a maioria possuindo sepulturas adjacentes, de modo que, às vezes, se parecem com cemitérios. As provisões são muito abundantes nessa cidade e um bom vinho custa menos de um centavo por quartilho. As uvas, romãs e muitas outras frutas eram também as maiores e mais saborosas que já provei. Os nativos têm boa aparência, são de compleição forte e sempre me trataram com grande civilidade. Acredito que, em geral, apreciam os negros e vários deles fizeram-me insistentes convites para permanecer consigo, embora mantivessem segregados os francos,[143] ou cristãos, não lhes permitindo que residissem junto a si.

Fiquei surpreso por não ver mulheres em nenhuma de suas lojas e por ver muito raramente alguma nas ruas. E, quando as via, estavam cobertas por um véu da cabeça aos pés, de modo que eu não podia enxergar seus rostos, exceto quando alguma delas, por curiosidade, descobria-se para olhar para mim, o que às vezes faziam. Fiquei surpreso ao verificar como os gregos eram, em alguma medida, submissos aos turcos, assim como os negros são aos brancos nas Índias Ocidentais. Os gregos menos refinados, como já mencionei, dançam ali da mesma maneira como dançamos em minha nação.

No geral, durante nossa estada, que foi de cerca de cinco meses, eu gostei bastante do lugar e dos turcos. Não pude

[143] Desde a época das Cruzadas, quando muitos dos invasores europeus eram originários do que posteriormente seria a França, os turcos utilizavam alternadamente os termos *franco* e *cristão* para designar os infiéis, os quais eram segregados da população muçulmana. (N. do T.)

deixar de observar ali uma particularidade muito notável: as caudas das ovelhas são achatadas e tão grandes que, conforme fiquei sabendo, a cauda de um cordeiro chegava a pesar de onze a treze libras.[144] Sua gordura é muito branca e saborosa, e é excelente em chouriços, no que é muito utilizada.

Estando afinal nosso navio valiosamente carregado com seda e outros artigos, navegamos para a Inglaterra.

Em maio de 1769, logo após regressarmos da Turquia, nosso navio fez uma aprazível viagem ao Porto, em Portugal, onde chegamos no período do carnaval. À chegada, foram enviados a nós 36 artigos para serem observados, com multas muito pesadas caso quebrássemos algum deles. Nenhum de nós nem sequer se atreveu a ir a alguma outra embarcação e nem à terra antes que a Inquisição enviasse alguém a bordo para verificar se havia algo ilegal, especialmente Bíblias.[145] Tudo que possuíamos foi exibido, e algumas outras coisas foram desembarcadas até que os navios estivessem partindo; e qualquer pessoa em cujo poder fosse encontrada uma Bíblia escondida deveria ser presa, açoitada e escravizada por dez anos.

Vi ali muitos lugares magníficos, particularmente o Jardim do Éden, aonde muitos clérigos e leigos de várias ordens religiosas iam em procissão com a hóstia, cantando o *Te Deum*. Eu tinha grande curiosidade de entrar em algumas das suas igrejas, mas não podia ser admitido nelas sem a indispensável aspersão de água benta ao ingressar. Por curiosidade, e desejo de ser consagrado, eu cumpria assim esse ritual,

---

[144] Uma libra correspondia então a cerca de 454 gramas. (N. do T.)

[145] A Inquisição, ou Santo Ofício, foi uma instituição estabelecida pela Igreja Católica Romana para identificar e processar hereges. Na época, a importação de Bíblias, especialmente as protestantes, era vista pelos países católicos romanos como divulgação herética e corrosiva à autoridade da Igreja. (N. do T.)

A interessante narrativa da vida de Olaudah Equiano

mas suas virtudes eram desperdiçadas em mim, pois por isso não me considerei nada melhor.

Naquele lugar eram abundantes muitas provisões de todos os tipos. A cidade é bem edificada e bonita, dominando uma linda paisagem. Depois de nosso navio receber uma carga de vinho e outras mercadorias, navegamos para Londres, chegando no mês de julho.

Nossa viagem seguinte foi para o Mediterrâneo. O navio foi novamente preparado e zarpamos em setembro para Gênova. Essa é uma das mais lindas cidades que já vi; alguns dos edifícios eram de belo mármore com a mais nobre aparência e muitos ficavam diante de fontes bastante curiosas. As igrejas eram magníficas e ricas, adornadas de modo singular tanto no interior como no exterior. Mas todo aquele esplendor ficou desonrado aos meus olhos diante da visão dos escravos das galés, cujas condições, tanto ali como em outras partes da Itália, são verdadeiramente comoventes e deploráveis.

Depois de permanecer ali por algumas semanas — durante as quais compramos por preços muito baratos muitas coisas variadas que desejávamos —, zarpamos para Nápoles, uma cidade encantadora e notavelmente limpa. A baía é a mais linda que já vi e os molhes para embarque nos navios são excelentes. Achei extraordinário ver grandes óperas serem ali apresentadas nas noites de domingo, assistidas até mesmo por suas majestades. Eu também, assim como aqueles notáveis, frequentei esses lugares, servindo a Deus em vão de dia enquanto, à noite, efetivamente servia assim a Mamon.[146]

---

[146] Em sua origem o termo "Mamon" é a transliteração da palavra hebraica para "dinheiro"; ao longo das diversas traduções da Bíblia, entretanto, passou a ser usado para descrever a riqueza material ou sua cobiça, assumindo aspectos de uma divindade demoníaca. (N. do T.)

Durante nossa permanência ali houve uma erupção do monte Vesúvio, da qual eu tive uma visão perfeita. Foi extremamente terrível e estávamos tão próximos que suas cinzas cobriram nosso convés.

Depois de realizarmos negócios em Nápoles, navegamos com um vento favorável uma vez mais para Esmirna, onde chegamos em dezembro. Um *seraskier*,[147] ou oficial, simpatizou comigo e queria que eu ali permanecesse, oferecendo-me duas esposas. Eu, no entanto, recusei a tentação, julgando que uma era o máximo que alguém podia controlar e mais do que outros se arriscariam. Os mercadores lá viajam em caravanas ou grandes grupos. Vi muitas caravanas vindas da Índia com algumas centenas de camelos carregados com diversos produtos. As pessoas dessas caravanas são muito pardas. Entre outros artigos, trazem consigo uma grande quantidade de alfarrobas, que são um tipo de grão de leguminosa, doce e agradável ao paladar e de formato semelhante ao da vagem, porém mais compridas. Cada tipo de produto é vendido separadamente numa rua e eu sempre considerei os turcos muito honestos em suas transações. Eles não admitem nenhum cristão no interior de seus templos ou mesquitas, o que eu lamentei muito, pois sempre gostei de conhecer os diferentes modos de culto dos povos onde quer que eu fosse. A peste irrompeu enquanto estávamos em Esmirna e interrompemos o embarque de mercadorias no navio até que ela terminasse. Ele ficou então valiosamente carregado e navegamos para a Inglaterra em março de 1770, aproximadamente.

Um dia, durante nossa travessia, houve um acidente que quase incendiou o navio. Um cozinheiro negro, ao derreter um pouco de gordura, derrubou a panela no fogo sob o con-

---

[147] Título usado antigamente no Império Otomano por um vizir que comandava o exército. (N. do T.)

vés, que imediatamente entrou em chamas, subindo labaredas muito altas sob a gávea do traquete. Com o susto, o pobre cozinheiro ficou quase branco e completamente sem palavras. Felizmente, no entanto, conseguimos extinguir o fogo sem que causasse maiores estragos. Depois de vários atrasos nessa travessia, que foi tediosa, chegamos ao riacho de Standgate[148] em julho e, no final do ano, novos eventos ocorreram, de modo que meu nobre capitão, o navio e eu tomamos rumos diferentes.

Em abril de 1771 embarquei com o capitão William Robertson, do navio *Grenada Planter*, como comissário de bordo, para mais uma vez arriscar minha sorte nas Índias Ocidentais. Partindo de Londres, fomos para a ilha da Madeira, Barbados e Granada, lugar este em que, possuindo algumas mercadorias para vender, deparei-me novamente com aquela antiga espécie de comprador das Índias Ocidentais.

Um ilhéu branco adquiriu de mim alguns bens pelo valor de algumas libras, fazendo-me várias promessas justas, como de costume, mas sem nenhuma intenção de me pagar. Ele também tinha comprado mercadorias de alguns outros do nosso pessoal, os quais pretendia tratar da mesma maneira, porém prosseguia nos enganando com promessas. De todo modo, quando nosso navio já estava carregado e quase partindo, esse honesto comprador não manifestou nenhuma intenção ou sinal de pagar por nada do que havia comprado de nós; pelo contrário, quando exigi meu dinheiro ele proferiu ameaças contra mim e outro negro de quem havia comprado mercadorias, de modo que percebemos que provavelmente receberíamos mais pancadas que pagamentos. Diante disso, fomos fazer uma reclamação ao senhor M'Intosh, um

---

[148] Standgate-creek, no original. A escadaria de Standgate era um local de desembarque na margem sul do Tâmisa, em frente do Palácio de Westminster. (N. do T.)

juiz de paz, relatando ao meritíssimo as vis trapaças daquele homem e implorando para que ele fosse suficientemente benévolo para cuidar das nossas reparações. Mas, por sermos negros — ainda que libertos —, não poderíamos obter nenhuma solução legal. Estando nosso navio então em via de partir, não sabíamos como resolver o problema, embora achássemos injusto perder nossa propriedade daquele modo. Para nossa sorte, entretanto, aquele sujeito também estava em dívida com três marinheiros brancos que não tinham conseguido receber nem um centavo dele. Consequentemente, eles logo se juntaram a nós e fomos, todos juntos, à sua procura. Quando descobrimos onde ele estava, nós o levamos para fora da casa e o ameaçamos seriamente. Desse modo, percebendo que poderia ser espancado, o trapaceiro ofereceu a cada um de nós uma pequena compensação, longe, porém, das nossas exigências. Isso nos exasperou ainda mais e alguns queriam arrancar suas orelhas, mas ele implorou muito por misericórdia, que lhe foi afinal concedida, depois de o termos despojado completamente. Deixamos então que ele partisse, pelo que nos agradeceu, feliz por escapar tão facilmente, correndo para o mato depois de nos ter desejado uma boa viagem. Nós a seguir retornamos a bordo e, pouco depois, zarpamos para a Inglaterra.

Eu não posso deixar de mencionar aqui que, por muito pouco, nós escapamos de uma explosão devido a uma negligência de minha parte. Assim que nosso navio começou a navegar, desci para a cabine para cuidar de alguns afazeres, tendo na mão uma vela acesa, a qual, na minha pressa, apoiei sem pensar sobre um barril de pólvora. Ela permaneceu na pólvora até que estivesse quase pegando fogo, quando felizmente percebi e a apanhei a tempo. Providencialmente, não houve dano algum, mas eu fiquei tão aterrorizado que desmaiei imediatamente após ter escapado. Depois de 28 dias chegamos à Inglaterra e eu me desliguei desse navio.

Porém, estando eu ainda com uma disposição errante e desejoso de conhecer tantas partes diferentes do mundo quantas conseguisse, embarquei logo depois, no mesmo ano, como comissário de bordo em um excelente navio grande chamado *Jamaica*, do capitão David Watt, partindo da Inglaterra em dezembro de 1771 para Névis e Jamaica. Achei a Jamaica uma ilha muito grande e bela, bastante povoada e a mais considerável das ilhas das Índias Ocidentais.[149] Havia grande número de negros ali, os quais constatei que, como de hábito, sofriam abusos extremos dos brancos, sendo os escravos punidos como nas outras ilhas. Existem negros cujo trabalho é açoitar escravos: eles circulam entre diversas pessoas à procura de emprego e o pagamento usual é de um a quatro *bits*. Eu vi muitos castigos cruéis sendo infligidos aos escravos no curto período em que ali permaneci. Em particular, eu estava presente quando um pobre camarada foi amarrado e mantido pendurado pelos pulsos a certa distância do chão. Em seguida, cerca de meia centena de pesos foi atada em seus tornozelos e, nessa condição, ele foi açoitado do modo mais impiedoso.

---

[149] No século XVIII a Jamaica se converteu num dos principais polos produtores de açúcar no Atlântico. A economia açucareira jamaicana era dependente da mão de obra vinda do continente africano. Segundo dados do site *Slave Voyages*, a Jamaica absorveu pouco mais de 1 milhão de pessoas durante a vigência do tráfico inglês, a maioria trazida da Costa do Ouro (301.576), seguida do Golfo de Biafra (296.600), da África Centro-Ocidental (179.917) e do Golfo do Benim (128.109). Ver *Slave Voyages* (http://www.slavevoyages.org/estimates/QXF6hiaK), acessado em 4 de novembro de 2021. Ver também Trevor Burnard e John Garrigus, *The Plantation Machine: Atlantic Capitalism in French Saint-Domingue and British Jamaica*, Filadélfia, University of Pennsylvania Press, 2016; B. W. Higman, *Plantation Jamaica, 1750-1850: Capital and Control in a Colonial Economy*, Kingston, University of West Indies Press, 2005; e Aura A. Diptee, *From Africa to Jamaica: The Making of an Atlantic Slave Society*, Gainesville, University Press of Florida, 2010. (N. da E.)

Havia também, como eu soube, dois diferentes senhores — famosos na ilha por sua crueldade — que amarraram dois negros nus em estacas e em duas horas eles foram picados por insetos até a morte.[150] Ouvi um cavalheiro, que eu conhecia bem, contar ao meu capitão que ele proferira uma sentença condenando um negro a ser queimado vivo por tentar envenenar um feitor. Não mencionarei outros inúmeros exemplos a fim de poupar o leitor, fornecendo-lhe apenas um retrato mais brando das atrocidades.

Antes de eu permanecer por muito tempo na ilha, um certo senhor Smith, em Port Morant, comprou de mim mercadorias no valor total de 25 libras esterlinas. Porém, quando eu cobrava dele meu pagamento, ele sempre me agredia, ameaçando mandar-me para a prisão. Uma vez ele dizia que eu pretendia incendiar a sua casa; outra vez poderia jurar que eu fugiria com seus escravos. Fiquei surpreso com esse tratamento, vindo de uma pessoa que estava na posição de um gentil-homem, mas eu não tinha nenhuma alternativa: era, portanto, obrigado a me submeter.

Quando fui para Kingston, fiquei surpreso ao ver o número de africanos que se reuniam aos domingos, particular-

---

[150] Embora Equiano se refira aqui a senhores, havia um administrador particularmente cruel na época em que Equiano esteve na Jamaica. Trata-se do inglês Thomas Thistlewood, que manteve um diário entre 1750 (data de sua chegada à Jamaica) e 1786, quando morreu, no qual descreve as iniquidades cometidas contra os cativos. Como explica o historiador Vincent Brown, "ele assegurava seu domínio [sobre os escravizados] por meio do recurso sem freios à violência e ao domínio sexual". Vincent Brown, *Tacky's Revolt: The Story of an Atlantic Slave War*, Cambridge, Belknap Press, 2020, p. 58. Ver também Douglas Hall, *In Miserable Slavery: Thomas Thistlewood in Jamaica, 1750-1786*, Kingston, University of the West Indies Press, 1999; e Trevor Burnard, *Mastery, Tyranny, and Desire: Thomas Thistlewood and His Slaves in the Anglo-Jamaican World*, Chapel Hill/Londres, The University of North Carolina Press, 2004. (N. da E.)

A interessante narrativa da vida de Olaudah Equiano

mente num lugar amplo e cômodo chamado Spring Path. Ali, cada uma das diversas nações da África encontrava-se e dançava conforme o modo de seu próprio país. Eles ainda conservam a maioria de seus costumes nativos: enterram seus mortos colocando alimentos, cachimbos, tabaco e outras coisas na sepultura, junto ao cadáver, do mesmo modo como fazem na África. Assim que nosso navio recebeu seu carregamento, partimos para Londres, onde chegamos no mês de agosto seguinte.

Ao retornar a Londres, visitei meu bom e velho mestre doutor Irving, que me ofereceu novamente um serviço. Estando então cansado do mar, aceitei de bom grado. Fiquei muito feliz por viver uma vez mais com esse cavalheiro e, nesse período, estivemos diariamente ocupados em transformar os domínios do velho Netuno por meio da purificação do elemento salgado, tornando-o doce.

Assim prossegui até maio de 1773, quando fui incitado por um apelo da fama a buscar novas aventuras e descobrir, na direção do Polo Norte, o que nosso Criador nunca pretendeu que encontrássemos: uma passagem para a Índia. Uma expedição estava então se preparando para explorar uma rota pelo nordeste, conduzida pelo ilustre Constantine John Phipps, o recém-falecido Lorde Mulgrave, na chalupa de guerra *HMS Race Horse*. Estando meu patrão ansioso com a repercussão dessa aventura, nós consequentemente preparamos tudo para nossa viagem e eu o acompanhei a bordo do *Race Horse* no dia 24 de maio 1773. Seguimos até Sheerness,[151] onde se juntou a nós a chalupa *HMS Carcass*, comandada pelo capitão Lutwidge. No dia 4 de junho nave-

---

[151] Cidade situada ao lado da foz do rio Medway, no canto noroeste da ilha de Sheppey, ao norte de Kent, Inglaterra. (N. do T.)

gamos em direção ao nosso destino, o Polo Norte, e, no dia 15 do mesmo mês, partimos de Shetland.[152]

Naquele dia, salvei-me de forma impressionante e inesperada de um acidente que quase explodiu o navio e destruiu a tripulação, e que me deixou extraordinariamente cauteloso por todo o resto da viagem. O navio estava tão cheio que havia muito pouco espaço a bordo para qualquer um, o que me deixou numa situação muito incômoda. Tinha decidido manter um diário dessa viagem singular e interessante, e o único lugar que havia para realizar esse propósito era uma pequena cabine, o almoxarifado do médico, onde eu dormia. Aquele espacinho estava abarrotado com combustíveis de todo tipo, particularmente com estopa e ácido nítrico, além de muitas outras coisas perigosas. À noite, enquanto eu escrevia meu diário, no momento em que retirava a vela da lanterna aconteceu infelizmente de uma faísca encostar num único fio de estopa, espalhando-se o fogo pelo resto, de modo que tudo imediatamente ficou em chamas. Eu só conseguia ver a presença da morte diante de mim, esperando ser o primeiro a perecer nas chamas. Num instante espalhou-se o alarme e muitas pessoas que estavam por perto acorreram para ajudar a apagar o fogo. Permaneci o tempo todo bem no meio das labaredas; minha camisa e o lenço em meu pescoço queimaram e quase fui sufocado pela fumaça. No entanto, graças à misericórdia de Deus, quando eu já estava a ponto de abandonar todas as esperanças, algumas pessoas trouxeram cobertores e colchões e os jogaram sobre as chamas, fazendo com que o fogo apagasse rapidamente. Fui severamente repreendido e ameaçado pelos oficiais que tomaram conhecimento do fato, e recebi ordem estrita para nunca mais voltar lá com uma luz acesa. De fato, por algum tempo até meu

---

[152] Arquipélago a nordeste das Órcades, entre o Oceano Atlântico a oeste e o Mar do Norte a leste. (N. do T.)

próprio medo me fez obedecer a essa ordem. Porém, não conseguindo escrever meu diário em nenhum outro lugar do navio, fiquei novamente tentado a me arriscar às escondidas com uma lanterna na mesma cabine, embora com medo considerável e pavor na minha mente.

No dia 20 de junho começamos a usar o instrumento do doutor Irving para transformar a água salgada em água doce. Eu costumava ajudar na destilaria, purificando, frequentemente, de 26 a 40 galões por dia. A água assim destilada era perfeitamente pura, tinha um bom sabor e ficava sem sal, sendo utilizada em várias ocasiões a bordo do navio.

No dia 28 de junho, estando na latitude 78, chegamos à Groenlândia, onde fiquei surpreso ao ver que o sol não se punha. A temperatura tornou-se então extremamente fria e, conforme navegávamos entre o norte e o leste, que era o nosso curso, víamos muitas montanhas de gelo curiosas e altíssimas, e também muitas baleias imensas que costumavam se aproximar do navio lançando água no ar a uma grande altura.

Em uma manhã havia inúmeras morsas ao redor do navio, que relinchavam exatamente como quaisquer outros cavalos.[153] Arremessamos alguns arpões na direção delas, a fim de capturar algumas, mas não conseguimos pegar nenhuma.

No dia 30, o capitão de um navio da Groenlândia veio a bordo e informou que três navios haviam se perdido no gelo. No entanto, mantivemos ainda nosso curso até o dia 11 de julho, quando fomos detidos por uma massa compacta e impenetrável de gelo. Percorremos sua extensão de leste a oeste por mais de 10° e, no dia 27, chegamos a atingir 80,37° ao norte, estando a 19° ou 20° de longitude a leste de Londres. Nos dias 29 e 30 de julho vimos uma planície contínua de gelo liso e intacto, delimitada apenas pelo horizonte, e nos

---

[153] *Sea-horse*, no original. (N. do T.)

atamos a um bloco de gelo que era de oito jardas e onze polegadas de espessura.

Em geral, fazia sol e a luz do dia era constante, o que conferia alegria e novidade a todo esse impressionante, grandioso e incomum panorama, cujo esplendor se intensificava com o reflexo do sol a partir do gelo, que dava às nuvens a mais bela aparência.

Matamos diversos animais naquela ocasião, entre os quais nove ursos. Embora não tivessem nada em suas barrigas além de água, mesmo assim eles eram todos muito gordos. Às vezes, costumávamos atraí-los para o navio queimando penas ou peles. Eu os considerei ruins para comer, mas alguns da tripulação do navio os apreciavam muito. Uma vez, alguns do nosso pessoal, em um bote, dispararam contra uma morsa que, ferida, mergulhou imediatamente emergindo pouco depois junto com várias outras. Todas elas se uniram num ataque contra o bote e foi com dificuldade que se evitou que seu casco fosse quebrado ou que emborcasse. No entanto, com a chegada de um bote do *Carcass*, que se juntou ao nosso para auxiliá-lo, elas se dispersaram, depois de terem arrancado um remo de um dos homens. Um dos botes do navio havia sido atacado antes da mesma maneira, mas, felizmente, sem sofrer dano. Embora tenhamos ferido vários desses animais, só conseguimos capturar um deles.

Permanecemos naquelas redondezas até o dia 1º de agosto, quando os dois navios ficaram completamente presos no gelo por causa dos blocos que chegavam do mar. Isso tornou terrível e alarmante a nossa situação, de modo que no dia 7 ficamos muito apreensivos com a possibilidade de os navios serem esmagados e despedaçados. Os oficiais então se reuniram para verificar o que seria melhor fazer a fim de salvar as nossas vidas e ficou decidido que deveríamos tentar escapar arrastando nossos botes ao longo do gelo em direção ao mar, que, no entanto, estava mais longe do que qualquer um de nós julgava. Essa decisão nos deixou extremamente abatidos, numa consternação desesperadora, pois tínhamos muito pouca perspectiva de escapar com vida. No entanto, serramos parte do gelo ao redor dos navios para evitar que lhes causasse danos, mantendo-os assim numa espécie de lagoa. Começamos então a arrastar os botes, do melhor jeito que podíamos, em direção ao mar. Mas depois de dois ou três dias de trabalho fizemos muito pouco progresso, de modo que perdemos parte do nosso ânimo e eu, realmente, comecei a dar tudo por perdido ao ver as adversidades que nos cercavam.

Uma vez, enquanto fazíamos aquele trabalho duro, caí numa lagoa que tínhamos feito em meio ao gelo solto. Estava quase me afogando, mas algumas pessoas que providencialmente estavam nas proximidades socorreram-me a tempo e assim consegui escapar do afogamento.

Nossa condição deplorável — que nos mantinha constantemente apreensivos, temendo perecer no gelo — levou-me aos poucos a pensar na eternidade de um modo que eu nunca havia feito antes. O temor da morte pairava sobre mim o tempo todo, eu estremecia com a ideia de encontrar-me com o horrível Rei dos terrores[154] no estado *natural* em que eu estava e duvidava muito de uma eternidade feliz caso morresse assim.[155] Eu não tinha esperança de que minha vida se prolongasse por mais tempo, pois percebíamos que nossa existência não poderia durar muito no gelo depois de abandonar os navios, que estavam então fora de vista e a algumas milhas dos botes. Nossa aparência, àquela altura, se tornara

[154] *King of terrors*, no original, é provável referência à personagem da mitologia oriental e grega mencionada no Velho Testamento (Jó 18:14) e representa a morte. (N. do T.)

[155] Para Equiano, o "estado *natural*" equivale à situação teológica de Adão e Eva depois do pecado original no Jardim de Éden. (N. do T.)

verdadeiramente lamentável e todos os semblantes estavam tomados pela palidez do desânimo. Muitos que antes eram blasfemos, naquela aflição começaram a invocar o bom Deus do Céu por sua ajuda e, no momento de nossa absoluta necessidade, Ele nos ouviu e nos salvou, contrariando todas as esperanças ou probabilidades humanas! No décimo primeiro dia em que os navios estavam presos daquele modo, quarto dia em que arrastávamos os botes, o vento mudou para ENE.[156] O tempo tornou-se imediatamente brando e o gelo quebrou-se em direção ao mar, que estava a SO[157] de nós. Diante disso, muitos de nós embarcamos outra vez e, com todas as nossas forças, movíamos os navios na direção de todas as águas abertas que pudéssemos encontrar, nelas velejando a todo pano possível. Então, tendo uma perspectiva de sucesso, fizemos sinais para os botes e para o restante das pessoas. Isso nos pareceu um alívio temporário diante da morte, e feliz era o homem que conseguia subir primeiro a bordo de qualquer navio ou do primeiro bote que encontrasse.

Prosseguimos então daquela maneira até chegar ao mar aberto novamente, o que fizemos em cerca de trinta horas, para nosso infinito júbilo e alegria de nossos corações. Assim que ficamos fora de perigo, ancoramos e fizemos reparos. No dia 19 de agosto zarpamos daquela extremidade desabitada do mundo, onde o clima inóspito não oferece comida nem abrigo e nem uma árvore ou arbusto de qualquer espécie cresce entre suas rochas estéreis, pois tudo é um desolado e amplo ermo de gelo, que nem mesmo os raios constantes do sol, durante seis meses no ano, conseguem penetrar ou dissolver.

Estando então o sol em declínio, os dias ficavam mais curtos à medida que navegávamos para o sul e, no dia 28, na

---

[156] Lés-nordeste, na rosa dos ventos, ponto subcolateral situado entre o Nordeste e o Leste. (N. do T.)

[157] Sudoeste. (N. do T.)

latitude 73, já escurecia por volta das dez horas da noite. No dia 10 de setembro, na latitude 58-59, deparamos com uma forte tempestade de vento e, durante dez horas, o mar agitado lavou o navio com grande quantidade de água. Isso obrigou-nos a trabalhar de modo extremamente duro em todas as nossas bombas por um dia inteiro. Um vagalhão que atingiu o navio com mais força do que qualquer coisa desse gênero com que eu já me deparara antes o colocou sob a água durante algum tempo, de tal modo que nós pensamos que ele fosse afundar. Dois botes foram varridos dos botalós e o escaler de seu calço. Todas as outras coisas soltas no convés foram também arrastadas, entre as quais uma grande variedade de objetos curiosos que havíamos trazido da Groenlândia. A fim de aliviar o navio, fomos obrigados a lançar algumas de nossas armas ao mar. Ao mesmo tempo, vimos um navio desmastreado em perigo muito grande, mas não tínhamos condições de socorrê-lo. Perdemos então o *Carcass* de vista até o dia 26, quando vimos terra nas proximidades de Orfordness,[158] ao largo de onde ele se juntou a nós. Dali, navegamos para Londres e, no dia 30, nos aproximamos de Deptford.

E assim terminou nossa viagem ao Ártico, para grande alegria de todos a bordo, depois de uma ausência de quatro meses, período no qual, com nossas vidas iminentemente em perigo, exploramos tão longe rumo ao Polo que chegamos próximos de 81° ao norte e a 20° de longitude leste, indo muito mais longe, segundo todos os relatos, do que qualquer navegador jamais se aventurara antes e comprovando plenamente a impossibilidade de encontrar uma passagem para a Índia por aquela via.

---

[158] Pequena península na costa leste da Grã-Bretanha. (N. do T.)

CAPÍTULO X

O autor deixa o doutor Irving e engaja-se a bordo de um navio turco — Relato sobre o rapto de um negro a bordo, seu envio para as Índias Ocidentais e os esforços infrutíferos do autor para obter a liberdade dele — Alguns relatos sobre a maneira de conversão do autor para a fé em Jesus Cristo

Finda nossa viagem ao Polo Norte, retornei a Londres com o doutor Irving, com quem permaneci por algum tempo, durante o qual comecei a refletir seriamente sobre os perigos aos quais havia sobrevivido, particularmente aqueles desta minha última viagem, que causaram uma impressão duradoura em minha mente e, pela graça de Deus, revelaram-se posteriormente como uma misericórdia para mim. Isso me levou a refletir profundamente sobre minha eternidade e a buscar o Senhor com toda a firmeza de coração antes que fosse tarde.

Muito me alegrei, dando graças ao Senhor cordialmente por me encaminhar a Londres, onde estava determinado a buscar minha própria salvação e, ao fazê-lo, conquistar um título para o céu, sendo o resultado de uma mente cega pela ignorância e pelo pecado.

Com o passar do tempo, deixei meu patrão, o doutor Irving purificador de águas, e instalei-me em Coventry Court, Haymarket,[159] onde continuei aflito e muito preocupado com a salvação de minha alma, estando determinado (por minhas

---

[159] Haymarket é uma rua na região de St. James, em Westminster, Londres. (N. do T.)

próprias forças) a ser um cristão de primeira ordem. Empreguei todos os meios para esse propósito e, não sendo capaz de encontrar alguém, entre aqueles com quem eu então me relacionava, que concordasse comigo a respeito de religião — ou, na linguagem das Escrituras, "que me guiasse para o bem" —, fiquei muito desanimado, sem saber onde procurar ajuda.

Comecei, no entanto, a frequentar as igrejas vizinhas — St. James e outras — duas ou três vezes por dia durante várias semanas: saí, todavia, insatisfeito. Estava faltando algo que eu não conseguia encontrar e, na verdade, obtinha consolo mais sincero lendo minha Bíblia em casa do que frequentando a igreja. Contudo, estando determinado a ser salvo, procurei ainda outros meios. Primeiro, juntei-me aos quacres, em cuja reunião às vezes se mantinha o silêncio, de modo que permaneci tão no escuro como sempre. Depois, examinei os princípios católicos romanos, mas não fiquei nem um pouco edificado. Por fim, recorri aos judeus, que não me serviram de nada, pois o medo da eternidade diariamente atormentava a minha mente e eu não sabia onde buscar abrigo contra a ira vindoura. Cheguei, porém, à conclusão de que, de todo modo, leria os quatro evangelistas[160] e, qualquer seita ou grupo que encontrasse devotando-se a isso, a ele eu aderiria. Continuei, assim, rigorosamente sem nenhum guia para me ensinar o caminho que conduz à vida eterna. Perguntei a diferentes pessoas sobre a maneira de ir para o céu e diferentes modos me foram revelados. Nesse momento estava muito confuso, incapaz de encontrar então alguém mais íntegro do que eu ou tão realmente propenso à devoção. Eu achava que não deveríamos ser todos salvos (de acordo com as Escrituras Sagradas) nem sermos todos condenados. Não encontrei

---

[160] Os quatro primeiros livros do Novo Testamento: Mateus, Marcos, Lucas e João. (N. do T.)

ninguém, entre meus conhecidos, que observasse integralmente os dez mandamentos. Eu me considerava tão íntegro que estava convencido de que superava muitos deles nesse aspecto, por observar oito dos dez; e considerava que aqueles que em geral se diziam cristãos não eram tão honestos nem tão bons em sua moral quanto os turcos. Realmente, concluí que estes estavam mais seguros no caminho da salvação do que aqueles meus vizinhos. De modo que, entre esperanças e temores, segui adiante e os principais prazeres que desfrutava vinham da música da trompa — que eu então praticava — e dos cortes de cabelo e penteados que fazia.

Tal foi minha situação por alguns meses, vivenciando a desonestidade de muitas pessoas ali. Resolvi, afinal, partir para a Turquia e por lá terminar os meus dias. Estávamos então no início da primavera de 1774. Na procura por um patrão, encontrei o capitão John Hughes, comandante de um navio chamado *Anglicania*, equipando-se no rio Tâmisa e de partida para Esmirna, na Turquia. Embarquei com ele como comissário, recomendando-lhe, ao mesmo tempo, um negro muito inteligente, John Annis, como cozinheiro. Esse homem ficou a bordo do navio quase dois meses cumprindo o seu dever. Ele tinha, anteriormente, vivido por muitos anos com o senhor William Kirkpatrick, um cavalheiro da ilha de São Cristóvão, de quem se separou consensualmente, embora esse tivesse tentado, mais tarde, enganar o pobre homem por meio de muitos ardis. Ele havia pedido a vários capitães que faziam negócios em São Cristóvão para que ludibriassem o negro e, depois que todos os ardis e tentativas de rapto fracassaram, o senhor Kirkpatrick foi ao nosso navio na Union Stairs[161] na segunda-feira de Páscoa, dia 4 de abril, com duas barcas e seis homens, tendo sido informado de que o homem

---

[161] Local de desembarque na margem norte do rio Tâmisa, a cerca de três milhas e meia abaixo do palácio de Westminster. (N. do T.)

estava a bordo. Depois de amarrá-lo, retirou-o à força do navio na presença da tripulação e do imediato, que o detivera depois que ele disse que partiria. Creio que todo esse negócio não passou de um conluio.[162] Porém, de qualquer modo, uma grande desonra certamente recaiu tanto sobre o imediato como também sobre o capitão, o qual, embora desejasse que aquele homem oprimido permanecesse a bordo, não prestou, todavia, nenhuma assistência a fim de resgatá-lo nem me pagou um centavo do salário dele, que era de cerca de cinco libras. Eu demonstrei ser o único amigo que ele tinha; aquele que, tendo conhecido por experiência própria a ânsia da liberdade, tentou recuperar a liberdade dele, caso fosse possível. Assim que pude, enviei alguém para Gravesend e tomei conhecimento do navio em que ele se encontrava. Infelizmente, porém, esse havia zarpado na primeira maré depois de que ele fora posto a bordo. Minha intenção, então, era prender imediatamente o senhor Kirkpatrick, que estava prestes a partir para a Escócia. Para tanto, obtive um *habeas corpus* para ele e consegui um oficial de justiça para acompanhar-me ao adro da igreja de St. Paul, onde vivia. Por suspeitar de algo assim, ele colocou um vigia para espreitar. Uma vez que eu era conhecido deles, utilizei-me do seguinte artifício para enganá-los: branqueei o meu rosto, de modo que eles não pudessem me reconhecer, e isso teve o efeito desejado. Ele não saiu de casa naquela noite e, na manhã seguinte, planejei um bom estratagema, embora houvesse um cavalheiro na casa dele para fazer-se passar por si. A instrução que dei ao oficial de justiça teve o efeito desejado: ele foi admitido ao interior da casa e o conduziu a um juiz, conforme o mandado. Quando ali chegou, alegou que a pessoa não estava sob sua custódia, sendo-lhe por isso concedida uma fiança. Eu me dirigi imediatamente ao honorável filantropo Granville Sharp, que

---

[162] Entre o imediato, o capitão e Kirkpatric contra Annis. (N. do T.)

me recebeu com extrema cortesia, dando-me todas as instruções necessárias para a ocasião. Ao deixá-lo, tinha plena esperança de que conseguiria obter a liberdade daquele infeliz e sentia a mais calorosa gratidão em relação ao senhor Sharp por sua bondade. Mas — ai de mim! —, meu advogado acabou revelando-se infiel. Ele tomou meu dinheiro, fazendo-me perder muitos meses de trabalho, e não fez nada de bom pela causa.

Quando o pobre homem chegou a São Cristóvão foi, conforme o costume, amarrado ao solo em quatro estacas por meio de cordas, duas em seus pulsos e duas em seus tornozelos, para ser ferido e açoitado do modo mais impiedoso e, depois, cruelmente oprimido com ferros ao redor de seu pescoço. Recebi dele duas cartas muito comoventes, enquanto ele estava nessa situação, e fiz tentativas de ir atrás dele com grande risco, porém fiquei tristemente desapontado. Também soube disso por algumas famílias muito respeitáveis que então estavam em Londres e que o viram em São Cristóvão na mesma situação em que permaneceu até que a bondosa morte o libertasse das mãos de seus tiranos.

Durante esse desagradável episódio, estive sob fortes convicções do pecado, considerando minha condição pior do que a de qualquer outro homem. Minha mente estava inexplicavelmente perturbada e amiúde eu desejava morrer, embora ao mesmo tempo estivesse convencido de que estava totalmente despreparado para essa terrível convocação. O grande sofrimento com os vilões desse episódio recente e a enorme preocupação com a condição da minha alma muito me abateram (especialmente esta última), a ponto de eu me tornar um fardo para mim mesmo e enxergar tudo ao meu redor como vacuidade e vaidade, as quais eram incapazes de satisfazer uma consciência perturbada. Estava novamente decidido a ir para a Turquia e resolvi, naquela época, que não retornaria jamais para a Inglaterra. Empreguei-me como comissário a bordo de um navio turco (o *Wester Hall*, do capitão Linna), mas fui impedido por meu último capitão, o senhor Hughes, e outros. Tudo parecia estar contra mim e o único consolo que experimentava então vinha da leitura das Escrituras Sagradas, onde descobri que "não há nada de novo sob o sol" (Eclesiastes 1:9) e que devia me submeter àquilo que estivesse a mim designado.

Assim, continuei a viajar muito aflito, e com frequência murmurei contra o Todo-Poderoso, em particular por sua conduta providencial e — como é horrível pensar! — comecei a blasfemar, desejando muitas vezes ser qualquer coisa, exceto um ser humano. Nesses graves conflitos, o Senhor respondia-me por meio de terríveis "visões noturnas, quando o sono profundo cai sobre os homens adormecidos em seus leitos" (Jó 33:15). Ele contentou-se, com enorme misericórdia, em fazer-me conhecer e, em alguma medida, entender a grandiosa e terrível cena do juízo final, em que "ninguém impuro, nada que seja profano, pode entrar no reino de Deus" (Efésios 5:5). Eu, então, caso fosse possível, teria trocado minha natureza com a do verme mais insignificante da terra e estava pronto para dizer às montanhas e rochas "desmoronai sobre mim" (Apocalipse 6:16). Tudo, porém, em vão. Então roguei ao divino Criador que me concedesse um instante para arrepender-me dos meus disparates e iniquidades vis, que eu sentia que eram graves. Ao Senhor, em sua múltipla misericórdia, aprouve atender ao meu pedido e, estando eu ainda naquele estado, o sentimento da misericórdia divina foi tão grande em minha mente quando despertei, que fiquei completamente privado de minhas forças por muitos minutos, sentindo-me extremamente fraco. Essa foi a primeira mercê espiritual que eu jamais percebera e, estando no terreno das orações, tão logo recobrei um pouco das minhas forças para sair da cama e vestir-me, invoquei o céu do fundo da minha alma, pedindo fervorosamente que Deus nunca mais permitisse que eu blasfemasse seu santíssimo nome. O Senhor, que é paciente e cheio de compaixão com os pobres rebeldes como nós, condescendeu em ouvir e responder. Senti que eu era totalmente ímpio, percebendo claramente como usava mal as faculdades de que era dotado e que me foram concedidas para glorificar a Deus. Pensei, portanto, que seria melhor eu desejá-las aqui e entrar na vida eterna que maltratá-las e ser lançado no fogo do inferno. Supliquei para ser guiado; caso houvesse alguém mais sagrado do que aqueles com quem eu estava familiarizado, que o Senhor os apontasse para mim. Supliquei Àquele que sonda os corações[163] se eu não aspiraria amá-Lo mais e servi-Lo melhor. Não obstante tudo isso, o leitor pode facilmente perceber, caso seja um crente, que eu ainda estava na escuridão da natureza. Odiei completamente a casa onde me alojava, porque o santíssimo nome de Deus era nela blasfemado. Vi, então, a palavra de Deus realizada, qual seja: "Antes de me invocarem, eu já lhes terei respondido; enquanto ainda estiverem falando, eu já os terei atendido".[164]

Tinha um grande desejo de ler a Bíblia o dia inteiro em casa, porém, não dispondo de um lugar conveniente para fazer um retiro, preferia sair de casa durante o dia a permanecer entre os iníquos. Um dia, enquanto eu caminhava, quis Deus guiar-me a uma casa onde havia um velho navegante que vivenciara muito do amor de Deus derramado em seu coração. Ele começou a conversar comigo e, como eu desejava amar o Senhor, a conversa dele muito me alegrou. Na verdade, eu nunca tinha ouvido antes o amor de Cristo aos crentes expresso daquela maneira, de um ponto de vista tão claro. Eu tinha ali mais perguntas a fazer àquele homem do

---

[163] Provável referência a Romanos 8:27. (N. do T.)

[164] Isaías 65:24. (N. do T.)

A interessante narrativa da vida de Olaudah Equiano

que o tempo dele permitia-lhe responder e, naquele momento memorável, surgiu um clérigo dissidente que se juntou à nossa conversa e fez-me algumas perguntas. Indagou-me, entre outras coisas, onde eu ouvira o Evangelho pregado. Eu não sabia o que ele queria dizer por ouvir o Evangelho. Disse-lhe que tinha lido o Evangelho e ele perguntou-me quais igrejas eu frequentava, e se eu realmente as frequentava ou não. Ao que respondi: "Eu frequentei as igrejas de St. James, St. Martin e St. Ann, no Soho".[165] "Então", disse ele, "você é um membro da Igreja." Respondi que eu era.[166] Ele então me convidou para uma ceia de confraternização em sua capela naquela noite. Aceitei o convite, agradeci e, assim que ele partiu, conversei um pouco mais com o velho cristão e fizemos também algumas leituras proveitosas, que me deixaram extremamente feliz. Quando eu saía, ele lembrou-me de comparecer ao ágape e eu assegurei-lhe de que estaria lá.

Assim, nos separamos e eu refleti sobre a conversa divina que mantivera com aqueles dois homens, a qual animou meu espírito então triste e abatido mais do que qualquer coisa que eu tinha encontrado em muitos meses. Entretanto, pensei no longo tempo que havia até ir ao meu suposto ágape. Eu também ansiava muito por estar na companhia daqueles homens amigáveis. Suas companhias me agradaram bastante e achei muito amável da parte daqueles senhores convidarem-me para uma festa, sendo eu um estranho. Mas como parecia singular, para mim, que ocorresse em uma capela!

Quando a hora esperada chegou, eu fui e, felizmente, o velho estava lá; ele gentilmente me fez sentar, uma vez que pertencia àquele lugar. Fiquei muito impressionado ao ver o

---

[165] Soho é um bairro de Londres. (N. do T.)

[166] As igrejas nomeadas são templos anglicanos em Westminster, o que, para o ministro dissidente, identifica Equiano como membro da Igreja Anglicana. (N. do T.)

lugar cheio de gente, sem nenhum sinal de comida e bebida. Havia muitos clérigos no grupo. Por fim, começaram a entoar hinos e, nos intervalos entre os cânticos, o ministro fazia orações. Em suma, eu não sabia o que fazer diante daquela cena, não tendo visto jamais algo daquele tipo até então. Alguns dos convidados começaram a contar suas experiências, em conformidade com o que eu lera nas Escrituras. Muito foi dito por todos os oradores sobre a providência de Deus e suas inefáveis misericórdias em relação a cada um deles. Isso eu conhecia em grande medida e poderia perfeitamente juntar-me a eles. Mas quando eles falavam de um estado futuro, pareciam estar completamente certos de serem chamados e eleitos por Deus; de que ninguém poderia jamais separá-los do amor de Cristo ou arrancá-los de suas mãos. Isso me encheu de completa consternação, misturada com admiração. Eu estava tão maravilhado a ponto de não saber o que pensar sobre a assembleia. Meu coração foi atraído e minhas afeições cresceram. Eu queria ser tão feliz quanto eles e fiquei persuadido, em minha mente, de que eles eram diferentes do mundo "que jaz sob o poder do maligno" (1 João 5:19). A linguagem deles, seus cânticos etc. harmonizavam-se bem; eu fiquei completamente dominado, desejando viver e morrer daquele modo. Ao final, algumas pessoas no local trouxeram algumas belas cestas cheias de pães doces e os distribuíram a todos. Cada pessoa comungava com seu vizinho e bebericava água de diversas canecas, as quais eles haviam entregado a todos os presentes. Eu nunca tinha visto aquele tipo de confraternização cristã nem nunca imaginara encontrá-lo na terra. Ela lembrou-me totalmente do que eu havia lido nas Escrituras Sagradas sobre os primitivos cristãos, que se amavam e ceavam juntos.

A participação nessa reunião (que durou cerca de quatro horas), até mesmo indo de casa em casa, terminou com cânticos e orações. Foi o primeiro ágape espiritual a que eu jamais comparecera. Aquelas últimas 24 horas provocaram em mim algumas coisas — espirituais e temporais, adormecidas e despertas, de juízo e de misericórdia — que só me restava admirar a bondade de Deus na condução do pecador cego e blasfemo no caminho que ele desconhece, mesmo entre os justos; e, em vez de julgamento, Ele demonstrou misericórdia, e ouvirá e responderá as orações e súplicas de cada pródigo que retornar:

Oh! Para a graça, quão grande devedor
Diariamente estou constrangido a ser![167]

Depois disso, estava decidido a alcançar o Céu, se possível. E, caso fosse perecer, achava que deveria ser aos pés de Jesus, suplicando-lhe por salvação. Tendo sido testemunha ocular de um pouco da felicidade que acompanha aqueles que temem a Deus, eu não sabia como retornar, com alguma propriedade, aos meus aposentos, onde o nome de Deus era continuamente profanado e perante o qual eu sentia o maior horror. Hesitei em minha mente por algum tempo sem saber o que fazer: se alugava um leito em outro lugar ou se voltava para casa novamente. Por fim, temendo que uma infamação perversa pudesse surgir, fui para casa dando adeus aos jogos de baralho, ditos maliciosos etc. Percebi que o tempo era muito breve e a eternidade longa e muito próxima, e julgava que somente aquelas pessoas abençoadas seriam consideradas prontas para o grito da meia-noite ou para quando o Juiz de todos,[168] tanto vivos como mortos, surgisse.

[167] Citação do hino metodista *Come Thou Fount of Every Blessing*, de Robert Robinson (1735-1790). (N. do T.)

[168] Nessa passagem, encontramos prováveis referências a Números 14:37, Efésios 5:4, Mateus 25:6 e Gênesis 18:25. (N. do T.)

No dia seguinte, criei coragem e fui para Holborn,[169] a fim de encontrar meu novo e digno conhecido, o velho senhor C__. Ele estava trabalhando na tecelagem de seda juntamente com sua esposa, uma encantadora mulher. Pareciam mutuamente felizes, ambos muito contentes em ver-me e eu mais ainda por encontrá-los. Sentei-me e conversamos muito sobre assuntos espirituais etc. O discurso deles era espantosamente aprazível, edificante e agradável. Eu não sabia, afinal, como abandonar aquele amável casal até que o horário me fizesse partir.

Quando estava saindo, eles me emprestaram um livrinho intitulado *A conversão de um índio*, escrito na forma de perguntas e respostas. O pobre homem atravessou o mar até Londres a fim de se informar sobre o Deus dos cristãos, que (através da preciosa misericórdia) ele encontrou, não sendo sua viagem em vão. Esse livro foi de grande proveito para mim, sendo, naquela época, um meio de fortalecer minha fé. Na despedida, porém, ambos me incentivaram a procurá-los quando eu desejasse. Isso me deixou encantado e cuidei de tirar o melhor proveito possível daquilo, agradecendo a Deus por tais companhias e desejos até então. Rezei para que desaparecessem os diversos males que sentia internamente e para que eu pudesse livrar-me de meus antigos conhecidos mundanos. Isso foi rapidamente ouvido e respondido e fiquei logo conectado àqueles a quem a Escritura chama *os notáveis da terra*.[170] Ouvi o Evangelho pregado, sendo que os propósitos do meu coração e as ações foram expostos pelos pregadores, claramente anunciando o caminho da salvação apenas por Cristo.

Desse modo prossegui alegremente por quase dois meses e, durante esse período, uma vez ouvi um reverendo cavalhei-

---

[169] Região central de Londres (N. do T.)

[170] Provável referência a Salmos 16:3. (N. do T.)

ro, senhor Green, falar de um homem que tinha partido dessa vida com plena certeza de estar indo para a glória. Fiquei muito surpreso com a afirmação e, muito ponderadamente, perguntei como ele poderia ter chegado a tal convicção. Recebi uma resposta completa, em conformidade com o que eu lera nos oráculos da verdade. E disseram-me também que, caso eu não experimentasse o novo nascimento e o perdão dos meus pecados por meio do sangue de Cristo antes de morrer, não poderia entrar no reino do Céu. Eu não sabia o que pensar a respeito desse relato, uma vez que julgava observar oito dos dez mandamentos. Então meu respeitável intérprete disse-me que eu não o fazia e nem poderia, acrescentando que nenhum homem jamais o fez, nem seria capaz de guardar os mandamentos sem transgredir algum ponto. Para mim isso soava muito estranho e fiquei bastante perplexo por várias semanas, pois a considerei como uma afirmação severa. Perguntei então ao meu amigo, o senhor L__d, que era clérigo numa capela, por que os mandamentos de Deus foram transmitidos se não podíamos ser salvos por meio deles. Ao que ele respondeu: "A lei é um guia para nos conduzir a Cristo", o único capaz e que realmente observou os mandamentos, cumprindo todas as suas exigências para seu povo eleito, mesmo para aqueles a quem ele havia dado uma fé viva, e os pecados daqueles eleitos *já foram* expiados e perdoados enquanto viviam.[171] Se eu não experimentasse o mesmo antes da minha partida, o Senhor diria a mim naquele grande dia: "Afaste-se, maldito"[172] etc., pois Deus se mostraria justo em seus julgamentos aos ímpios, como seria justo demonstrando misericórdia àqueles que estavam destinados àquilo antes do mundo existir. Por isso, Jesus Cristo parecia ser a totalidade de tudo para a alma daquele homem. Fiquei

[171] Romanos 8:1, 2 e 3.

[172] Provável referência a Mateus 25:41. (N. do T.)

muito ofendido com esse discurso, sendo levado a um tal dilema como jamais esperava. Perguntei-lhe se tinha certeza de que entraria no reino de Deus, caso *ele* estivesse para morrer naquele instante. E acrescentei: "Você *sabe* que os seus pecados lhe foram perdoados?". Ele respondeu afirmativamente.

Confusão, raiva e descontentamento apoderaram-se então de mim, pois fiquei muito aturdido com aquele tipo de doutrina. Ela levou-me a um impasse, sem saber em que acreditar: se na salvação pelas ações ou pela fé somente em Cristo. Pedi para ele dizer-me como eu poderia saber quando meus pecados estariam perdoados. Ele assegurou-me que não poderia e que ninguém, exceto Deus, poderia fazê-lo. Eu disse-lhe que aquilo era muito misterioso, mas ele disse que de fato era realmente assim e citou muitas passagens das Escrituras relacionadas diretamente a esse ponto, as quais eu não podia contestar. Ele então me pediu que orasse a Deus para que me revelasse essas coisas. Respondi dizendo que orava a Deus todos os dias. Ele disse: "Vejo que você é um membro da Igreja". Respondi que era. Pediu-me ele então que implorasse a Deus para que me revelasse o que eu era e o verdadeiro estado de minha alma. Meditei bem sobre todas essas coisas e não pude deixar de pensar sobre como alguém poderia saber, nesta vida, que seus pecados foram perdoados. Desejava que Deus me revelasse semelhante coisa.

Pouco tempo depois disso, fui à capela de Westminster. O reverendo doutor Peckwell pregava a partir de Lamentações 3:39. Foi um sermão maravilhoso, em que ele demonstrou claramente que um homem vivo não tinha motivo para reclamar das punições por seus pecados. Ele evidentemente defendeu o Senhor em todas as suas relações com os filhos dos homens. Mostrou também a justiça de Deus na punição eterna dos ímpios e impenitentes. O discurso pareceu-me como uma espada de dois gumes cortando em todas as direções e proporcionou-me grande alegria, mesclada a muitos medos

A interessante narrativa da vida de Olaudah Equiano

em relação à minha alma. Quando terminou, ele anunciou que, na semana seguinte, tencionava interrogar todos aqueles que pretendiam participar da mesa do Senhor. Passei então a pensar muito a respeito das minhas boas ações, duvidando, ao mesmo tempo, que eu fosse alguém digno de receber o sacramento. Fiquei absorto em meditações até o dia do interrogatório. De todo modo, fui para a capela e, embora muito angustiado, dirigi-me ao reverendo cavalheiro pensando que, caso eu não fosse íntegro e justo, ele iria esforçar-se para convencer-me disso. Quando conversei com ele, a primeira coisa que me perguntou era o que eu sabia sobre Cristo. Eu disse que cria nele e que em seu nome havia sido batizado. "Então", prosseguiu ele, "quando você foi levado ao conhecimento de Deus e como foi convencido do pecado?" Eu não sabia o que ele pretendia com aquele questionamento. Disse-lhe que observava oito dos dez mandamentos, mas que eu blasfemara algumas vezes a bordo do navio, outras vezes quando estava em terra e que desrespeitava o sábado. Ele então me perguntou se eu sabia ler e respondi afirmativamente. "Então", falou ele, "você não leu na Bíblia que aquele que ofende num ponto é culpado por tudo?" Eu disse que sim. Em seguida ele assegurou-me que um pecado não expiado era suficiente para condenar uma alma, assim como uma fenda o era para afundar um navio. Naquele instante fiquei aterrorizado, pois o ministro exortou-me muito, lembrando-me da brevidade do tempo e da duração da eternidade; de que nenhuma alma não regenerada, nem nada impuro poderia entrar no reino do Céu. Ele não me admitiu como um comungante, mas recomendou-me que lesse as Escrituras e ouvisse a palavra pregada sem negligenciar a fervorosa prece a Deus, que prometera ouvir as súplicas daqueles que O procuram com sinceridade divina. Então me despedi dele com muitos agradecimentos, decidido a seguir suas recomendações tanto quanto o Senhor condescendesse a permitir-me.

Naquela época eu estava desempregado, sem perspectiva de conseguir um trabalho adequado para mim, o que me obrigou a ir mais uma vez ao mar. Empreguei-me como comissário de um navio chamado *Hope*, do capitão Richard Strange, que estava de partida de Londres para Cádiz, na Espanha.

Logo depois de ter embarcado, comecei a ouvir muitas blasfêmias contra o nome de Deus e foi grande o meu temor com receio de ser deploravelmente influenciado. Achava que, caso pecasse novamente, depois de ter a vida e a morte claramente apresentadas diante de mim, iria com certeza para o inferno. Minha mente ficou extraordinariamente perturbada e eu murmurava muito pelas relações providenciais de Deus para comigo. Estava preocupado com os mandamentos, já que não poderia ser salvo pelas minhas ações. Odiava tudo e desejava não ter nascido. A confusão apoderou-se de mim e eu queria ser aniquilado. Um dia, encontrava-me na extremidade da amurada da popa do navio pensando em afogar-me, mas a seguinte passagem da Bíblia gravou-se instantaneamente na minha mente: "nenhum homicida tem a vida eterna permanecendo nele" (1 João 3:15). Hesitei então, considerando-me o mais infeliz homem vivo. Fiquei uma vez mais convencido de que o Senhor era melhor para mim do que eu merecia e de que eu estava em melhor situação no mundo do que muitos. Depois disso, comecei a temer a morte; martirizei-me, afligi-me e rezei até tornar-me um fardo, não apenas para os outros, mas principalmente para mim mesmo. Por fim, cheguei à conclusão de que era preferível implorar por meu pão em terra do que partir novamente ao mar junto a pessoas que não temiam a Deus e, em três ocasiões distintas, pedi ao capitão para ser dispensado. Ele não o fazia, mas encorajava-me cada vez mais a continuar consigo e todos a bordo demonstravam enorme civilidade para comigo. Não obstante tudo isso, eu não estava disposto a embarcar novamente. Finalmente, alguns dos meus amigos religiosos aconselharam-me, dizendo que se tratava da minha legítima vocação e, consequentemente, era meu dever obedecer e que Deus não estava confinado a um lugar etc. Particularmente o senhor G. Smith, governador da prisão de Tothill-Fields, apiedou-se com meu caso e leu o décimo primeiro capítulo de Hebreus para mim, com exortações. Ele orou por mim e creio que foi bem-sucedido em meu favor, uma vez que meu fardo foi então em grande parte aliviado e encontrei uma resignação sincera à vontade de Deus. O bom homem deu-me uma Bíblia de bolso e um exemplar de *Um alarme aos não convertidos*, de Alleine. Nós nos separamos e, no dia seguinte, embarquei novamente.

Navegamos para a Espanha e eu caí nas graças do capitão. Era o quarto dia do mês de setembro quando zarpamos de Londres. Tivemos uma viagem agradável para Cádiz, onde chegamos no dia 23 do mesmo mês. O local é fortificado e oferece uma bela perspectiva, sendo também muito rico. Os galeões espanhóis frequentam aquele porto e alguns chegaram enquanto lá estávamos. Tive diversas oportunidades de ler as Escrituras. Orei com empenho a Deus, em preces fervorosas; Ele havia declarado, na sua palavra, que ouviria os gemidos e suspiros profundos dos pobres em espírito. Para meu completo espanto e consolo, vi isso cumprir-se da seguinte maneira. Na manhã do dia 6 de outubro (peço-vos que prestem atenção) ou durante todo aquele dia, acreditava que eu deveria ver ou ouvir algo sobrenatural. Tive uma sensação secreta em minha mente de que alguma coisa estava para acontecer,[173] o que, naquele momento, me levava continua-

---

[173] No original, Equiano remete nesta nota à página em que descreve o episódio do sonho premonitório do artilheiro Mondle, seguido do abalroamento entre os navios, narrado no capítulo IV. (N. do T.)

mente a um trono da graça.[174] Aprouve a Deus permitir-me que orasse fervorosamente a Si, como fez Jacó: rezei para que, caso sobreviesse uma morte súbita e eu perecesse, que fosse aos pés de Cristo.

Na noite do mesmo dia, enquanto eu lia e meditava sobre o 12º versículo do 4º capítulo dos Atos, sob as solenes apreensões da eternidade, e refletia acerca das minhas ações pretéritas, comecei a achar que havia vivido uma vida virtuosa e que tinha legítimas razões para crer que possuía interesse no favor divino. Mas ainda meditava sobre o assunto, sem saber se a salvação deveria ser obtida, em parte, devido às nossas próprias boas ações ou, exclusivamente, como uma dádiva suprema de Deus.

Nessa profunda consternação, aprouve ao Senhor irromper em minha alma com seus raios brilhantes de luz celestial. Num instante, por assim dizer, removendo o véu e permitindo que a luz invadisse a escuridão (Isaías 25:7), vi claramente com os olhos da fé o Salvador crucificado sangrando na cruz no monte Calvário: as Escrituras tornaram-se um livro sem lacre, eu me considerei um criminoso condenado perante a lei, que veio com toda sua força para minha consciência, quando, "sobrevindo o preceito, o pecado reviveu e eu morri".[175] Vi o Senhor Jesus Cristo em sua humilhação, oprimido e carregando meu opróbrio, meu pecado e minha vergonha. Então percebi claramente que, pelas obras da lei, nenhuma existência carnal poderia ser justificada.[176] Fiquei convencido de que, pelo primeiro Adão, surgiu o pecado e, pelo segundo Adão (o Senhor Jesus Cristo), todos os que

[174] Provável referência a Hebreus 4:16. (N. do T.)

[175] Romanos 7:9. (N. do T.)

[176] Provável referência a Romanos 3:20. (N. do T.)

estão salvos devem receber a vida.[177] Foi-me dado conhecer, naquele momento, o que significava renascer (João 3:5).[178] Vi o oitavo capítulo de Romanos e as doutrinas dos decretos de Deus mostrarem-se em conformidade com seus eternos, perpétuos e imutáveis desígnios. A palavra de Deus era doce ao meu paladar, até mesmo mais doce do que o mel escorrendo dos favos.[179] Cristo revelou-se à minha alma como o primeiro entre dez mil.[180] Aqueles momentos divinos foram realmente como a vida para os mortos, o que João chama de *penhor do Espírito*.[181] Aquilo foi deveras inexprimível e acredito firmemente que inegável por muitos. Assim, cada um dos principais fatos providenciais que aconteceram comigo, desde o dia em que fui levado dos meus pais até aquele momento, era então para mim como se tivesse acabado de ocorrer. Estava consciente da mão invisível de Deus, que me guiava e me protegia quando, na verdade, eu não o sabia: no entanto, o Senhor me acompanhava embora eu desprezasse e desconsiderasse isso. Essa misericórdia transtornou-me. Quando considerei meu pobre estado infeliz, chorei, percebendo que grande devedor eu era da generosa graça suprema. Então, o etíope ficou disposto a ser salvo por Jesus Cristo,[182] a única garantia do pecador, e também a não confiar em nenhuma outra pessoa ou coisa para a salvação. Minha pessoa era ob-

[177] Provável referência a Coríntios 15:22. (N. do T.)

[178] "Jesus respondeu: 'Na verdade, na verdade te digo que aquele que não nascer da água e do Espírito, não pode entrar no reino de Deus'." (N. do T.)

[179] Provável referência a Salmos 19:10. (N. do T.)

[180] Provável referência a Cânticos 5:10. (N. do T.)

[181] João 16:13, 14 etc. (N. do T.)

[182] Alusão a Atos dos Apóstolos 8:26-39, em que o eunuco etíope aceita Cristo como seu salvador e é batizado por Filipe. *Etíope* era um termo utilizado para se referir a qualquer africano negro. (N. do T.)

nóxia e não possuía nenhuma obra boa, pois é Deus quem opera em nós, tanto no querer como no fazer.[183] As coisas surpreendentes daquele momento não podem jamais ser contadas — foi a alegria no Espírito Santo! Senti uma mudança surpreendente; o fardo do pecado, as mandíbulas escancaradas do inferno e os temores da morte, que antes me afligiam, agora perdiam seu horror. Na verdade, eu julgava que a morte seria então a melhor amiga terrena que jamais tive. Minha tristeza e minha alegria eram tamanhas como eu acredito que raramente são experimentadas. Banhado em lágrimas, perguntei: o que eu sou para que Deus deva assim considerar-me o mais vil dos pecadores? Senti uma profunda preocupação com a minha mãe e meus amigos, o que me levou a rezar com mais ardor. E, no abismo da meditação, vi as pessoas descrentes do mundo em um estado muito terrível, sem Deus e sem esperança. Aprouve a Deus derramar sobre mim o Espírito da oração e a graça da súplica para que, em sonoras aclamações, eu fosse autorizado a louvar e glorificar o Seu nome santíssimo.

Quando saí da cabine e disse a algumas das pessoas o que o Senhor tinha feito por mim — ai de mim! —, quem poderia compreender-me ou acreditar em meu relato? Ninguém, exceto aqueles a quem o braço do Senhor fora revelado. Tornei-me um bárbaro para eles ao falar do amor de Cristo: seu nome era para mim como unguento derramado;[184] deveras, era doce para minha alma, mas, para eles, uma rocha que faz cair.[185] Considerei singular o meu caso a cada hora do dia, até que chegasse a Londres, pois ansiava muito por estar com aqueles a quem poderia contar das maravilhas do amor de

---

[183] Provável referência a Filipenses 2:13. (N. do T.)

[184] Provável referência a Cânticos 1:3. (N. do T.)

[185] Provável referência a 1 Pedro 2:8. (N. do T.)

Deus em relação a mim e juntar-me em oração a Ele, a quem minha alma amava e por quem estava sedenta. Eu tinha comoções internas incomuns, daquelas sobre as quais poucos podem dizer algo a respeito.[186]

A Bíblia era, então, minha única companheira e consolo; eu a apreciava muito, dando muitas graças a Deus por poder lê-la por conta própria, sem ser deixado a esmo ou conduzido por ardis e opiniões humanas. O valor de uma alma não pode ser expresso. Que o Senhor dê ao leitor uma compreensão disso. Sempre que examinava a Bíblia via coisas novas e muitos textos aplicavam-se imediatamente a mim com grande consolo, pois sabia que era para mim a palavra de salvação enviada. Eu estava certo de que o Espírito que ditara a palavra abriu meu coração para receber sua verdade como ela existe em Jesus; que o mesmo Espírito capacitou-me a observar com fé as promessas que eram tão preciosas para mim e permitiu-me acreditar na salvação da minha alma. Pela graça livre, fiquei convencido de que possuía meu quinhão na primeira ressurreição[187] e estava "iluminado com a luz dos viventes" (Jó 33:30). Desejava um homem de Deus com quem pudesse conversar: minha alma estava como as carruagens do Aminadabe (Cânticos 6:12). Estas, entre outras, eram as preciosas promessas que tão poderosamente se aplicavam a mim: "Tudo o que pedirdes em oração, crendo, o recebereis" (Mateus 21:22). "Deixo-vos a paz, a minha paz vos dou" (João 14:27). Vi o bendito Redentor ser a fonte da vida e o manancial da salvação. Vivenciei-o integralmente; ele havia me conduzido por um caminho que desconhecia e endireitado caminhos tortuosos.[188] Então, em seu nome er-

---

[186] Atos 22:17.

[187] Provável referência a Apocalipse 20:6. (N. do T.)

[188] Provável referência a Isaías 45:2. (N. do T.)

gui meu Ebenézer[189] dizendo: "Até aqui Ele me salvou";[190] e, a meu respeito, poderia dizer aos pecadores: "Vejam que Salvador tenho eu!". Assim eu era, pelo ensinamento daquela gloriosa Divindade, o grandioso Um em Três e Três em Um, confirmado pelas verdades da Bíblia, esses oráculos da verdade eterna na qual toda alma vivente deve permanecer ou cair eternamente, conforme Atos 4:12: "E em nenhum outro há salvação, porque também debaixo do céu nenhum outro nome há, dado entre os homens, pelo qual devamos ser salvos, mas apenas Jesus Cristo". Que Deus dê ao leitor uma compreensão correta dessas realidades! Àquele que crê tudo é possível, mas, para os incrédulos, nada é puro (Tito 1:15).

Durante aquele período, permanecemos em Cádiz até que nosso navio fosse carregado. Partimos por volta de 4 de novembro e, fazendo uma boa viagem, chegamos a Londres no mês seguinte, para meu alívio, com sincera gratidão a Deus por suas ricas e indizíveis mercês.

Em meu retorno, havia apenas uma passagem que me confundia — ou com a qual o diabo tentava me esbofetear —, qual seja, Romanos 11:6.[191] Como eu tinha ouvido falar a respeito do reverendo senhor Romaine e de seu grande conhecimento das Escrituras, desejava muito ouvi-lo pregar. Um dia fui à igreja de Blackfriars[192] e, para minha grande satisfação e surpresa, ele pregava justamente sobre esse mesmo texto. Ele mostrou muito claramente a diferença entre as obras humanas e a livre escolha, a qual está de acordo com

---

[189] Ebenézer era o nome da pedra erguida por Samuel para celebrar o papel de Deus em sua vitória sobre os infiéis em Mispá. (N. do T.)

[190] Provável referência a 1 Samuel 7:12. (N. do T.)

[191] "Mas se é por graça, já não é pelas obras; de outra maneira, a graça já não é graça. Se, porém, é pelas obras, já não é mais graça; de outra maneira a obra já não é obra." (N. do T.)

[192] Área central de Londres. (N. do T.)

a vontade soberana e a satisfação de Deus. Essas alegres novidades libertaram-me totalmente e eu saí rejubilado da igreja, compreendendo que meus pecados eram aqueles dos filhos de Deus. Fui à capela de Westminster e encontrei alguns dos meus velhos amigos, que ficaram contentes ao perceber a maravilhosa mudança que o Senhor havia operado em mim, particularmente o senhor G. Smith, meu digno conhecido, que era um homem de excelente espírito e tinha grande zelo em servir ao Senhor. Desfrutei de sua correspondência até ele morrer, no ano de 1784.

Fui novamente examinado na mesma capela e admitido na congregação da igreja junto deles: alegrei-me em espírito, cantando em meu coração ao Deus de todas as minhas mercês. Agora todo o meu desejo era expirar e estar com Cristo, mas — infelizmente! — eu devia aguardar minha hora marcada.

VERSOS DIVERSOS

ou Reflexões sobre o Estado da minha mente durante as minhas primeiras Convicções; da Necessidade de acreditar na Verdade e de experimentar os inestimáveis Benefícios do Cristianismo.[193]

> *Posso eu bem dizer que minha vida tem sido*
> *Um cenário triste e dolorido;*
> *Desde os primeiros dias, aflições me angustiaram*
> *E, conforme cresci, minhas aflições aumentaram:*
> *Em meu caminho sempre houve perigos,*
> *Assim como às vezes o medo da morte e de castigos;*
> *Enquanto pálida melancolia em mim predominava,*

---

[193] Os versos a seguir apresentam rimas emparelhadas no original. (N. do T.)

Frequentemente, constrangido pela dor eu chorava.
Quando arrebatado de minha terra natal,
Por um bando injusto e brutal,
Que medo incomum veio me dominar!
Meus suspiros eu não mais podia ocultar.
Procurei aliviar a minha mente em muitos momentos,
Tentando livrar-me dos meus sofrimentos:
Eu cantava um canto de suspiros entremeado
Tentando sufocar a culpa pelo pecado.
Mas, Oh! Nada havia para mim
Capaz de ao curso da minha angústia pôr um fim;
A condenação pela minha vileza ainda era
    demonstrante;
De como era grande minha culpa — de como do bem
    estava distante!
Impedido, sem poder morrer,
Nem para um afável refúgio ascender;
Um estado órfão para lamentar me restava,
Abandonado por todos, em desamparo me
    encontrava.
Quem via minha aparência entristecida
Não podia supor minha aflição escondida:
Pela aparência, não podia ninguém imaginar
As desgraças que eu teria que enfrentar.
Luxúria, raiva, blasfêmia e orgulho havia
E legiões de tais males faziam-me companhia,
Perturbaram meus pensamentos enquanto dúvida e
    apreensão
Traziam, para a maioria dos meus anos, nuvens e
    escuridão.
Suspiros agora não mais seriam contidos,
Eles sussurravam os transtornos vividos:
Embora detendo a palavra, a morte eu desejava
E muitas vezes ao Senhor orava.

Suportando, mais do que muitos na terra, grande
    sofrimento
Pensava no lugar de meu nascimento
Pensamentos estranhos me oprimiram — enquanto eu
    respondi
"Por que na Etiópia não morri?"
E por que poupado assim, quando próximo do
    inferno, deveria eu ser!?
Só Deus sabia — eu não poderia dizer!
Uma cerca frouxa, uma parede a se curvar
Considerava-me prestes a desabar.
Quase desesperado, ficava sempre a refletir,
Enquanto pássaros canoros se podia ouvir:
Cantores extremamente felizes, sempre numa
    liberdade sem fim,
Como eram eles afortunados, comparados a mim!
Assim, tudo aumentava meus sofrimentos,
Enquanto a dor me conduzia aos lamentos;
Quando nuvens negras começavam sua subida,
Minha mente mais do que o céu ficava escurecida.
Ao chamado para partir da nação inglesa,
Como meu peito arfava de tristeza!
Eu ansiava por descanso e bradei "Ajuda-me, Senhor!
Dai-me algum alívio à minha dor".
Abatido, eu prosseguia, ainda assim
Palpitantes angústias eram contidas dentro de mim;
Nem terra nem mar poderiam consolar,
Nada minha mente ansiosa aliviar.
Exausto pela labuta, ainda desconhecida de toda
    gente,
Exceto de Deus e de mim, somente,
Numerosos meses por tranquilidade eu lutava
E numerosos inimigos encontrava.

Habituado a tristezas, desgraças e perigos,
Criado entre riscos, mortes e inimigos,
Eu dizia: "Isso deve ser sempre assim?
Nenhum sossego é permitido a mim."
Dura fortuna e sina pesada demais!
Eu orava a Deus: "Não me esqueçais,
O que ordenardes, hei de suportar com disposição;
Mas, Oh! Livrai-me dessa desesperação!"
Esforços e lutas pareciam em vão;
Nada que fazia podia aliviar minha aflição:
Então, de minhas obras e vontade desisti,
E que estava destinado ao inferno confessei e admiti!
Como um pobre prisioneiro a ser julgado,
Consciente da culpa, do medo e do pecado,
Acusado e autocondenado, tinha permanecido
No mundo, e em meu sangue, perdido!
No entanto aqui, confinado em meio à nuvem mais
soturna,
Num raio de Cristo brilhou a estrela diurna;
Certamente, pensei, se assim Jesus desejar,
Ele pode imediatamente minha libertação sinalizar.
Eu, sem sua justiça considerar,
Realizei minhas obras em seu lugar;
Esqueci por que seu sangue fora derramado,
Tendo, em seu lugar, orado e jejuado.
Ele morreu por pecadores como eu!
Não pode me redimir o sangue seu?
Embora eu não seja nada mais, senão pecado,
No entanto, certamente ele pode fazer-me purificado!
Assim, a luz penetrou e eu cri;
Esqueci-me de mim mesmo e ajuda recebi!
Meu Salvador, então, eu sei que encontrei,
Pois, não mais gemi quando da culpa me livrei.
Oh, momento feliz, no qual abandonei o lamento

A interessante narrativa da vida de Olaudah Equiano

Porque encontrei um descanso naquele sofrimento!
Minha alma e Cristo estavam unidos agora na tua luz,
Que, em mim brilhou, Oh Jesus!
Abençoado seja o teu nome, pois agora sei
Que sozinho com minhas obras nada poderei;
"O Senhor pode redimir o homem, Ele somente,
Para isso, o cordeiro foi morto imaculadamente!"
Quando todo sacrifício, obra e oração
Mostram-se inúteis e são em vão,
"Eis que eu venho!", o Salvador exclamou,
E, sangrando, baixou sua cabeça e expirou!
Ele morreu por todos que não viram em algum
  momento
A menor ajuda neles nem pelos mandamentos:
De bom grado reconheço, pois confirmei isto,
"A salvação é somente por Cristo!"[194]

[194] Atos 4:12.

CAPÍTULO XI

O autor embarca a bordo de um navio com destino a
Cádiz — Quase sofre um naufrágio — Vai para Málaga
— Sua notável e bela catedral — O autor polemiza com
um sacerdote papista — Resgate de onze homens em
situação miserável no mar ao retornar à Inglaterra —
Engaja-se novamente com o doutor Irving para
acompanhá-lo à Jamaica e à Costa dos Mosquitos —
Encontra um príncipe indígena a bordo — O autor tenta
instruí-lo nas verdades do Evangelho — É frustrado pelo
mau exemplo de alguns no navio — Chegam à Costa dos
Mosquitos com alguns escravos que compraram na
Jamaica e começam a cultivar uma fazenda — Alguns
relatos dos hábitos e costumes dos índios misquitos —
Estratagema exitoso do autor para acabar com um
tumulto entre eles — Curiosa festa oferecida por eles ao
doutor Irving e ao autor; ele deixa a costa e parte para a
Jamaica — É barbaramente tratado por um homem com
quem ajustara seu transporte — Foge e vai ao almirante
misquito, que o trata gentilmente — Consegue outro navio
e embarca — Casos de maus-tratos — Encontra o doutor
Irving — Chega à Jamaica — É enganado por seu capitão
— Abandona o doutor e parte para a Inglaterra

. .

Quando nosso navio ficou pronto para navegar novamente, o capitão solicitou-me que eu fosse nele mais uma vez.
Mas, como então me sentia tão feliz quanto poderia desejar
estar nessa vida, por algum tempo recusei. No entanto, os
conselhos de meus amigos por fim prevaleceram e, em plena
submissão à vontade de Deus, embarquei novamente para

Cádiz em março de 1775. Fizemos uma viagem muito boa, sem nenhum acidente significativo, até chegarmos ao largo da baía de Cádiz, quando, num domingo, justo no momento em que entrávamos no porto, o navio chocou-se com uma pedra, destruindo uma prancha de resbordo que fica junto à quilha. Num instante, a maior confusão tomou conta da tripulação, que começou a berrar invocando Deus para que tivesse misericórdia deles. Embora eu não soubesse nadar e não visse nenhuma maneira de escapar da morte, não senti medo algum naquela situação, não tendo qualquer desejo de viver. Até mesmo alegrei-me em espírito, julgando que aquela morte seria uma glória repentina. Mas a plenitude do tempo ainda não havia chegado. As pessoas próximas a mim ficaram muito admiradas ao ver-me calmo e resignado assim, então contei-lhes da paz de Deus de que eu desfrutava através da graça soberana e as seguintes palavras estavam em minha mente:

A palavra de Cristo é minha bússola, ele é meu sábio
navegador;
Minha alma desafia cada tormenta, enquanto tiver um
tal Senhor.
Confio em seu poder e em sua fidelidade,
Para salvar-me nos momentos de dificuldade.
Embora rochas e areias movediças estejam
profundamente por todas as minhas andanças,
Cristo, no entanto, com seu olhar há de proteger-me e
guiar-me com segurança.
Como posso afundar assim amparado,
Por quem mantém o mundo e todas as coisas
sustentados?[195]

---

[195] As palavras citadas por Equiano são adaptadas do hino religioso

Naquele momento havia diversos grandes *flukers* espanhóis — navios de travessia — cheios de pessoas que cruzavam o canal e, ao perceber nossa situação, alguns deles acostaram ao nosso navio. Todos os homens que podiam ser aproveitados começaram a trabalhar, alguns em nossas três bombas, enquanto os demais descarregavam o navio o mais depressa possível. Como havia apenas uma única rocha, chamada Porpus, com a qual nos chocamos, rapidamente saímos dela. Providencialmente, a maré estava alta e, assim, pudemos conduzir o navio ao local mais próximo em terra para impedir que afundasse. Depois de muitas marés, com uma grande dose de cuidado e empenho conseguimos repará-lo.

Quando terminamos de realizar nossos negócios em Cádiz fomos para Gibraltar e dali para Málaga, uma cidade muito agradável e rica, onde há uma das mais belas catedrais que eu já tinha visto. Sua construção levou mais de cinquenta anos, como me disseram, embora não estivesse então completamente terminada. Grande parte de seu interior, no entanto, estava concluída e muito decorada com as mais ricas colunas de mármore e muitas pinturas soberbas. Era iluminada ocasionalmente por um número impressionante de velas de cera de diferentes tamanhos, algumas das quais eram tão grossas quanto a coxa de um homem. Essas, no entanto, só eram usadas em alguns de seus grandes festivais.

Fiquei muito chocado com o costume de açulamento de touros[196] e outras diversões que predominavam ali nas noites de domingo, para grande escândalo do cristianismo e da moral. Eu costumava expressar minha aversão a respeito daqui-

---

The Spiritual Victory, publicado por Augustus Montague Toplady, em Londres, 1776. (N. do T.)

[196] O *bull-baiting* (açulamento de touros) era uma forma de recreação bastante popular durante a Idade Média e persistiu por muito tempo na Europa; consistia num combate mortal entre cães e touros. (N. do T.)

lo a um sacerdote com quem me encontrava. Discutia frequentemente sobre religião com o reverendo padre, quando ele se esforçava muito para fazer de mim um prosélito de sua igreja e eu, não menores para convertê-lo à minha. Nessas ocasiões eu costumava exibir minha Bíblia, mostrando-lhe em quais pontos sua igreja estava errada. Ele então disse que estivera na Inglaterra e que todos lá liam a Bíblia, o que era muito errado. No seu zelo pela minha conversão, ele solicitou-me que fosse a uma das universidades na Espanha, afirmando que eu receberia minha educação gratuitamente. Disse-me que se eu me fizesse sacerdote poderia, com o tempo, até tornar-me papa e que o papa Bento era negro. Como eu estava sempre desejoso por aprendizagem, hesitei por algum tempo diante daquela tentação, pensando que, sendo astuto (entrando para a universidade), poderia iludir alguns maliciosamente. Porém, comecei novamente a achar que seria pura hipocrisia da minha parte aceitar sua oferta, já que não poderia, de forma justa e consciente, estar de acordo com as opiniões da sua igreja. Eu estava, portanto, preparado para respeitar a palavra de Deus que diz: "Saí do meio deles"[197] e recusei a oferta do padre Vicente. Então nos separamos sem que ninguém fosse persuadido.

Depois de receber ali bons vinhos, frutas e dinheiro, prosseguimos para Cádiz, onde recebemos cerca de duas toneladas a mais de dinheiro etc. e, em seguida, navegamos para a Inglaterra no mês de junho. Quando estávamos aproximadamente a 42° de latitude norte, enfrentamos vento contrário por vários dias e, nesse período, o navio não avançou mais do que seis ou sete milhas em linha reta. Isso deixou o

---

[197] Alusão a 2 Coríntios 6:17: "Por isso saí do meio deles, e apartai-vos, diz o Senhor; E não toqueis nada imundo, E eu vos receberei". (N. do T.)

capitão excessivamente irritadiço e mal-humorado e eu lamentei muito ouvir o santíssimo nome de Deus frequentemente blasfemado por ele.

Um dia, quando ele estava naquele humor ímpio, um jovem cavalheiro a bordo, que era passageiro, repreendeu-o dizendo que ele estava sendo injusto, pois nós deveríamos estar gratos a Deus por todas as coisas, uma vez que não necessitávamos de nada a bordo e, embora para nós estivesse contrário, o vento, no entanto, estava favorável a outros que talvez estivessem mais necessitados dele do que nós. Com alguma ousadia, eu imediatamente apoiei aquele jovem cavalheiro, ao dizer que não tínhamos o menor motivo para resmungar, pois o Senhor era melhor para nós do que merecíamos e que Ele havia feito tudo adequadamente. Esperava que o capitão fosse ficar muito zangado comigo por ter dito isso, mas ele nada respondeu. De todo modo, antes daquela mesma hora, no dia seguinte, que era 21 de junho, para nossa grande alegria e admiração, vimos a mão providencial de nosso bondoso Criador, cujos caminhos com suas criaturas cegas são inescrutáveis.[198]

Na noite anterior eu sonhara que via um bote junto aos ovéns[199] principais de estibordo e, no início da tarde do dia seguinte, exatamente às 13h30, quando estava na parte inferior, logo depois de termos comido na cabine, o homem ao leme gritou: "um bote!", trazendo naquele instante o sonho à minha mente. Fui o primeiro a saltar sobre o convés e olhando adiante a partir dos ovéns, conforme meu sonho, divisei um pequeno bote a alguma distância. Porém, como as ondas estavam altas, era tudo que podíamos fazer para discerni-lo

[198] Provável referência a Romanos 11:33. (N. do T.)

[199] Ovéns são cabos grossos (calabres) fixos nas laterais do casco para sustentar os mastros. (N. do T.)

A interessante narrativa da vida de Olaudah Equiano

em alguns momentos. De todo modo, paramos o curso do navio e o bote, que era extremamente pequeno, acostou com onze homens num estado miserável, os quais imediatamente colocamos a bordo. Ao que tudo indicava, aquelas pessoas deveriam perecer no decurso de uma hora ou menos, pois se tratava de um bote pequeno que mal podia comportá-los. Quando os resgatamos eles estavam parcialmente afogados e sem víveres, bússola, água nem qualquer outra coisa indispensável. Para se mover, tinham apenas um pedaço de remo e isso com o vento diretamente na popa, o que os sujeitava a ficar inteiramente à mercê das ondas. Assim que pusemos todos a bordo, eles curvaram-se ajoelhados e, com as mãos e vozes levantadas ao céu, agradeceram a Deus por sua salvação. Creio que minhas orações não fizeram falta em meio às deles naquele momento. Aquela misericórdia do Senhor comoveu-me bastante e recordei-me de suas palavras no Salmo 107, que vi assim realizadas: "Dai graças ao Senhor, porque ele é bom, porque a sua misericórdia dura para sempre". Famintos e sedentos, as almas deles desfaleciam. Em sua aflição, eles clamaram ao Senhor e Ele livrou-os das suas angústias, conduzindo-os pelo caminho correto para que pudessem ir a uma cidade habitada. Oh, aqueles homens louvaram o Senhor por sua bondade e por suas maravilhosas obras pelos filhos dos homens! Pois Ele sacia a alma sedenta e enche de bens a alma faminta.[200]

"Habitavam nas trevas e na sombra da morte:
    Então clamaram ao Senhor na sua tribulação e
ele livrou-os das suas angústias. Desciam em navios
pelo mar, comerciando na imensidão das águas; eles
viram as obras do Senhor, no alto-mar, as suas ma-

---

[200] Prováveis referências aos Salmos 107:7 e 107:9. (N. do T.)

ravilhas. Quem é sábio observe estas coisas e saiba discernir a amorosa bondade do Senhor."[201]

O pobre e aflito capitão disse: "o Senhor é bom, pois, vendo que eu não estava preparado para morrer, deu-me assim tempo para arrepender-me". Fiquei muito feliz ao ouvir essa declaração e aproveitei uma ocasião, quando foi conveniente, para conversar com ele sobre a providência de Deus. Eles nos disseram que eram portugueses e estavam num brigue carregado com milho[202] que mudara de curso às cinco horas naquela manhã e, por esse motivo, a embarcação afundou naquele momento com dois membros da tripulação. Como aqueles onze homens entraram no bote (que estava amarrado ao convés), nenhum deles era capaz de dizer. Nós lhes fornecemos tudo que era necessário e levamos todos a salvo para Londres. E espero que o Senhor tenha-lhes concedido o arrependimento que conduz à vida eterna.

Em nossa chegada, fiquei feliz novamente junto aos meus amigos e irmãos até novembro, quando meu velho amigo, o célebre doutor Irving, comprou uma belíssima chalupa de cerca de 150 toneladas. Ele estava disposto a uma nova empreitada — cultivar fazendas na Jamaica e na Costa dos Mosquitos[203] — e pediu-me para acompanhá-lo dizendo que preferia confiar sua propriedade a mim a deixá-la com qualquer outra pessoa. Em conformidade com os conselhos dos meus amigos, aceitei a proposta, sabendo que naquelas regiões as colheitas eram sempre excelentes e esperando ser o

[201] Citações seletivas dos Salmos. (N. do T.)

[202] O termo *corn* no original refere-se a cereais em grão em geral, não necessariamente ao milho. (N. do T.)

[203] A Costa dos Mosquitos (ou dos Misquitos), também conhecida como Mosquítia, situa-se no Caribe, ocupando a atual costa atlântica de Nicarágua e Honduras. (N. do T.)

instrumento, sob Deus, para conduzir algum pobre pecador ao meu bem-amado mestre, Jesus Cristo.

Antes de embarcar, encontrei na companhia do doutor Irving quatro índios misquitos que eram chefes em seu próprio país e tinham sido trazidos por comerciantes ingleses por alguma finalidade egoísta. Um deles era o filho do rei dos Misquitos, um jovem de cerca de dezoito anos de idade que, enquanto ali estava, recebera o nome de George. Eles estavam retornando às expensas do governo depois de ter permanecido na Inglaterra por cerca de doze meses, período em que aprenderam a falar inglês bastante bem. Quando fui conversar com eles, cerca de oito dias antes de zarparmos, fiquei mortificado ao descobrir que não tinham frequentado nenhuma igreja — e foram batizados —, nem se prestou qualquer atenção às suas condutas morais. Lamentei muito esse arremedo de cristianismo e tive apenas uma oportunidade, antes de zarparmos, para levar alguns deles à igreja.

Embarcamos no mês de novembro de 1775 a bordo da chalupa *Morning Star*, com o capitão David Miller, velejando para a Jamaica. Em nossa travessia, esforcei-me ao máximo para instruir o príncipe índio nas doutrinas do cristianismo, das quais ele era inteiramente ignorante; e, para minha grande alegria, ele mostrou-se muito atencioso, recebendo com satisfação as verdades que o Senhor permitiu-me apresentar-lhe. No espaço de onze dias ensinei-lhe todas as letras e ele conseguiu até juntar duas ou três delas e soletrá-las.

Eu possuía um *Martirológio de Fox*[204] com gravuras, que ele costumava examinar com muito gosto, fazendo diversas perguntas sobre as crueldades papais que via ali des-

---

[204] Trata-se de *The Acts and Monuments of the Church, or Book of Martyrs*, de John Fox (1517-1587), uma obra contra o catolicismo romano republicada com frequência no século XVIII em edições condensadas, com ilustrações de xilogravura. (N. do T.)

critas, as quais eu lhe explicava. Fiz tamanhos progressos com aquele jovem, especialmente na religião, que, quando eu ia para a cama em diferentes horas da noite, ele, caso estivesse em sua cama, levantava-se com o propósito de ir orar comigo sem nenhuma outra roupa além de sua camisa. E antes de comer qualquer das refeições entre os cavalheiros na cabine, ele vinha primeiro junto a mim para "rezar", como ele o designava. Aquilo me deixava muito satisfeito e deleitei-me imensamente com ele, suplicando bastante a Deus por sua conversão.

Estava bastante esperançoso ao perceber, diariamente, cada sinal daquela mudança que eu desejava, ignorando os artifícios de Satanás, que possuía muitos de seus emissários para semear seu joio tão rapidamente quanto eu semeava a boa semente e para demolir tão rapidamente quanto eu construía.

Continuamos assim por quase quatro quintos da nossa viagem, quando Satanás finalmente assumiu o controle. Alguns de seus mensageiros, vendo aquele pobre pagão muito avançado na devoção a Deus, começaram a perguntar-lhe se eu o havia convertido ao cristianismo, rindo e zombando dele. Eu os repreendia por isso tanto quanto podia, mas esse tratamento fez o príncipe hesitar entre as duas opiniões. Alguns dos verdadeiros filhos de Belial,[205] que não acreditavam na existência de eternidade, disseram-lhe para nunca temer o Diabo porque ele não existia e que, caso alguma vez ele surgisse para o príncipe, desejariam que pudesse ser enviado a eles também. Zombavam assim do pobre e inocente jovem, de modo que ele não aprendesse mais o seu livro! Ele não beberia nem farrearia com esses enganadores incrédulos, mas também não ficaria mais comigo, nem mesmo nas orações. Aquilo muito me afligiu e esforcei-me, o melhor que pude,

---

[205] Personificação demoníaca mencionada em 2 Coríntios 6:15. (N. do T.)

para persuadi-lo, mas ele não viria. Insisti muito para que me dissesse suas razões para agir daquele modo. Por fim, ele perguntou-me: "Por que todos os homens brancos a bordo, que sabem ler e escrever, observam o sol e sabem de tudo, ainda assim praguejam, mentem e se embriagam, sendo você a única exceção?". Eu lhe respondi que era porque eles não temiam a Deus e que, caso algum deles morresse, não poderia então chegar até Deus ou ser feliz com Ele. Ele respondeu que, caso determinada pessoa fosse para o inferno, ele também iria para lá. Lamentei ouvir aquilo e como ele às vezes tinha dor de dente, assim como outras pessoas no navio, perguntei-lhe se a dor de dente dos outros aliviava a sua e ele disse que não. Então eu lhe disse que, caso ele e aquelas pessoas fossem juntos para o inferno, os sofrimentos delas não tornariam o seu mais leve. Aquela resposta pesou-lhe muito, deprimindo bastante seu espírito; a partir de então, ele preferiu ficar a sós durante o resto da viagem.

Quando estávamos na latitude da Martinica, quase avistando terra, houve numa manhã uma forte tempestade de vento e, como havia um excesso de velas, o mastro principal pendeu por sobre a lateral. Muitas pessoas estavam então ao longo do convés e as vergas, mastros e cordames desabaram todos sobre nós, embora ninguém tenha sofrido o menor arranhão. Alguns, no entanto, escaparam da morte por um fio: particularmente, vi dois homens que pela mão providencial de Deus foram salvos de ser despedaçados do modo mais milagroso.

No dia 5 de janeiro chegamos a Antígua e Montserrat; percorremos o resto das ilhas e, no dia 14, chegamos à Jamaica. Num domingo, enquanto estávamos lá, levei o príncipe misquito George a uma igreja, onde ele assistiu à administração do sacramento. Ao sair, vimos todo tipo de gente no espaço de meia milha — que ia quase da porta da igreja até a beira-mar — comprando e vendendo todos os tipos de mercadoria. Aquilo me proporcionou muitos temas para exortar o jovem, que estava bastante surpreso.

Estando nosso navio pronto para navegar para a Costa dos Mosquitos, acompanhei o doutor a bordo de um navio negreiro da Guiné a fim de comprarmos alguns escravos para levar conosco para cultivar uma fazenda e todos os que escolhi eram meus compatriotas, alguns dos quais vindos da Líbia.[206]

No dia 12 de fevereiro zarpamos da Jamaica e, no dia 18, chegamos à Costa dos Mosquitos, num lugar chamado Dupeupy. Então, depois de receberem advertências minhas e algumas caixas de bebidas do doutor, os nossos hóspedes indígenas despediram-se afetuosamente de nós e desembarcaram, sendo recebidos em terra pelo rei dos Misquitos. Depois disso, nunca mais os vimos.

Em seguida, navegamos para o sul da costa até um lugar chamado Cabo Gracias a Dios,[207] onde havia um grande lago ou laguna, na qual desembocavam dois ou três belos rios largos, ricos em peixes e tartarugas terrestres. Ali vieram a bordo alguns dos índios nativos, que nós tratamos bem, dizendo-lhes que havíamos chegado para viver entre eles, o que parecia ser de seu agrado. Então o doutor e eu, acompanhados de alguns outros, desembarcamos junto com eles, que nos levaram a diversos lugares para examinarmos o terreno a fim de escolher um local onde estabelecer a fazenda. Fixamo-nos num ponto perto da margem de um rio, com um solo rico e, depois de retirar nossas necessidades da chalupa,

[206] Veja-se *Scripture Dictionary, 1 Chron. 1:33*, de John Brown. Também *Purver's Bible, with Notes on Gen. 25:4*.
[Equiano refere-se a uma descendência de Abraão que se estabeleceu na Líbia e foi denominada "africanos". (N. do T.)]

[207] O Cabo Gracias a Dios fica na parte norte da chamada Costa dos Mosquitos, no Caribe, entre Honduras e Nicarágua, na foz do rio Coco. (N. do T.)

começamos a desmatar e a plantar diferentes tipos de vegetais, que brotaram rapidamente.

Enquanto estávamos assim ocupados, nosso navio foi para o norte, até Black River,[208] a fim de comerciar. Enquanto ali estava, acabou deparando-se com um navio guarda-costa espanhol que o apreendeu. Isso veio a ser muito prejudicial e causou-nos um grande embaraço. Prosseguimos, no entanto, com o cultivo da terra.

À noite, costumávamos acender fogueiras ao nosso redor para manter afastados os animais selvagens, os quais, logo que escurecia, soltavam os mais horrendos rugidos. Estando nossas habitações distantes mata adentro, frequentemente nos deparávamos com diversos tipos de animais, mas nenhum deles jamais nos feriu, exceto as cobras venenosas, cujas picadas o doutor costumava curar dando ao paciente, o mais rapidamente possível, cerca de meio copo de rum forte com uma boa dose de pimenta caiena dentro. Dessa forma ele curou dois nativos e um de seus próprios escravos.

Os índios gostavam demais do doutor e possuíam uma boa razão para isso, pois acredito que nunca tiveram entre eles um homem tão útil. Eles chegavam às nossas moradias vindos de todos os quadrantes. Alguns *woolwow*, ou índios de cabeça chata,[209] que viviam a cinquenta ou sessenta milhas acima do nosso rio, daquele lado do Mar do Sul,[210] traziam-nos uma boa quantidade de prata para trocar por nossos produtos. Os principais artigos que podíamos conseguir com nossos vizinhos índios eram óleo de tartaruga, conchas, um pouco de ervas locais e alguns mantimentos. Mas eles não

[208] Rio Tinto para os espanhóis. (N. do T.)

[209] Trata-se do grupo étnico atualmente conhecido como Uluas. (N. do T.)

[210] South-Sea, como era designado então o Oceano Pacífico. (N. do T.)

trabalhariam para nós em nada, exceto na pescaria e, algumas vezes, ajudando a derrubar algumas árvores com a finalidade de construir casas para nós, as quais eles faziam exatamente como os africanos, pelo trabalho conjunto de homens, mulheres e crianças.

Não me recordo de nenhum deles que possuísse mais de duas esposas. Essas sempre acompanhavam seus maridos quando eles vinham até nossas residências e, nessas ocasiões, geralmente eram elas que carregavam aquilo que eles traziam para nós, permanecendo sempre agachadas atrás de seus maridos. Sempre que lhes dávamos algo para comer, os homens e suas esposas comiam separadamente e nunca vi o menor sinal de impudicícia entre elas.

As mulheres ornamentam-se com miçangas e gostam de se pintar. Os homens também se pintam, até em demasia, tanto em seus rostos como em suas camisas, e a cor favorita deles é o vermelho. As mulheres geralmente cultivam a terra e os homens são todos pescadores e fabricantes de canoas. No geral, nunca conheci nação que fosse tão simples em seus costumes como aquele povo ou que tivesse tão poucos ornamentos em suas casas. Pelo que pude apurar, tampouco tinham eles alguma palavra para expressar imprecações. A pior palavra que jamais ouvi entre eles durante uma desavença era uma das que tinham adquirido do inglês, que era "seu malandro".[211]

Nunca vi qualquer forma de culto entre eles, mas nisso não eram piores do que seus irmãos ou vizinhos europeus: pois lamento dizer que não havia uma única pessoa branca onde morávamos, nem em parte alguma que eu tenha visitado nos diversos lugares da costa onde estive, que fosse melhor ou mais piedosa do que aqueles índios ignorantes. Mas, aos domingos, eles ou trabalhavam ou dormiam. Para meu

---

[211] *You rascal*, no original. (N. do T.)

pesar, o trabalho era, demasiadamente, a ocupação dominical entre nós. Tanto assim que, depois de algum tempo, nós realmente não distinguíamos um dia do outro. Esse estilo de vida finalmente serviu de fundamento para minha partida.

Os nativos têm boa compleição e são guerreiros, e se jactam particularmente por não terem sido jamais conquistados pelos espanhóis. Eles são grandes bebedores de bebidas alcoólicas fortes, quando conseguem obtê-las. Costumávamos destilar rum a partir de abacaxis, que eram muito abundantes ali, e nessas ocasiões não conseguíamos que fossem embora de onde estávamos. No entanto, no que se refere à honestidade, eles pareciam singulares e superiores a qualquer outro povo junto ao qual estive. Como o país era quente, víviamos sob uma choupana aberta, onde mantínhamos todos os tipos de bens sem nenhuma porta ou tranca para qualquer objeto. No entanto, dormíamos com segurança, sem nunca perder nada nem sermos perturbados. Achávamos isso muito surpreendente, e o doutor, eu e outros costumávamos dizer que, caso dormíssemos daquele modo na Europa, teríamos nossas gargantas cortadas logo na primeira noite.

O chefe indígena passa de vez em quando por toda a província ou distrito levando consigo diversos homens como serventes e auxiliares. Assim como fazem os juízes daqui, ele resolve todos os litígios entre as pessoas, sendo tratado com enorme deferência. Antes de visitar-nos, ele teve o cuidado de nos avisar oportunamente, enviando seu cetro como um sinal, com a pretensão de receber rum, açúcar e pólvora, cujo envio nós não recusamos. Ao mesmo tempo, preparamos a melhor recepção possível para sua senhoria e seu séquito.

Quando ele se aproximava com sua tribo e todos os chefes da nossa vizinhança, esperávamos encontrar nele um solene e respeitável magistrado, íntegro e sagaz. Porém, ao invés disso, antes mesmo que ele e sua turma aparecessem já podíamos ouvi-los muito ruidosos; eles haviam até saqueado alguns índios que eram nossos bons vizinhos e se embriagado com nossa bebida. Quando chegaram, não sabíamos o que fazer com nossos novos visitantes e, de bom grado, teríamos dispensado a honra de sua companhia. No entanto, não havendo alternativa, nós servimos-lhes banquetes fartos durante todo o dia até a noite, quando o chefe, bastante bêbado e incontrolável, golpeou um dos nossos chefes mais amigáveis, que era nosso vizinho mais próximo, e ainda tomou dele seu chapéu enfeitado com ouro. Isso provocou um grande tumulto e o doutor interveio a fim de acalmar os ânimos — dentro da compreensão mútua que nos era possível —, porém sem sucesso. Por fim, eles tornaram-se tão ultrajantes que o doutor, temendo que pudesse ficar em apuros, abandonou o recinto correndo o mais depressa que pôde para o bosque mais próximo, deixando-me entre eles para que eu fizesse o melhor possível.

Estava tão furioso com o chefe que poderia ter desejado vê-lo amarrado firmemente a uma árvore e açoitado por seu comportamento. Eu não dispunha, todavia, de um número suficiente de pessoas para lidar com seu bando e, por isso, pensei num estratagema para apaziguar o distúrbio. Recordando-me de uma passagem que tinha lido na biografia de Colombo — de quando estava entre os índios na Jamaica, em determinada ocasião, ele os amedrontou ao narrar-lhes certos eventos celestiais —, recorri ao mesmo expediente, que funcionou além das minhas expectativas mais otimistas. Depois de ter tomado minha decisão, meti-me no meio deles e, segurando o chefe, apontei para o céu. Lancei então uma ameaça contra ele e todos os demais: disse que o Deus que vivia lá em cima estava furioso com eles, pois não deveriam brigar assim; que eram todos irmãos e que, caso não parassem a briga e fossem embora tranquilamente, eu pegaria o livro (apontando para a Bíblia) para ler e *ordenaria* a Deus que os fizesse morrer. Aquilo foi como mágica; o alarido cessou imediatamente e eu dei-lhes um pouco de rum e mais algumas coisas. Depois disso, eles partiram tranquilamente e, mais tarde, o chefe restituiu o chapéu ao nosso vizinho, que se chamava capitão Plasmyah. Ao retornar, o doutor ficou extremamente feliz por meu sucesso em livrar-nos daquele modo de nossos incômodos visitantes.

O povo misquito de nossa vizinhança, por respeito ao doutor, a mim e ao nosso pessoal, promovia festas grandiosas que na língua deles eram chamadas de *tourrie* ou *dryckbot*. Em inglês, essa expressão significa uma festa de *drinking about*, da qual parece ser uma corrupção linguística.[212] A bebida servida consistia em abacaxis assados e mandiocas[213] mastigadas ou batidas em pilão que fermentavam depois de descansar por algum tempo, tornando-se tão forte a ponto de embriagar quando ingerida em qualquer quantidade. Éramos avisados oportunamente sobre a realização da festa.

Uma família branca que estava a cinco milhas de nós relatou-nos como a bebida era feita; eu e dois outros fomos antes da hora para a aldeia onde seria o alegre festejo e lá vimos toda a arte da preparação da bebida e também os tipos de animais que ali seriam comidos. Não posso dizer que seus

---

[212] Embora no original o autor utilize *drinking about*, refere-se provavelmente à expressão inglesa *drinking bout*, que significa um longo período de bebedeira ou ingestão excessiva de bebidas alcoólicas, da qual sugere que *dryckbot* seja corruptela. (N. do T.)

[213] O autor utiliza a palavra *casade* referindo-se a uma espécie de mandioca, planta que também é conhecida pelos nomes de *cassava* e *casabe*, largamente utilizada naquela região, inclusive para a elaboração de bebidas fermentadas. No Brasil, os povos indígenas produziam o *cauim*, bebida alcoólica tradicional, por meio da fermentação da mandioca ou do milho, às vezes misturados com suco de fruta. Depois de cozida, a matéria-prima é mastigada e recozida para a fermentação, de forma que enzimas presentes na saliva humana possam quebrar o amido em açúcares fermentáveis. (N. do T.)

aspectos — tanto da bebida como da carne — fossem atraentes para mim. Havia alguns milhares de abacaxis assando, que eram espremidos com sujeira e tudo em um cocho que tinham ali para esse propósito. A bebida de mandioca ficava em barris de carne e em outros recipientes e tinha a aparência exata de lavagem de porco. Homens, mulheres e crianças dedicavam-se assim a assar os abacaxis e a espremê-los com suas mãos.

Para comer, tinham muitos cágados terrestres, ou jabutis, um pouco de tartaruga seca e três grandes jacarés vivos amarrados a árvores. Perguntei às pessoas o que eles fariam com aqueles jacarés e disseram-me que deveriam ser comidos. Fiquei bastante surpreso e fui para casa sentindo muita repugnância ante esses preparativos.

Quando o dia da festa chegou, fomos para o lugar designado levando conosco um pouco de rum; ali encontramos uma grande reunião daquelas pessoas, que nos receberam muito gentilmente. A diversão havia começado antes de chegarmos e eles já dançavam ao som da música. Os instrumentos musicais eram quase os mesmos que os de qualquer povo negro, mas, na minha opinião, a música era muito menos melodiosa do que a de qualquer outra nação que já conheci. Eles faziam muitos gestos curiosos ao dançar, com uma variedade de movimentos e posturas corporais que, para mim, não eram de modo algum atraentes. Os homens dançavam sozinhos, assim como as mulheres, como ocorre conosco. O doutor deu o exemplo a seu pessoal ao se juntar imediatamente ao grupo das mulheres, embora não por escolha delas. Percebendo o incômodo das mulheres, ele juntou-se aos homens.

À noite houve grandes clarões, com fogo sendo ateado a muitos pinheiros, enquanto o *dryckbot* circulava alegremente em cabaças ou cuias. Mas aquela beberagem podia ser mais adequadamente chamada de comida do que de bebida.

Um certo Owden, o padre mais velho na vizinhança, estava vestido de uma forma estranha e assustadora. Em redor de seu corpo havia peles enfeitadas com diferentes tipos de penas e ele trazia na cabeça um chapéu muito grande e alto no formato de um quepe de granadeiro com espinhos semelhantes aos de um porco-espinho, fazendo um barulho parecido com o bramido de um jacaré. Nosso pessoal pulava entre eles por complacência, embora alguns não conseguissem beber da sua *tourrie*; nosso rum, no entanto, encontrou consumidores suficientes e logo terminou.

Os jacarés foram mortos e alguns deles assados. Para assá-los colocam lenha num buraco cavado na terra e a queimam até ficar em brasa; em seguida, varas com a carne espetada são dispostas ao longo de sua extensão. Eu peguei um pedaço cru do jacaré na minha mão: era muito suculento, achei que parecia salmão fresco e tinha o mais perfumado aroma, mas eu não conseguia comer nem um pouco daquilo. O folguedo finalmente terminou sem que houvesse a menor desavença entre os convivas, embora o grupo fosse composto por pessoas de nações e cores de pele diferentes.

A estação das chuvas chegava ali no final de maio, aproximadamente, permanecendo até agosto com muita força, de modo que os rios transbordavam carregando as nossas provisões que estivessem no chão. Eu considerava que, em alguma medida, aquilo era um castigo imposto a nós por trabalharmos aos domingos, o que afligia muito minha mente. Muitas vezes eu desejava sair dali e partir para a Europa, pois aquele modo bárbaro como nos comportávamos e vivíamos era muito desgastante para mim. A palavra de Deus diz: "Que aproveitará ao homem se ganhar o mundo inteiro e perder a sua alma?".[214] Isso afetava minha mente de modo

---

[214] Mateus 16:26. (N. do T.)

sério e intenso e, embora eu não soubesse como falar com o doutor a respeito da minha dispensa, seria desagradável para mim permanecer por mais tempo. Porém, por volta de meados de junho tomei coragem suficiente para solicitá-la. Ele a princípio ficou muito relutante em aceitar meu pedido, mas eu lhe dei tantas razões a favor que ele finalmente consentiu com minha partida, fornecendo-me o seguinte atestado sobre meu comportamento:

> "O portador, Gustavus Vassa, serviu-me por vários anos com estrita honestidade, sobriedade e fidelidade. Estou capacitado, portanto, a recomendá-lo com justiça por essas qualificações e, na verdade, em todos os aspectos eu o considero um excelente empregado. Pelo presente certifico que ele sempre se comportou bem e que é perfeitamente digno de confiança.
> Charles Irving
> Costa dos Mosquitos, 15 de junho de 1776."

Embora fosse muito ligado ao doutor, fiquei feliz quando ele consentiu. Preparei tudo para minha partida e contratei alguns índios com uma grande canoa para me levarem dali. Todos os meus pobres compatriotas, os escravos, ficaram muito tristes ao saber que eu os deixaria, pois sempre os tratara com carinho e afeto, fazendo tudo que pudesse para confortar as pobres criaturas e aliviar a condição deles.

Depois de despedir-me de meus velhos amigos e companheiros, deixei aquele canto do mundo no dia 18 de junho acompanhado pelo doutor, partindo para o sul até um local a mais de vinte milhas ao longo do rio. Ali encontramos uma chalupa cujo capitão me disse que estava indo para a Jamaica. Depois de combinar minha viagem com ele e um dos proprietários, chamado Hughes, que também estava a bordo, o

doutor e eu nos separamos, não sem que ambos derramásse-
mos lágrimas. A embarcação então navegou ao longo do rio
até a noite, quando parou numa laguna dentro do mesmo
rio. Durante a noite chegou uma escuna pertencente aos mesmos proprietários e, como ela estava necessitando de tripulação, Hughes, o proprietário da chalupa, pediu-me para embarcar na escuna como marinheiro, dizendo que me pagaria
salários. Eu lhe agradeci, mas disse que pretendia ir para a
Jamaica. Ele então mudou imediatamente seu tom, passando
a xingar-me e a maltratar-me bastante, e perguntou como eu
fora libertado. Eu lhe contei, dizendo que chegara naquelas
vizinhanças junto com o doutor Irving, o qual ele tinha visto
naquele dia. Esse relato foi inútil, pois ele continuou a me
xingar excessivamente e amaldiçoou meu senhor, considerando-o um tolo por ter vendido minha liberdade a mim, e também o doutor, porque fora outro tolo ao permitir que eu o
deixasse.

Ele então quis que eu fosse para a escuna, pois caso contrário não sairia da chalupa como um homem livre. Eu disse
que aquilo era muito injusto e pedi para ser posto novamente em terra, mas ele jurou que eu não seria. Eu disse que tinha estado duas vezes entre os turcos e, no entanto, nunca
tinha visto semelhante tratamento por parte deles e que jamais poderia esperar uma coisa daquele tipo entre os cristãos.
Isso o enfureceu sobremaneira e, com uma torrente de pragas
e imprecações, ele replicou: "Cristãos! Dane-se, você é um
dos homens de São Paulo, mas por ...,[215] salvo se você tiver
a fé de São Paulo ou São Pedro e caminhar sobre a água até
a terra, você não sairá deste navio", o qual, então descobri,

---

[215] No original, há apenas a inicial "g", talvez uma abreviação de
goddamned, "maldito", blasfêmia que, possivelmente, Equiano teria se
recusado a grafar por inteiro. (N. do T.)

270   Olaudah Equiano

estava indo ao encontro dos espanhóis, na direção de Cartagena,[216] onde ele jurou que me venderia.

Perguntei-lhe simplesmente que direito ele tinha de vender-me. Ele, porém, sem dizer mais nada, obrigou alguns de seus homens a amarrar cordas ao redor dos meus pulsos e tornozelos, e outra corda ao redor do meu corpo; eles então me suspenderam de modo que eu não pudesse pisar ou apoiar-me em coisa alguma. Fui pendurado desse modo sem ter cometido nenhum crime e sem ser submetido a juiz ou júri, simplesmente porque eu era um homem livre que não podia por lei, naquelas partes do mundo, receber qualquer reparação de uma pessoa branca.

Eu sofria muito naquela situação, chorando e implorando com ardor por alguma misericórdia, mas tudo em vão. Meu opressor, muito enraivecido, trouxe um mosquete para fora da cabine e o carregou diante de mim e da tripulação, jurando que atiraria em mim caso eu continuasse a gritar. Então, sem ter alternativa, permaneci em silêncio, não vendo nenhum branco a bordo dizer nada em meu favor.

Permaneci pendurado daquele modo desde dez ou onze horas da noite até cerca de uma hora da manhã, quando, ao descobrir que meu cruel algoz caíra no sono, implorei a alguns de seus escravos para que afrouxassem a corda que estava ao redor do meu corpo a fim de que meus pés pudessem apoiar-se em alguma coisa. Eles fizeram isso correndo o risco de ser cruelmente maltratados por seu senhor, que no início espancara alguns deles violentamente por não me amarrarem quando ele lhes ordenara.

Enquanto eu permanecia naquela situação, até entre cinco e seis horas da manhã seguinte, tive fé e roguei a Deus para que perdoasse aquele blasfemo que não se importava com o que fazia. Porém pela manhã, quando ele despertou, estava

---

[216] A cidade de Cartagena na atual Colômbia. (N. do T.)

com o mesmo humor e disposição do momento em que me deixara na noite anterior. Quando a âncora foi levantada e o navio estava partindo, gritei mais uma vez implorando para ser solto. Naquele momento, por sorte, eu estava obstruindo o içamento das velas e eles me soltaram.

Depois que me baixaram, conversei com um certo senhor Cox, um carpinteiro que conhecera a bordo, sobre a impropriedade daquela conduta. Ele também conhecia o doutor Irving e o bom conceito que ele sempre teve a meu respeito. Esse homem dirigiu-se então ao capitão e lhe disse para que não me arrebatassem daquela maneira, que eu era comissário do doutor, o qual me tinha em muito alta consideração e ficaria ressentido por aquele tratamento quando tomasse conhecimento. Diante disso ele pediu a um jovem para me levar em terra numa pequena canoa que eu trouxera comigo. Aquilo alegrou meu coração e entrei às pressas na canoa, partindo enquanto meu tirano estava lá embaixo na cabine. Ele, porém, logo me descobriu quando eu não estava a mais de trinta ou quarenta jardas do navio e, correndo pelo convés com um mosquete carregado nas mãos, apontou-o para mim jurando, firme e terrivelmente, que atiraria naquele instante caso eu não retornasse a bordo. Como eu sabia que o patife faria aquilo que dizia, retornei ao navio sem hesitar. Porém, como quis o bom Deus, assim que acostei ele estava insultando o capitão por ter me deixado sair do navio e o capitão revidava, ficando ambos logo muito exaltados. O rapaz que estava comigo já saíra da canoa e o navio estava navegando com rapidez num mar calmo. Pensei então que seria tudo ou nada: assim, naquele instante parti novamente na canoa em direção à costa para salvar a minha vida. E, felizmente, a confusão era tão grande entre eles a bordo que eu saí despercebido fora do alcance do disparo do mosquete, enquanto o navio navegava com vento favorável em outra direção, de modo que, sem virar por davante, eles não poderiam me alcançar. Mas, antes mesmo que isso pudesse ser feito, eu já estaria em terra, onde logo cheguei dando muitas graças a Deus por essa salvação inesperada.

Fui então contar ao outro proprietário, que morava perto daquela costa (com quem eu havia acertado meu transporte), sobre o tratamento que recebera. Ele ficou bastante surpreso e pareceu lamentar muito o ocorrido. Depois de tratar-me com gentileza, deu-me uma refeição e três espigas de milho assadas para uma viagem de cerca de dezoito milhas ao sul, a fim de procurar por outro navio. Ele então me indicou um chefe indígena da região, que era também o almirante misquito[217] e uma vez estivera na nossa moradia. Depois disso parti sozinho com a canoa cruzando uma grande laguna (pois não conseguira ninguém para me ajudar), embora eu estivesse muito cansado e com dor na barriga em razão da corda na qual ficara pendurado na noite anterior. Assim sendo, em diversos momentos fiquei incapacitado de conduzir a canoa, uma vez que remar era muito penoso. No entanto, um pouco antes de escurecer cheguei ao meu destino, onde alguns dos índios me conheciam e me receberam amavelmente. Perguntei pelo almirante e eles me conduziram até sua casa. Ele ficou feliz em ver-me, alimentando-me com produtos locais. Recebi, ainda, uma rede para dormir. Em relação a mim, eles agiram mais como cristãos do que aqueles brancos entre os quais estivera na última noite, embora estes tivessem sido batizados.

Disse ao almirante que queria ir ao porto mais próximo a fim de conseguir um navio que me levasse à Jamaica e pedi-lhe para enviar de volta a canoa que eu então tinha, pelo que deveria pagar-lhe. Ele concordou comigo e enviou cinco ín-

---

[217] Os índios misquitos eram aliados da Coroa Britânica e seus chefes recebiam do governador da Jamaica patentes de capitão, general, almirante etc. (N. do T.)

dios aptos numa grande canoa para me transportar com minhas coisas até o meu destino, a cerca de cinquenta milhas, e partimos na manhã seguinte.

Quando saímos da laguna, seguindo ao longo da costa, o mar estava tão encrespado que muitas vezes a canoa quase se encheu de água. Fomos obrigados a desembarcar e arrastar a canoa através de diversos estreitos de terra. Tivemos ainda que passar duas noites em pântanos infestados de mosquitos que nos incomodavam.

No entanto, essa cansativa viagem por terra e água acabou no terceiro dia, para minha grande alegria, e embarquei numa chalupa comandada pelo capitão Jenning. Ela encontrava-se então parcialmente carregada e ele me disse que esperava diariamente poder navegar para a Jamaica. Depois de combinarmos que eu trabalharia em troca da minha passagem, fui então trabalhar.

Permaneci poucos dias a bordo antes de zarparmos, porém, para minha tristeza e decepção — embora eu estivesse acostumado a essas trapaças — rumamos para o sul, ao longo da Costa dos Mosquitos, ao invés de nos dirigimos à Jamaica. Fui obrigado a ajudar no corte de uma grande quantidade de mogno na costa, conforme nós a percorríamos, e a carregar o navio com essa madeira. Aquilo me incomodava muito, contudo, eu não sabia como me defender em meio àqueles trapaceiros e julgava ser a paciência o único remédio que me restava, mas até isso era forçado.

Havia muito trabalho pesado e poucas provisões a bordo, exceto quando, por sorte, apanhávamos tartarugas. Naquela costa havia também uma espécie particular de peixe chamado peixe-boi, o melhor para se comer, sendo sua carne mais parecida com a de boi do que com a de peixe. Suas escamas são tão grandes quanto uma moeda de um xelim e a pele é mais espessa do que eu jamais vi em qualquer outro peixe. Nas águas salobras ao longo do litoral havia também um grande número de jacarés, o que tornava os peixes escassos.

Fiquei dezesseis dias a bordo dessa chalupa, durante os quais, em nosso costeamento, chegamos a um lugar onde havia uma chalupa menor chamada *Indian Queen*, comandada por um certo John Baker. Ele também era inglês e tinha ficado por um bom tempo ao longo da costa negociando cascos de tartaruga e prata, do que possuía uma boa quantidade a bordo. Ele estava muito necessitado de mão de obra e, percebendo que eu era livre e desejava ir para a Jamaica, disse-me que, caso conseguisse um ou dois homens a mais, navegaria imediatamente para aquela ilha.

Ele também simulou alguns sinais de atenção e respeito para comigo, prometendo dar-me 45 xelins por mês caso eu o acompanhasse. Achei que aquilo seria muito melhor do que ficar cortando madeira em troca de nada. Então eu disse ao outro capitão que pretendia ir para a Jamaica na outra embarcação, mas ele não me deu ouvidos. Porém, ao ver-me decidido a partir em um dia ou dois, ele zarpou com o navio com a intenção de retirar-me dali contra minha vontade. Esse tratamento deixou-me extremamente mortificado. Agindo conforme o que eu havia combinado com o capitão da *Indian Queen*, pedi imediatamente para que o bote dela, que estava situado perto de nós, fosse enviado, e ele acostou. Graças a um colega de bordo do Polo Norte que eu encontrara na chalupa em que estava, meus pertences foram colocados no bote e embarquei na *Indian Queen* no dia 10 de julho. Alguns dias depois da minha chegada preparamos tudo e zarpamos. Porém, uma vez mais, para minha grande mortificação, esse navio foi ainda mais para o sul, chegando quase a Cartagena, comerciando ao longo da costa em vez de ir para a Jamaica como o capitão havia me prometido. E o pior de tudo é que ele era um homem muito cruel e sanguinário, além de um terrível blasfemo.

A interessante narrativa da vida de Olaudah Equiano

Entre outros, estava consigo um timoneiro branco chamado Stoker que ele surrava com frequência, tão severamente como surrava alguns negros que possuía a bordo. Uma noite em particular, depois de ter espancado aquele homem do modo mais cruel, ele o colocou no bote e mandou dois negros remarem para levá-lo a um parcel ermo, ou ilhota. Depois, carregou duas pistolas jurando implacavelmente que atiraria nos negros caso eles trouxessem Stoker a bordo novamente. Não havia a menor dúvida de que ele cumpriria sua ameaça e os dois pobres companheiros foram obrigados a obedecer àquela ordem cruel. No entanto, enquanto o capitão estava adormecido, os dois negros pegaram um cobertor e, arriscando suas vidas, o levaram para o infeliz Stoker, que era, creio, o meio de salvar sua vida do incômodo dos insetos. Inúmeras súplicas foram feitas ao capitão no dia seguinte, antes que ele permitisse o retorno de Stoker a bordo. Porém, quando foi trazido a bordo, o pobre homem estava muito doente devido à situação que enfrentara durante a noite, permanecendo assim até ser afogado pouco tempo depois.

Conforme navegávamos para o sul, passávamos por muitas ilhas desabitadas que eram repletas de grandes e belos coqueiros. Como eu estava muito necessitado de provisões, levei para bordo um bote carregado de cocos — suficientes para mim e para outros por várias semanas — que nos proporcionaram muitas refeições deliciosas em meio a nossa escassez.

Um dia, antes disso, não pude deixar de perceber a mão providencial de Deus, que sempre supre todas as nossas necessidades, embora por meios e formas que desconhecemos. Eu havia passado o dia inteiro sem comida, fazendo sinais para que os botes viessem ao navio, porém em vão. Por isso, orei fervorosamente a Deus por um socorro em minha necessidade e, ao final da noite, saí do convés. Assim que me deitei ouvi um barulho no convés e, não sabendo do que se tratava, voltei imediatamente para lá. Ao chegar, o que eu vejo senão um excelente peixe grande, de cerca de sete ou oito libras, que havia pulado a bordo! Eu o apanhei dando graças e admirado com a mão generosa de Deus. E — o que eu não considerei menos extraordinário — o capitão, que era muito cobiçoso, não tentou tomá-lo de mim, estando a bordo apenas ele e eu, pois todos os demais haviam desembarcado para negociar.

Às vezes o pessoal permanecia em terra sem aparecer por alguns dias, o que costumava irritar o capitão, que então desabafava em mim sua fúria, agredindo-me ou fazendo-me padecer de outras maneiras cruéis. Um dia, especialmente, em sua selvagem, perversa e louca conduta, depois de golpear-me com diversos objetos várias vezes, uma delas em minha boca, ele chegou a colocar um barril de pólvora no convés jurando que explodiria o navio com um galho em chamas retirado do fogo. Àquela altura, eu já estava no meu limite e orei fervorosamente a Deus para que me guiasse. O barril estava destampado e o capitão retirou o galho aceso do fogo para explodir-se junto comigo, fazendo isso porque havia então um navio à vista que se aproximava e ele, supondo que fosse um guarda-costas espanhol, temia cair em suas mãos. Ao ver isso, sem que ele percebesse peguei um machado e me coloquei entre ele e a pólvora, determinado a abatê-lo no mesmo instante em que tentasse atear fogo ao barril. Permaneci nessa situação por mais de uma hora, durante a qual ele me bateu muitas vezes, sempre mantendo o fogo em sua mão com aquele perverso propósito.

Eu realmente deveria considerar-me justificado em qualquer outra parte do mundo caso o tivesse matado, e orei a Deus, que me concedeu uma mente que se baseava nele somente. Orei por resignação para que sua vontade pudesse se realizar; estas duas passagens de sua palavra sagrada que ocorreram em minha mente animaram minha esperança, impedindo-me de tirar a vida daquele homem mau: "Ele determinou os tempos já dantes ordenados, e os lugares exatos que deveriam habitar" (Atos 17:26) e "Quem há entre vós que tema ao Senhor e ouça a voz do seu servo? Quando andar em trevas e não tiver luz nenhuma, confie no nome do Senhor e firme-se sobre o seu Deus" (Isaías 50:10). Desse modo, pela graça de Deus eu estava preparado para agir. Encontrei nele a ajuda presente no momento de necessidade e a fúria do capitão começou a serenar conforme a noite se aproximava, mas eu descobri que,

Aquele que não consegue a maré de sua ira enfrentar,
Um cavalo selvagem sem rédea está a cavalgar.[218]

Na manhã seguinte descobrimos que o navio que tanto enfurecera o capitão era uma chalupa inglesa. Eles foram ancorar logo onde estávamos e, para minha enorme surpresa, fiquei sabendo que o doutor Irving estava a bordo dela em seu trajeto da Costa dos Mosquitos para a Jamaica. Pretendia ir imediatamente ao encontro daquele velho senhor e amigo, mas o capitão não permitia que eu saísse do navio. Eu então revelei ao doutor, por carta, o modo como era tratado, implorando para que ele me retirasse da chalupa. Ele me informou, porém, que não tinha esse poder, pois era apenas um passageiro, enviando-me, no entanto, um pouco de rum e açúcar para meu consumo.

Fiquei então sabendo que, depois que eu deixara a propriedade que administrava para esse cavalheiro na Costa dos Mosquitos — um período em que os escravos eram bem alimentados e estavam satisfeitos —, um feitor branco substituiu-me naquele cargo. Esse homem, por desumanidade e in-

---

[218] Adaptado da peça *Love's Last Shift*, de Colley Cibber (1671-1757). (N. do T.)

sensata avareza, agredia e feria os pobres escravos do modo mais impiedoso; como consequência, todos eles entraram numa grande canoa piroga[219] e tentaram fugir. Porém, sem saber aonde ir nem como conduzir a canoa, todos eles acabaram se afogando. Em decorrência disso, a plantação do doutor ficou sem cultivo e agora ele estava retornando à Jamaica a fim de comprar mais escravos para supri-la novamente.

No dia 14 de outubro a chalupa *Indian Queen* chegou a Kingston, na Jamaica. Terminada sua descarga, exigi o meu salário, que totalizava oito libras esterlinas e cinco xelins, mas o capitão Baker recusou-se a me dar um único centavo, embora aquele fosse o dinheiro mais suado pelo qual eu já trabalhei na minha vida. Informei o doutor Irving a respeito, deixando-o inteirado da trapaça do capitão. Ele fez tudo que podia para me ajudar a conseguir meu dinheiro; fomos a todos os magistrados de Kingston (havia nove), mas todos se recusaram a fazer algo por mim, dizendo que meu juramento não poderia ser admitido contra um homem branco. Isso não era tudo, pois, por eu ter tentado reivindicar meu dinheiro, Baker ameaçou me espancar severamente caso conseguisse me pegar, e ele teria feito isso se eu não tivesse, por meio do doutor Irving, conseguido ficar sob a proteção do capitão Douglas, do navio de guerra *Squirrel*. Considerei esse tratamento extremamente injusto, embora, na verdade, eu havia descoberto que pagar os negros livres por seu trabalho daquele modo era costume demasiadamente comum por ali.

Um dia fui com um negro livre chamado Joe Diamond, que era alfaiate, a um certo senhor Cochran, o qual estava em dívida com ele por uma soma insignificante; não conseguindo receber o seu dinheiro, o homem começou a resmun-

---

[219] Embarcação indígena feita de um só tronco de árvore escavado a fogo. (N. do T.)

gar. O outro imediatamente pegou um chicote para puni-lo, mas, pondo sebo nas canelas, o alfaiate escapou afinal.

Opressões como essas me fizeram procurar um navio para sair da ilha o mais rapidamente possível e, graças à misericórdia de Deus, encontrei um navio com destino à Inglaterra em novembro, quando embarquei com um comboio depois de ter dado um último adeus ao doutor Irving.

Quando deixei a Jamaica, ele estava se dedicando ao refino de açúcar e ofereceu-me um emprego, mas recusei. Alguns meses depois da minha chegada à Inglaterra, fiquei sabendo com muito pesar que aquele meu amável amigo havia morrido devido à ingestão de peixe envenenado.

Passamos por diversas tempestades de vento muito violentas em nossa viagem, durante a qual não ocorreu nenhum incidente relevante, exceto por um navio corsário norte-americano que, ao deparar-se com a frota, foi capturado e incendiado pelo *HMS Squirrel*.

No dia 7 de janeiro de 1777 chegamos a Plymouth. Fiquei feliz por pisar em solo inglês uma vez mais e, depois de passar pouco tempo em Plymouth e Exeter entre alguns amigos devotos, que fiquei feliz por encontrar, fui para Londres com o coração repleto de graças a Deus por todas as misericórdias passadas.

CAPÍTULO XII

Diversas ocorrências na vida do autor até o tempo presente
— Sua petição ao antigo Bispo de Londres para ser
nomeado missionário na África — Alguns relatos de sua
participação na gestão da recente expedição a Serra Leoa
— Petição à Rainha — Final

Tais foram as diversas situações que testemunhei e a fortuna que experimentei até o ano de 1777. A partir de então, minha vida tem sido mais uniforme, registrando menos incidentes do que em qualquer outro período anterior com igual número de anos. Portanto, abrevio a conclusão da narrativa, a qual temo que o leitor já possa estar achando suficientemente tediosa.

Sofri tantas opressões em minhas transações comerciais em diversas partes do mundo que adquiri uma aversão profunda pela vida de navegante, ficando determinado a não retornar a ela, ao menos por algum tempo. Por isso, trabalhei como criado uma vez mais, logo após o meu regresso, permanecendo nessa situação na maior parte do tempo até 1784.

Logo depois da minha chegada a Londres, observei uma circunstância notável em relação à compleição africana, que considerei tão extraordinária que peço licença para apenas mencioná-la: uma mulher negra, de pele clara, que eu tinha visto anteriormente em Londres e em outros lugares, havia se casado com um homem branco, com quem teve três meninos, todos eles mulatos que, no entanto, possuíam belos cabelos claros.

Em 1779 trabalhei para o governador MacNamara, que havia passado um tempo considerável na costa da África.

Durante aquele período, eu costumava convidar os outros serviçais para que se juntassem a mim em orações familiares; isso, porém, só provocava zombaria da parte deles. No entanto, o governador, percebendo que eu tinha uma inclinação religiosa, quis saber qual era a minha religião. Eu lhe disse que era um protestante da Igreja Anglicana, em conformidade com os 39 artigos dessa Igreja, e que ouviria qualquer um que encontrasse pregando de acordo com essa doutrina. Poucos dias depois, tivemos mais algumas conversas sobre o mesmo assunto. O governador falou comigo sobre isso novamente, dizendo que, caso eu aceitasse, poderia enviar-me como missionário para a África, pois achava que eu poderia ser útil na conversão de meus compatriotas à fé do Evangelho. Eu, a princípio, recusei-me a ir, contando-lhe como havia sido tratado por alguns brancos numa ocasião semelhante na última viagem que fizera para a Jamaica, quando eu tentara (caso fosse o desejo de Deus) ser o meio de conversão do príncipe índio. Disse ainda que supunha que me tratariam pior do que São Paulo foi tratado por Alexandre, o latoeiro,[220] caso eu experimentasse juntar-me a eles na África. Ele falou que eu não deveria temer, pois solicitaria minha ordenação ao Bispo de Londres. Naquelas condições, concordei com a proposta do governador para ir à África, na esperança de fazer o bem, se possível, junto aos meus compatriotas.

Assim, a fim de que eu fosse adequadamente enviado, escrevemos imediatamente as seguintes cartas ao antigo Bispo de Londres:

"Ao Reverendíssimo Padre em Deus,
Robert, Lorde Bispo de Londres:

---

[220] Referência à segunda epístola de São Paulo a Timóteo (2 Timóteo 4:14-15). (N. do T.)

A petição de Gustavus Vassa

Considerando respeitosamente,
Que vosso peticionário é um nativo da África, conhecendo os hábitos e costumes dos habitantes daquela terra.

Que vosso peticionário residiu em diversas partes da Europa nos últimos vinte e dois anos, tendo adotado a fé cristã no ano de 1759.

Que vosso peticionário deseja retornar à África como missionário, caso encorajado por Vossa Excelência Reverendíssima, na esperança de ser capaz de convencer seus compatriotas a se tornarem cristãos; e vosso peticionário é o mais persuasivo para encarregar-se disso, a julgar pelo êxito resultante de empreendimentos semelhantes quando promovidos pelos portugueses ao longo de suas diversas colônias na costa da África, e também pelos holandeses: ambos os governos incentivaram aqueles negros que, por sua educação, estão qualificados para esse encargo, sendo considerados mais adequados do que clérigos europeus não familiarizados com a língua e os costumes do país.

Vosso peticionário solicita o ofício de missionário motivado apenas pela possibilidade de ser ele um meio de, sob Deus, reformar seus compatriotas, persuadindo-os a abraçar a religião cristã. Assim sendo, vosso peticionário humildemente roga o incentivo e o apoio de Vossa Excelência Reverendíssima para esse empreendimento.
Gustavus Vassa
Junto ao Sr. Guthrie, alfaiate,
nº 17, Alameda Hedge"

A interessante narrativa da vida de Olaudah Equiano

"Meu Lorde,

Residi por quase sete anos na costa da África, na maior parte do tempo como oficial comandante. A partir do conhecimento que possuo sobre aquela terra e seus habitantes, estou inclinado a considerar que o plano incluso será conduzido com grande êxito, caso apoiado por Vossa Excelência Reverendíssima.

Peço ainda licença a Vossa Senhoria para observar que empreendimentos semelhantes, quando encorajados por outros governos, obtiveram excepcional êxito; e, neste exato momento, conheço um padre negro no Cape Coast Castle[221] que é uma personagem muito respeitável. O presente, chamado Gustavus Vassa, é pessoa do meu conhecimento e acredito tratar-se de um bom homem moralmente.

Tenho a honra de ser,
Meu Lorde,
De Vossa Excelência Reverendíssima
Servo humilde e obediente,
Matt. MacNamara.
Grove, 11 de março de 1779"

Essa carta foi acompanhada também pela seguinte, do doutor Wallace, que havia residido na África por muitos anos e cuja opinião sobre a questão de uma missão na África era a mesma do governador MacNamara:

---

[221] Provável referência ao Castelo de Cabo Corso, um dos cerca de quarenta "castelos de escravos", ou grandes fortalezas comerciais, construídos na Costa do Ouro da África Ocidental (atual Gana) por comerciantes europeus. Vincent Carretta identificou o "padre negro" como sendo o ministro anglicano Philip Quaque (1741-1816). (N. do T.)

"13 de março de 1779

Meu Lorde,

Residi por quase cinco anos na Senegâmbia, na costa da África, e tive a honra de ocupar cargos muito consideráveis naquela província. Eu aprovo o incluso plano e considero o empreendimento muito louvável e adequado, merecedor da proteção e do encorajamento de Vossa Excelência Reverendíssima, com os quais deverá ser cumprido com o êxito pretendido.

Eu sou,
Meu Lorde,
De Vossa Excelência Reverendíssima
Servo humilde e obediente,
Thomas Wallace"

Visitei o bispo levando comigo essas cartas, conforme o desejo do governador, apresentando-as a sua Excelência Reverendíssima. Ele recebeu-me com muita polidez e condescendência, porém, com alguns evidentes escrúpulos de delicadeza, recusou-se a ordenar-me.

Meu único motivo para dedicar-me assim a essa negociação ou para apresentar esses documentos era a opinião de cavalheiros de sabedoria e educação que, estando familiarizados com a África, aventaram a perspectiva de conversão de seus habitantes na fé em Jesus Cristo, caso o intento fosse apoiado pelas autoridades.

Logo depois disso deixei o governador, passando a trabalhar para um nobre na milícia de Devonshire, com quem fiquei acampado em Coxheath por algum tempo.[222] Mas as

---

[222] Coxheath era um dos campos militares implantados então no sul da Inglaterra, para prevenir uma invasão francesa. (N. do T.)

manobras ali foram muito insignificantes e desinteressantes para serem aqui detalhadas.

No ano de 1783 eu visitei oito condados no País de Gales por motivo de curiosidade. Enquanto estava naquela parte do país, fui levado a descer numa mina de carvão em Shropshire, mas minha curiosidade quase me custou a vida, pois, enquanto estava na mina, pedaços de carvão despencaram soterrando um pobre homem que não estava longe de mim. Diante disso escapei o mais rápido que pude, considerando a superfície da terra sua parte mais segura.

Na primavera de 1784 pensei em visitar novamente o velho oceano. Consequentemente, embarquei como comissário a bordo de um novo e excelente navio chamado *London*, comandado por Martin Hopkins, e naveguei para Nova York. Fiquei muito admirado com aquela cidade; é grande e bem desenvolvida, abundando ali todos os tipos de mantimentos. (Enquanto estávamos lá, aconteceu um incidente que considerei extremamente singular: um dia, um criminoso estava para ser executado numa forca; havia, porém, uma condição, pois sua vida poderia ser salva caso alguma mulher, vestida apenas com um vestido sem mangas, se casasse com aquele homem sob a forca. Esse extraordinário privilégio foi reivindicado: uma mulher apresentou-se e a cerimônia de casamento foi realizada.)

Depois de carregado nosso navio, retornamos a Londres em janeiro de 1785. Sendo o capitão um sujeito agradável, quando o navio ficou novamente pronto para outra viagem naveguei com ele dali para a Filadélfia na primavera, em março de 1785. No dia 5 de abril partimos do Land's End[223] com uma ventania agradável e, aproximadamente às nove horas

---

[223] Como vimos, Land's End é um cabo situado no extremo sudoeste da Inglaterra. (N. do T.)

daquela noite, uma lua clara brilhava e o mar estava calmo enquanto nosso navio seguia solto, levado pelo vento a uma velocidade de cerca de quatro ou cinco milhas por hora. Naquele momento, outro navio estava vindo quase tão rapidamente quanto o nosso no sentido oposto, diretamente ao nosso encontro. No entanto, ninguém a bordo de ambos percebeu nenhum dos navios até que eles se chocassem violentamente, proa contra proa, para espanto e consternação das duas tripulações. Ele nos provocou muitos danos, mas creio que nós lhe provocamos mais, pois, quando passamos um pelo outro, o que fizemos muito rapidamente, pediram-nos para parar e deitar fora nossos botes, mas já tínhamos o bastante com que nos ocupar e, em cerca de oito minutos, não o vimos mais. No dia seguinte fizemos reparos, o melhor que podíamos, e prosseguimos nossa viagem, chegando em maio à Filadélfia.

Fiquei muito feliz em visitar uma vez mais essa velha cidade predileta, e meu prazer foi ainda maior ao ver os dignos quacres libertando e aliviando as aflições de muitos dos meus oprimidos irmãos africanos. Meu coração exultou quando fui levado por um desses amigáveis indivíduos para conhecer uma escola gratuita que eles haviam fundado para negros de todas as denominações, cujas mentes eram ali cultivadas e desenvolvidas para a virtude, de modo a torná-los membros úteis da comunidade. O sucesso dessa prática não diz em voz alta aos fazendeiros, na linguagem da Escritura: "Vai, e faze da mesma maneira"?[224]

Em outubro de 1785 alguns africanos e eu apresentamos esse discurso de agradecimento aos cavalheiros chamados Amigos ou Quacres, em White Hart Court, na rua Lombard:

---

[224] Evangelho de São Lucas, 10:37. (N. do T.)

"Cavalheiros,

Ao ler vosso livro intitulado *Advertência à Grã-Bretanha e às suas colônias* — concernente à calamitosa condição dos negros escravizados —, nós, os pobres, oprimidos, necessitados e muito degradados negros desejamos dirigir-lhes o presente discurso de agradecimento, com nosso amor íntimo e o mais caloroso reconhecimento em relação ao sentido mais profundo de vossa benevolência, ao trabalho incansável e à generosa intervenção a fim de quebrar o jugo da escravidão e ministrar um pouco de conforto e alívio a dezenas de milhares de negros muito gravemente afligidos e muito severamente oprimidos.

Cavalheiros, por meio da perseverança os senhores conseguiram finalmente se habilitar, sob Deus, a aliviar em alguma medida o pesado fardo dos aflitos. Sem dúvida isso seria, até certo ponto, o meio possível sob Deus para a salvação das almas de muitos dos opressores. E, se assim for, estamos convictos de que Deus — cujos olhos estão sempre voltados a todas as suas criaturas e que sempre recompensa toda ação virtuosa autêntica e tem consideração pelas orações dos oprimidos — concederá aos senhores e aos seus aquelas bênçãos que não podemos expressar ou conceber, mas as quais, como parte daquele povo cativo, oprimido e aflito, com a maior sinceridade desejamos e pelas quais oramos."

Esses cavalheiros nos receberam muito gentilmente e, com a promessa de que eles se empenhariam em favor dos africanos oprimidos, nós nos retiramos.

Enquanto estava na cidade, tive a oportunidade de ser

convidado para um casamento quacre. Os modos simples, porém expressivos, adotados em suas cerimônias são dignos de nota. O que segue é seu autêntico ritual:

Próximo do final de um culto — no qual frequentemente há exortações propícias feitas por alguns de seus ministros —, a noiva e o noivo levantam-se, dão-se as mãos solenemente e o homem declara de forma audível o seguinte propósito:

"Amigos, com temor ao Senhor e na presença desta assembleia, a qual desejo ter como minha testemunha, recebo esta minha amiga M. N. para ser minha esposa prometendo, por meio da assistência divina, ser para ela um marido amoroso e fiel até que seja da vontade do Senhor que a morte nos separe."

A mulher faz uma declaração semelhante e, em seguida, ambos assinam seus nomes na certidão, assim como tantas testemunhas quantas estiverem dispostas. Eu mesmo tive a honra de assinar meu nome numa certidão em White Hart Court, Lombard Street. Recomendo bastante esse costume.

Retornamos a Londres em agosto e, uma vez que nosso navio não partiria imediatamente para o mar, embarquei como comissário em um navio americano chamado *Harmony*, do capitão John Willet, e deixei Londres em março de 1786 com destino à Filadélfia. Depois de velejar por onze dias, perdemos nosso mastro de proa. Levamos nove semanas para fazer a travessia, o que impediu que nossa viagem fosse bem-sucedida, pois o mercado para nossos produtos revelou-se ruim. Para piorar, o capitão começou a fazer comigo trapaças semelhantes àquelas que outros fazem muito frequentemente com os negros livres nas Índias Ocidentais. Mas, graças a Deus, encontrei ali muitos amigos que, em certa medida, o impediram.

A interessante narrativa da vida de Olaudah Equiano

Em meu retorno a Londres, em agosto, fiquei muito agradavelmente surpreso ao descobrir que a benevolência governamental havia adotado o plano de alguns filantropos de enviar africanos dali para a terra natal deles, e que alguns navios já estavam incumbidos de transportá-los a Serra Leoa, um feito que redundou em exaltação por todos os interessados na sua promoção, deixando-me repleto de preces e de muita alegria.

Havia então na cidade um seleto grupo de cavalheiros em prol dos negros pobres, entre eles alguns de quem eu tinha a honra de ser conhecido. Tão logo souberam da minha chegada, solicitaram minha presença junto ao Comitê para os Negros Pobres. Quando ali cheguei, informaram-me sobre a intenção do governo e, como pareciam me considerar qualificado para supervisionar parte do empreendimento, pediram-me para acompanhar os negros pobres até a África. Apresentei-lhes muitas objeções à minha ida e, particularmente, expressei algumas dificuldades por causa dos traficantes de escravos, pois eu certamente me oporia ao tráfico de seres humanos por todos os meios ao meu alcance.

No entanto, essas objeções foram rejeitadas pelos cavalheiros do Comitê, que me persuadiram a ir, recomendando-me aos honoráveis comissários da Marinha de Sua Majestade como uma pessoa adequada para servir como comissário governamental na planejada expedição. Em conformidade, eles me nomearam em novembro de 1786 para aquele cargo e me concederam poder suficiente para agir em nome do governo na qualidade de comissário, tendo eu recebido minha autorização e a seguinte ordem:

"Dos Oficiais e Comissários-Chefes
da Marinha de Sua Majestade,
Considerando que o senhor estava instruído,
pela nossa ordem do dia 4 do último mês, a receber

aos seus cuidados, do senhor Joseph Irwin,[225] as provisões excedentes, remanescentes do que estava provisionado para a viagem, bem como as provisões para o sustento dos negros pobres após o desembarque em Serra Leoa, com as roupas, utensílios e todos os outros artigos fornecidos às expensas do governo; e como as provisões foram provisionadas à razão de dois meses para a viagem e quatro meses para depois do desembarque, sendo porém o número de embarcados muito inferior ao que era esperado, pode haver por isso um considerável excedente de provisões, roupas etc. Serve a presente, em acréscimo às determinações anteriores, para instruir e ordená-lo a destinar ou utilizar esse excedente para o melhor proveito possível em benefício do governo, mantendo e apresentando-nos um fiel relato do que o senhor aí fizer. E, para sua orientação na prevenção da ida de quaisquer indivíduos brancos que não estejam designados para gozar do favor do transporte para aquele destino, enviamos-lhe anexa uma lista daqueles indicados pelo Comitê para os Negros Pobres como pessoas aptas a terem seus embarques permitidos, e o instruímos a não permitir a ida de ninguém que não exiba uma certidão do Comitê para os Negros Pobres comprovando sua devida permissão. Para tanto, servirá o presente como mandado.

---

[225] Joseph Irwin, que jamais estivera na África, foi, ao final de alguns acontecimentos imprevistos, escolhido pelos próprios libertos como agente supervisor do projeto de reassentamento. É a ele que Equiano se refere a seguir, quando escreve o "agente". Irwin faleceu na época da primeira publicação de *A interessante narrativa*. (N. do T.)

Datado no Escritório da Marinha, aos 16 de
janeiro de 1787.
J. Hinslow,
Geo. Marsh,
W. Palmer.

Ao Sr. Gustavus Vassa,
Comissário de Provisões e
Suprimentos para os Negros Pobres
a caminho de Serra Leoa"

Agi imediatamente na execução de meu dever a bordo
dos navios destinados à viagem, onde permaneci até o mês
de março seguinte.

Durante o período em que estive a serviço do governo,
fiquei impressionado com os flagrantes abusos cometidos pelo agente e empenhei-me para corrigi-los, sem resultado, porém. Um caso, entre os muitos que poderia mencionar, pode
servir como exemplo. O governo tinha ordenado que todas as
necessidades fossem supridas (inclusive roupas feitas, *slops*,
como são chamadas) para 750 pessoas. No entanto, não sendo possível reunir mais do que 426, recebi ordem para enviar
as roupas excedentes etc. para os depósitos reais em Portsmouth. Porém, quando eu as exigi do agente para essa finalidade, parecia que nunca tinham sido compradas, embora
pagas pelo governo. Mas isso não é tudo, pois o governo não
foi a única vítima de peculato. Aqueles pobres indivíduos sofreram infinitamente mais: suas acomodações eram as mais
miseráveis e, para muitos deles, faltaram camas, roupas e outras necessidades. Sobre a verdade disso e de muito mais, eu
não procuro obter crédito nas minhas próprias palavras: invoco o testemunho do capitão Thompson, do navio *Nautilus*,
que nos comboiou, a quem recorri em busca de uma solução
em fevereiro de 1787 — quando eu havia censurado em vão

o agente —, levando-o até mesmo a testemunhar a injustiça e a opressão das quais eu me queixava.[226] Invoco ainda uma carta escrita por aqueles infelizes já no início do mês de janeiro anterior e publicada no *Morning Herald*[227] no dia 4 daquele mês, assinada por vinte de seus líderes.

Eu não poderia permitir, em silêncio, que o governo fosse assim defraudado e meus conterrâneos, despojados e oprimidos, ficassem privados até mesmo de necessidades praticamente vitais. Denunciei, portanto, a conduta do agente aos comissários da Marinha. Porém, logo a seguir conseguiram minha demissão pelos injustos expedientes de Samuel Hoare, banqueiro[228] do centro de Londres; o qual, ademais, autorizou o mesmo agente a receber a bordo, às expensas do governo, diversas pessoas como passageiros, contrariando as ordens que eu recebera. Com isso, sofri um prejuízo patrimonial considerável; no entanto, os comissários ficaram satisfeitos com minha conduta e escreveram ao capitão Thompson expressando sua aprovação a respeito.

Assim aprovisionados, seguiram eles sua viagem e finalmente — esgotados pelo tratamento, que talvez não fosse o mais brando, e enfraquecidos por doenças provocadas pela falta de remédios, vestuário, roupas de cama etc. — chegaram a Serra Leoa bem no início da estação chuvosa. Nessa época do ano é impossível cultivar a terra; suas provisões,

---

[226] Ele então disse ao agente, diante de mim, que havia sido informado pelo senhor Steele, parlamentar, que a referida expedição havia custado 33 mil libras e que ele desejava que as coisas pudessem ser mantidas.

[227] *The Morning Herald* era um jornal diário do Reino Unido fundado em 1780. (N. do T.)

[228] A testemunha Thomas Steele, ilustre parlamentar do Tesouro, e *sir* Charles Middleton, baronete &... Eu o teria exposto publicamente (até por escrever falsamente a meu respeito no último mês de março) não fosse por respeito aos dignos quacres e a outros.

portanto, esgotaram-se antes que eles pudessem tirar qualquer proveito da agricultura. Não é surpreendente que muitos — especialmente os lascarins,[229] cujas constituições são muito delicadas e que ficaram confinados nos navios de outubro a junho, acomodados do modo que mencionei — estivessem tão debilitados por seu confinamento a ponto de não sobreviver muito tempo a ele.

Assim terminou minha participação na tão comentada expedição a Serra Leoa. Uma expedição que, embora infeliz em seu resultado, foi concebida com humanidade e prudência. Seu fracasso, no entanto, não deve ser atribuído ao governo; de sua parte tudo foi feito; houve, porém, evidente má gestão em sua condução e execução, o bastante para frustrar seu êxito.

Eu não teria me estendido tanto no relato desse episódio caso minha participação nele não tivesse se tornado objeto de censura parcial, sendo até mesmo minha demissão de meu cargo considerada por Hoare e outros como digna de se tornar uma questão de triunfo público. Talvez não seja adequado investigar ou relatar aqui as razões que podem levar alguém a se rebaixar a uma disputa mesquinha com um obscuro africano e a buscar satisfação com seu abatimento, ainda que a apuração delas fosse necessária para minha defesa.[230] Mas, graças aos Céus, não o é.

[229] Marinheiros da Índia Oriental, geralmente considerados na época como negros. (N. do T.)

[230] Ver *The Public Advertiser*, 14 de julho de 1787.

[De acordo com Vincent Carretta, nessa edição foi publicada a seguinte carta de Equiano: "Tendo surgido em jornais públicos, nos dias 2 e 3 do corrente, um extrato de uma carta vinda de um dos navios com negros destinados à África contendo críticas injuriosas prejudiciais à reputação de Vasa, o comissário negro, julga ele necessário defender sua reputação, informando ao público que o principal crime que provocou sua demissão foi uma acusação que ele imputou perante o Conselho Naval, de-

Desejo defender minha própria integridade sem me refugiar na impropriedade alheia e creio que o procedimento dos comissários da Marinha em relação a mim autoriza-me a fazer essa afirmação, pois, após ter sido demitido, no dia 24 de março, redigi a seguinte petição:

"Aos Honoráveis Lordes Comissários do Tesouro de Sua Majestade:

O Memorial e a Petição de Gustavus Vassa, um Negro, Ex-Comissário para os Negros Pobres a Caminho da África.

Humildemente considerando,

Que o peticionário de Vossas Senhorias foi nomeado pelos honoráveis comissários da Marinha de Sua Majestade no último dia 4 de dezembro para o cargo acima referido, conforme mandado desse colegiado;

Que ele agiu corretamente no cumprimento de seu dever a bordo do *Vernon*, sendo este um dos navios designados para se dirigir à África com os pobres acima referidos;

Que o seu peticionário recebeu, com grande pesar e surpresa, uma carta de demissão dos hono-

---

nunciando o agente por deslealdade no exercício de suas funções, ao deixar de fornecer às pessoas, conforme a contratação, suas necessidades, as quais eram absolutamente indispensáveis para a existência delas e não podiam ser obtidas junto aos agentes. A mesma representação foi feita pelo senhor Vasa ao senhor Hoare, o que induziu este — que antes havia aparentado ser amigo de Vasa — a comparecer perante o Secretário do Tesouro para obter sua demissão. Referido cavalheiro autorizou o agente a admitir diversos passageiros, contrariando as ordens dadas ao comissário". (N. do T.)]

A interessante narrativa da vida de Olaudah Equiano

ráveis comissários da Marinha, por ordem de Vossas Senhorias;

Que, consciente de ter agido com a mais perfeita fidelidade e com a maior assiduidade na execução do dever que lhe fora atribuído, encontra-se ele completamente perplexo, incapaz de compreender as razões pelas quais Vossas Senhorias alteraram o conceito favorável que vos aprouvera conceber a seu respeito, sabedor de que Vossas Senhorias não tomariam uma medida tão rigorosa sem alguma legítima e boa razão. Ele tem, portanto, todos os motivos para crer que sua conduta tenha sido grosseiramente deturpada junto a Vossas Senhorias; e está bastante convicto de sua opinião porque, ao se opor a ações de outros participantes da mesma expedição — as quais tendiam a frustrar os propósitos humanitários de Vossas Senhorias e a exigir do governo despesas adicionais muito consideráveis —, granjeou ele uma série de inimigos cujos relatos deturpados, ele possui demasiada razão para crer, lançaram as bases de sua demissão. Sem o apoio de amigos e sem contar com as vantagens de uma educação liberal, sua esperança de obter reparação deriva apenas da justiça da sua causa, além da mortificação por ter sido afastado de seu emprego e dos benefícios que ele razoavelmente esperava que dele decorressem. Ele passou pelo infortúnio de perder parte considerável de seu parco patrimônio em sua preparação e diante de outras despesas decorrentes de sua situação, e anexa aqui uma prestação de contas a respeito.

Seu peticionário não importunará Vossas Senhorias com uma defesa a respeito de nenhum aspecto de sua conduta por não saber de quais crimes é acusado. Ele, no entanto, sinceramente suplica para que vós vos digneis a ordenar uma investigação sobre sua conduta durante o tempo em que atuou no serviço público; e, caso se verifique que sua demissão decorreu de falsas denúncias, está confiante de que, pelo juízo de Vossas Senhorias, poderá ele obter uma reparação.

Seu peticionário, portanto, roga humildemente para que Vossas Senhorias levem seu caso em consideração e se dignem a ordenar o pagamento da referida conta, no montante de 32 libras e 4 xelins, e também dos salários pretendidos, que são apresentados do modo mais humilde.

Londres, 12 de maio de 1787"

A petição acima foi entregue nas mãos de Suas Senhorias, que foram suficientemente amáveis para, depois de um prazo de poucos meses, e sem audiência, ordenar que me pagassem cinquenta libras esterlinas, ou seja, dezoito libras de salários pelo período (mais de quatro meses) em que participei fielmente de seus serviços. Certamente, tal soma é superior ao que um negro livre obteria nas colônias ocidentais!!!

Desde então, minha vida tem transcorrido numa mesmice e grande parte de meu estudo e atenção tem sido para ajudar a causa dos meus muito prejudicados compatriotas.

Aos 21 de março de 1788, tive a honra de apresentar à Rainha uma petição em favor de meus irmãos africanos, que foi recebida com a maior cortesia por Sua Majestade:[231]

"À Sua Excelentíssima Majestade a Rainha
Senhora,

---

[231] A pedido de alguns dos meus amigos mais particulares, tomo a liberdade de inseri-la aqui.

Dirijo-me à vossa real presença encorajado pelas muito reputadas benevolência e humanidade de Vossa Majestade, confiando que a obscuridade da minha condição não impedirá Vossa Majestade de atentar para os sofrimentos em prol dos quais eu pleiteio.

No entanto, eu não solicito vossa real piedade em prol de minha própria aflição; meus sofrimentos, embora numerosos, estão em parte esquecidos. Suplico pela compaixão de Vossa Majestade para com milhões de meus compatriotas africanos, que gemem sob o chicote da tirania nas Índias Ocidentais.

A opressão e a crueldade exercidas ali contra os infelizes negros finalmente sensibilizaram os legisladores britânicos, que agora estão deliberando a respeito de sua reparação. Até mesmo diversos proprietários de escravos nas Índias Ocidentais têm peticionado ao Parlamento contra a sua continuidade, conscientes de que estas são tão imprudentes quanto injustas — e de que aquilo que é desumano deve ser sempre insensato.

O reinado de Vossa Majestade, até agora, tem se distinguido por atos privados de benevolência e generosidade. Certamente, quanto maior o sofrimento, maior apelo ele terá à compaixão de Vossa Majestade, e maior deverá ser a satisfação de Vossa Majestade em providenciar seu alívio.

Tomo a liberdade, portanto, benevolente Rainha, de implorar por vossa intervenção, juntamente com seu consorte real, em favor dos africanos; que, pela benevolente influência de Vossa Majestade, um fim possa ser posto agora à miséria deles; que possam ser elevados da condição animalesca à qual estão atualmente reduzidos aos direitos e à condição de homens e serem admitidos a compartilhar das bênçãos do ditoso governo de Vossa Majestade. Assim, deverá Vossa Majestade desfrutar do sincero prazer de proporcionar a felicidade de milhões e de ser recompensada nas orações de gratidão deles e de sua posteridade.

E que o generosíssimo Criador derrame sobre Vossa Majestade e a Família Real todas as bênçãos que este mundo pode proporcionar, e toda a plenitude de alegria que a revelação divina nos prometeu para o próximo.

Do mais respeitoso e devotado servo de Vossa Majestade, à vossa disposição,

Gustavus Vassa,

O Etíope Oprimido.

Nº 53, Baldwin's Gardens"

A consolidação das leis dos negros, promulgada pela assembleia legislativa da Jamaica no ano passado, e a nova emenda legal atualmente lá em debate comprovam a veracidade das acusações que têm sido feitas contra os fazendeiros em relação ao tratamento dado a seus escravos.

Espero ter a satisfação de ver a restauração da liberdade e da justiça apoiadas pelo governo britânico, para demonstrar a honra de nossa natureza comum. Esses são assuntos que talvez não digam respeito a uma autoridade em particular; porém, por interessar mais seriamente a todos os homens de sentimento, ações assim são a base justa e firme da futura reputação; sua reversão, embora remota, é desejada por algumas mentes nobres como um bem substancial. É com base nesses fundamentos que eu espero e conto com a atenção dos cavalheiros no poder. Esses são projetos à altura da grandeza da posição deles e da dignidade de seus cargos; são objetivos condizentes com a natureza de um governo livre e generoso; conectados com visões imperiais e de domínio; adequados à benevolência e ao genuíno valor da legislatura. É uma busca de grandeza substancial. Que chegue o tempo — ao menos essa especulação é para mim agradável — em que os negros possam comemorar com gratidão a auspiciosa era de uma ampla liberdade. Que sejam então esses indivíduos[232] particularmente nomeados com louvor e honra; eles que generosamente propuseram e sustentaram a causa da humanidade, da liberdade e da boa política; e levaram aos ouvidos dos legisladores projetos dignos de patrocínio e aprovação real. Que o Céu possa fazer dos senadores britânicos dispersores da luz, da liberdade e da ciência até os confins da terra; será, então, glória a Deus nas alturas, paz na terra e boa vontade aos homens: Glória, honra, paz etc. a toda alma humana que pratica o bem; aos britânicos em primeiro lugar (porque a eles o Evangelho é pregado) e também às nações. "Aqueles que honram o seu Criador têm piedade dos pobres."[233] "A justiça engrandece a nação; mas o pecado é o opróbrio dos povos;[234] a destruição deve ser para os que praticam a iniquidade,[235] e o ímpio cai pela sua própria maldade."[236] Que as bênçãos do Senhor estejam sobre as cabeças de todos aqueles que se comiseram com as causas dos negros oprimidos, que o temor a Deus prolongue seus dias e que suas expectativas sejam preenchidas de alegria! "Quanto ao ho-

---

[232] Ilustríssimo senhor Granville Sharp; reverendo Thomas Clarkson; reverendo James Ramsay; nossos comprovados amigos, homens de virtude que são uma honra para o seu país, dignos ornamentos para a natureza humana, felizes consigo e benfeitores da humanidade!

[233] Provérbios 14:31. (N. do T.)

[234] Provérbios 14:34. (N. do T.)

[235] Provérbios 10:29. (N. do T.)

[236] Provérbios 11:5. (N. do T.)

mem nobre, nobres são os seus desígnios e firme se mantém ele na sua nobreza" (Isaías 32:8). Eles podem dizer como Jó, o piedoso: "Não chorei com o oprimido? Não tive compaixão do indigente?" (Jó 30:25).

Uma vez que o desumano tráfico de escravos é agora levado em consideração pelo legislador britânico, não tenho dúvida de que, caso um sistema de comércio seja estabelecido com a África, a demanda por manufaturas cresceria o mais rapidamente, porquanto os habitantes nativos adotariam gradualmente as modas dos britânicos, suas maneiras, costumes etc. O consumo de manufaturas britânicas se dará na medida em que ocorrer o processo civilizatório.

O desgaste de um continente que é quase duas vezes maior do que a Europa e rico na produção de vegetais e minerais é muito mais facilmente concebido do que calculado.

Um exemplo disso: o vestuário etc. custavam pouco ou nada aos aborígines britânicos. A diferença entre seus antepassados e a geração atual, no que se refere ao consumo, é literalmente infinita. A suposição é a mais óbvia: será igualmente imensa na África. A mesma causa, ou seja, a civilização, produzirá sempre o mesmo efeito.

Trata-se de negociar sobre fundamentos seguros. Um intercâmbio comercial com a África abre uma inesgotável fonte de riqueza para os interesses manufatureiros da Grã-Bretanha[237] e para todos aqueles que têm objeção ao tráfico de escravos.

---

[237] No navio *Truty*, recentemente destinado ao novo assentamento de Serra Leoa, na África, havia 1.300 pares de sapatos (um artigo até agora mal conhecido para ser exportado para aquele país), junto a diversos outros, igualmente novos, como artigos de exportação. — Então não se tornará do interesse, assim como do dever de todo artífice, artesão e negociante, iniciar publicamente seus protestos contra esse tráfico de espécies humanas? Que impressionante — que belo contraste é apresentado aqui, quando comparado com a carga de um navio negreiro! Todo coração emo-

Se eu não estiver mal informado, com relação a valores o ganho com as manufaturas é igual, se não superior, ao ganho agrário, por razões que em breve aparecerão. A abolição da escravatura, tão diabólica, propiciará uma expansão mais rápida das manufaturas, o que é total e diametralmente contrário ao que afirmam algumas pessoas interessadas.

Os fabricantes deste país, pela natureza e razão das coisas, deverão ter, e terão, plena e constante ocupação com o abastecimento dos mercados africanos.

A população, o subsolo e a superfície da África abundam em valiosas e úteis compensações; os seculares tesouros escondidos serão descobertos e postos em circulação. A indústria, os empreendimentos e a mineração encontrarão suas oportunidades plenas na medida em que eles se civilizarem. Numa palavra, um inesgotável campo de comércio abre-se para as manufaturas e os negociantes britânicos. O interesse dos fabricantes e os interesses gerais são idênticos. A abolição da escravatura seria, na verdade, um benefício universal.

Torturas, assassinatos e todas as outras barbaridades e iniquidades imagináveis são praticadas impunemente contra os pobres escravos. Espero que o tráfico de escravos seja abolido. Rogo para que seja um acontecimento iminente. Essa causa será consideravelmente facilitada e acelerada com a adesão da grande corporação dos fabricantes, que possuem, como já afirmei, interesse e proveito mais substanciais, assim como a nação em geral (exceto aqueles interessados na fabricação de jugos, gargalheiras, correntes, algemas, pinos de perna, grilhões, anjinhos, máscaras de flandres, caixões,

---

tivo certamente compartilha sensivelmente da alegria, e com arrebatamento lê barris de *farinha* em vez de *pólvora* — *biscoitos e pães* em vez de *alimento para cavalos* — *instrumentos agrícolas* em vez de *armas* para destruição, rapina e assassinato — e vários artigos de *utilidade* são os agradáveis substitutos de *anjinhos de tortura* e *algemas esfoladoras* etc.

chibatas,[238] flagelos e outros instrumentos de tortura utilizados no tráfico de escravos). Num curto espaço de tempo, um único sentimento prevalecerá, tanto por motivo de lucro, como de justiça e humanidade. A Europa possui 120 milhões de habitantes. Questione: quantos milhões possui a África? Supondo que os africanos, individual e coletivamente, passem a gastar anualmente cinco libras por cabeça com vestuário, mobiliário etc., quando estiverem civilizados, teremos uma imensidade além do alcance da nossa imaginação!

Considero essa uma teoria fundada em fatos e, portanto, infalível. Caso fosse permitido aos negros permanecer em seus próprios países, eles dobrariam seu número a cada quinze anos. Na mesma proporção desse aumento será a demanda por produtos manufaturados. Algodão e índigo crescem espontaneamente na maior parte da África, sendo essa uma consideração de grande importância para as cidades industriais da Grã-Bretanha. Abre-se a mais imensa, gloriosa e feliz perspectiva: o suprimento de vestuário etc. de um continente de 10 mil milhas de circunferência e imensamente rico em produções de toda espécie em troca de manufaturas.

Desde a primeira publicação da minha *Narrativa*, passei por uma grande variedade de situações em muitas partes da Grã-Bretanha, Irlanda e Escócia, e um relato delas poderia muito bem ser aqui acrescentado;[239] porém, como isso au-

---

[238] No original *cat*, refere-se ao *cat o'nine tails*, "gato de nove caudas", um tipo de chicote de várias tiras de corda de algodão ou couro utilizado como instrumento para punição física severa, especialmente na Marinha Real e no Exército do Reino Unido, e também como punição judicial na Grã-Bretanha e em alguns outros países. (N. do T.)

[239] A saber: algumas curiosas aventuras embaixo da terra, num rio em Manchester — a mais impressionante de todas, sob o Pico de Derbyshire — e, em setembro de 1792, desci noventa braças na mina de carvão de St. Anthony, em Newcastle, sob o rio Tyne, algumas centenas de jardas na margem de Durham.

mentaria demais o volume, devo observar apenas, de um modo geral, que em maio de 1791 naveguei de Liverpool para Dublin, onde fui muito gentilmente recebido, e dali para Cork, viajando então por muitos condados na Irlanda. Fui muitíssimo bem tratado em toda parte, por pessoas de todas as classes. Considerei o povo extremamente hospitaleiro, particularmente em Belfast, de onde viajei a bordo de um navio para Clyde, no dia 29 de janeiro, chegando a Greenock no dia 30. Logo a seguir retornei a Londres, onde encontrei pessoas da Holanda e da Alemanha que pediram para que eu fosse para lá; e fiquei feliz de saber que uma edição da minha *Narrativa* havia sido publicada em ambos os lugares, e também em Nova York. Permaneci em Londres até ouvir o debate na Câmara dos Comuns sobre o Tráfico de Escravos, nos dias 1º e 2 de abril. Fui então para Soham, em Cambridgeshire, e casei-me no dia 7 de abril com a senhorita Cullen, filha de James e Ann Cullen, ex-moradores de Ely.[240]

Só me resta, portanto, solicitar a indulgência do leitor e concluir. Longe de mim ser vaidoso a ponto de julgar que haja algum mérito nesta *Narrativa*: espero que a censura seja contida ao considerar-se que foi escrita por alguém que foi tão relutante quanto incapaz de adornar a clareza da verdade com o colorido da imaginação. Minha vida e fortuna têm sido extremamente diversificadas e minhas aventuras variadas. Até mesmo aquelas que eu relatei foram consideravelmente resumidas. Se algum episódio nessa pequena obra puder parecer desinteressante e insignificante para a maioria dos leitores, só posso dizer, como minha justificativa para tê-lo mencionado, que quase todos os eventos de minha vida deixaram uma impressão em minha mente e influenciaram mi-

---

[240] Veja-se *Gentleman's Magazine* de abril de 1792, *Literary and Biographical Magazine* e *British Review* de maio de 1792, e *Edinburgh Historical Register* ou *Monthly Intelligencer* de abril de 1792.

nha conduta. Acostumei-me cedo a procurar a mão de Deus no mais insignificante acontecimento e, a partir dele, aprender uma lição de moralidade e religião; e, sob essa perspectiva, toda circunstância que relatei foi importante para mim. Afinal, o que faz com que qualquer acontecimento seja importante, a não ser que, por sua observação, nos tornamos melhores e mais sábios e aprendemos a "praticar a justiça, amar a misericórdia e caminhar humildemente diante de Deus"?[241] Para aqueles que estão imbuídos desse espírito não há praticamente livro ou incidente tão insignificante que não possa propiciar algum proveito; enquanto, para outros, as experiências do tempo parecem inúteis e até mesmo derramar sobre eles os tesouros da sabedoria é desperdiçar as joias do aprendizado.

FIM

[241] Miqueias 6:8. (N. do T.)

Gravura do frontispício do segundo volume de
The Interesting Narrative..., com a cena do naufrágio do *Nancy*
nas Bahamas, em 1767, narrada no capítulo VIII.

POSFÁCIO

Vincent Carretta

A maior parte do que sabemos a respeito de Olaudah Equiano (ou Gustavus Vassa, como ele quase sempre se referia a si próprio, em público e privadamente) encontra-se em sua *Interessante narrativa*. Informações externas nos permitem completar e corrigir o seu relato. Ele conta que era igbo, nascido em 1745, na região da África situada atualmente no sudeste da Nigéria, e foi raptado aos onze anos de idade e levado para Barbados, nas Índias Ocidentais. Após passar alguns dias ali, diz ele, foi levado para a Virgínia e vendido a um fazendeiro local. Cerca de um mês mais tarde, é adquirido por Michael Henry Pascal, um oficial da Marinha britânica. Pascal o rebatizou Gustavus Vassa, levando-o a Londres e, em seguida, para servir na Marinha Real durante a Guerra dos Sete Anos. Vassa/Equiano escreve que chegou à Inglaterra pela primeira vez "aproximadamente no início de 1757" e que ingressou no serviço naval com Pascal durante aquele verão. Pascal, descumprindo sua promessa de libertar Vassa depois da guerra, vende-o no final de 1762 a um capitão comerciante que o faz retornar às Índias Ocidentais, onde Vassa finalmente paga seu próprio preço, comprando assim sua liberdade, em 1766. Como destaca em sua *Narrativa*, Vassa prefere obter a liberdade por meio da compra — um processo conhecido na época por "redenção" — do que pela fuga. Na prática, Vassa reconhece implicitamente a legitimidade da escravidão.

Posfácio

Como liberto, ele permanece por algum tempo empregado com seu antigo senhor, o quacre Robert King, fazendo diversas viagens de comércio a Savannah, na Geórgia, e à Filadélfia, na Pensilvânia. Entre 1767 e 1773, Vassa, estabelecido em Londres, trabalhou em navios mercantes viajando ao Mediterrâneo e às Índias Ocidentais. Depois de tomar parte numa expedição ao Ártico à procura de uma passagem pelo nordeste em 1773, ele retornou a Londres, onde suas necessidades espirituais o levaram a adotar o Metodismo. Tomado novamente por inquietações, em 1775-76 ele ajudou seu amigo e ex-patrão doutor Charles Irving no projeto de instalar uma fazenda na América Central, com Vassa servindo de comprador e feitor de seus cativos negros. Indignado com a imoralidade de seus colegas de trabalho, Vassa demite--se em 1776, retornando a Londres no início de 1777. Ali ele se envolveu cada vez mais nos esforços para ajudar outros negros, no projeto de reassentamento dos negros pobres[242] em Serra Leoa e no empenho para abolir o tráfico de africanos escravizados. Ele publicou a primeira edição de sua *Narrativa* em março de 1789, estabelecendo sua dupla identidade como Olaudah Equiano/Gustavus Vassa. A nona edição, última publicada em inglês durante sua vida, foi lançada em 1794.

Utilizando seu nome legal, Gustavus Vassa, Equiano casou-se com uma inglesa, Susanna Cullen (1762-1796), em 7 de abril de 1792. Gustavus e Susanna Vassa tiveram duas filhas: Ann Mary (ou Maria), nascida em 16 de outubro de 1793, e Joanna, nascida em 11 de abril de 1795. Ann Maria faleceu em 21 de julho de 1797, exatamente um ano e meio

---

[242] No original "Black Poor", em referência ao Committee for the Relief of the Black Poor, organização fundada em Londres em 1786, que desempenhou papel importante na proposta de formar uma colônia de refugiados negros em Serra Leoa. (N. do T.)

depois da morte de sua mãe e quatro meses depois da morte de seu pai, ocorrida em 31 de março de 1797. As exigências de cuidar sozinho de duas filhas podem ajudar a explicar o aparente silêncio público de Equiano depois de 1794. Certamente, àquela altura ele já havia recebido das vendas de seu livro o suficiente para permitir que vivesse de suas rendas, herança e investimentos, que juntos eram suficientemente amplos para justificar que Equiano se intitulasse um gentil-homem em seu testamento. Ao contrário da grande maioria de seus pares britânicos, Equiano era rico o bastante para necessitar de um testamento, sendo um dos pouquíssimos afro-britânicos nessa situação no século XVIII. Granville Sharp, o renomado filantropo e abolicionista, visitou-o em seu leito de morte e seu falecimento foi mencionado em *The Gentleman's Magazine*. Ao completar 21 anos, em 1816, Joanna herdou 950 libras do espólio de seu pai, uma soma equivalente a 80 mil libras ou 120 mil dólares atualmente. Equiano conquistou a fama e a riqueza que ele buscou e mereceu.

Informações recentemente descobertas esclarecem mais o início da vida de Equiano. Registros comerciais e militares, por exemplo, sugerem que ele poderia ser muito mais jovem quando começou a trabalhar para Pascal do que alega em sua *Narrativa*. Equiano chegou à Inglaterra no começo de dezembro de 1754, mais de dois anos antes do que relata na *Narrativa*. O nome "Gust. Vasa" consta na lista de chamada do navio *Roebuck* a partir de 6 de agosto de 1755. Mais surpreendente ainda, seu registro de batismo em 1759 e os registros navais de sua viagem ártica em 1773 sugerem ser bem possível que ele tenha nascido na Carolina do Sul e não na África. Contradições externas são especialmente intrigantes porque o relato biográfico de Equiano é, em geral, notavelmente verificável quando confrontado com informações documentais e históricas, de tal maneira que divergências com a realidade parecem ser mais provavelmente resultado de pre-

Posfácio

meditação artística do que de distração. A partir das evidências disponíveis, poder-se-ia afirmar que o autor de *A interessante narrativa* forjou uma identidade africana em vez de reivindicá-la. Se assim for, os feitos literários de Equiano foram subestimados.

Em 1789 a *Narrativa* tornou-se a última de uma série de obras publicadas na Inglaterra desde 1772 por autores afro-britânicos, escritores nascidos na África ou descendentes de africanos que eram súditos do rei britânico. No final de 1772, *A Narrative of the Most Remarkable Particulars in the Life of ... an African Prince, as Related by Himself*, de James Albert Ukawsaw Gronniosaw, foi publicada em Bath, aproveitando a atenção às condições dos afro-britânicos despertada pela decisão de Mansfield, em junho daquele ano. Lorde Juiz Superior de King's Bench, lorde Mansfield, em uma sentença judicial que é considerada uma proclamação de emancipação para os negros na Inglaterra, decidiu, no caso de James Somerset, que um escravizado não podia ser legalmente obrigado por um senhor a retornar da Inglaterra para as colônias. Embora a sentença estivesse limitadamente restrita à questão do retorno forçado de um cativo, na prática ela foi amplamente considerada como uma declaração da ilegalidade da escravidão em solo inglês.

Poems on Various Subjects, Religious and Moral, de Phillis Wheatley, foi publicado em Londres em 1773, tendo a mesma patrocinadora de Gronniosaw, a condessa metodista de Huntingdon. Wheatley parece aprovar a obra de Gronniosaw numa carta à condessa. Edward Long, um defensor da escravidão, publicou um poema de Francis Williams, um negro jamaicano liberto, em sua *History of Jamaica* (Londres, 1774). *Letters of the Late Ignatius Sancho* foi publicado postumamente em Londres em 1782, e a edição londrina de *A Narrative of the Lord's Wonderful Dealings with John Marrant, a Black* foi publicada em 1785, este também com o patrocínio da condessa de Huntingdon. Embora nenhuma dessas obras se dedique muito diretamente ao tema da abolição do tráfico de escravizados ou da própria escravidão, todas em alguma medida acabaram envolvidas nos debates dos anos 1780 e posteriores sobre as capacidades literárias e intelectuais dos africanos. Por exemplo, em sua *Letter to the Treasurer of the Society Instituted for the Purpose of Effecting the Abolition of the Slave Trade* (Londres, 1788), o reverendo Robert Boucher Nikkols (Nichols), um futuro subscritor da *Narrativa* de Equiano, escreve:

> "A estupidez dos negros é [...] utilizada pelos partidários da escravidão como uma justificativa para usá-los como bestas; pois eles representam os negros como um pouco acima do macaco ou do orangotango, no que diz respeito à inteligência. Tenho certeza, porém, de que nada foi escrito pelos últimos defensores da escravidão que revele a metade do mérito literário ou habilidade de dois escritores negros. Phillis Wheatley escreveu poesia inglesa correta poucos anos após sua chegada a Boston, vinda da África; e há uma ode latina consideravelmente extensa escrita em linguagem clássica por Francis Williams. [...] Eu nunca ouvi falar de poemas de macacos ou de odes latinas de orangotangos."

O contexto para os escritores afro-britânicos modificou-se significativamente depois de 1783, quando um grande número de negros legalistas — alforriados por seus senhores ou autoemancipados por terem se juntado às forças britânicas contra os rebeldes coloniais — emigrou para o Canadá e para Londres. Em 1786 o Comitê de Assistência aos Negros Pobres, criado para melhorar as condições dos novos imigrantes, promoveu um plano de reassentamento em Serra

Posfácio

311

Leoa que, em seu final, incluiu Equiano como a única pessoa de ascendência africana envolvida diretamente na organização do projeto. Como "comissário da parte do governo", cabia-lhe agir como oficial representante do governo britânico em suas negociações com as autoridades locais africanas em Serra Leoa. O Comitê para Efetivação da Abolição do Tráfico de Escravos, composto principalmente por quacres, constituiu-se em Londres em 1787 e logo estava distribuindo panfletos contrários ao tráfico de escravizados por toda a Grã-Bretanha. Deve-se observar que "abolição", no contexto britânico do século XVIII, quase sempre se refere à abolição do tráfico negreiro da África para as colônias britânicas remanescentes nas Índias Ocidentais, e não à abolição da própria instituição da escravidão, embora muitos dos abolicionistas do tráfico negreiro sem dúvida vissem a abolição da escravidão como o objetivo final. Típica da posição pública dos abolicionistas foi aquela expressa pelo amigo de Equiano, reverendo James Ramsay, ao escrever em 1786 sobre seu *An Essay on the Treatment and Conversion of African Slaves in the Sugar Colonies* (Londres, 1784), obra que pode com justiça ser considerada o tiro inicial na guerra contra o tráfico de africanos escravizados:

> "Embora eu espere sinceramente que *algum* plano seja concebido para a futura abolição gradual da escravidão; e embora eu esteja convencido de que isso possa — sem nenhum prejuízo ao fazendeiro ou dano ao comércio — ser efetuado por algum método progressivo semelhante ao apontado no *Essay*, ainda assim esse não foi o objetivo principal ou imediato daquele livro."

Tal circunspecção aparece também na *Narrativa* de Equiano, na qual ele se concentra nos males do tráfico de escravos, embora em algumas cartas aos jornais sua opinião sobre a escravidão esteja afirmada mais direta e vigorosamente. Oponentes do tráfico esperavam que sua erradicação melhorasse as condições da escravidão, uma vez que, não podendo mais contar com as importações baratas para manter seus estoques, os senhores nas Índias Ocidentais teriam que criar condições mais favoráveis, que permitissem um aumento da taxa de crescimento natural dos cativos que já possuíam. Assim, a própria escravidão, consequentemente, definharia, corroída pela necessidade de tratar os escravizados cada vez melhor. Infelizmente, como a situação nas ex-colônias britânicas na América do Norte já estava demonstrando, a reposição pelo crescimento natural não resultou necessariamente em — ou levou a — melhores condições. Além disso, como a efetiva suspensão do tráfico durante a rebelião revelou, o fim do tráfico não significaria forçosamente o fim da escravidão.

O mais manifesto desafio à escravidão feito por um afro--britânico ocorreu em 1787, com *Thoughts and Sentiments on the Evil and Wicked Traffic of the Slavery and Commerce of the Human Species, Humbly Submitted to the Inhabitants of Great-Britain, by Ottobah Cugoano, a Native of Africa*, de autoria de Ottobah Cugoano (também conhecido por John Stewart, ou Stuart), amigo e colaborador ocasional de Equiano. O título desse livro — que pode ter sido revisado para publicação por Equiano — claramente faz alusão à obra de outro amigo de Equiano, *An Essay on the Slavery and Commerce of the Human Species, Particularly the African* (Londres, 1786), de Thomas Clarkson.

Cugoano, todavia, não aproveitou a oportunidade para descrever os horrores da travessia atlântica — a viagem transatlântica à escravidão no Novo Mundo — que experimentara, porque ele acreditava que "seria desnecessário descrever todas as terríveis cenas que presenciamos e o tratamento

Posfácio

aviltante que sofremos nessa horrorosa situação de cativeiro, uma vez que casos semelhantes dos milhares que padecem desse tráfico infernal são bem conhecidos". Do mesmo modo, a *Narrativa* de Equiano frequentemente conta com constatações, exemplos e argumentos de terceiros (geralmente mencionados); porém, diferentemente de Cugoano, Equiano reconhece que a oposição ao tráfico negreiro em 1789 não precisava de mais um relato sobre a travessia atlântica feito por um observador branco, mas sim do testemunho de um africano escravizado que a ela sobrevivera. Como um autor profissional comprometido com a causa abolicionista, Equiano devia saber que uma identidade autoral africana aumentaria a credibilidade da *Narrativa*, elevaria seu valor de mercado e seria útil à causa.

Ainda que Equiano não tivesse nenhuma participação na criação do texto de Cugoano, a *Narrativa* não foi a primeira publicação de Equiano. Verdadeiro mestre do mercado comercial de livros, Equiano se autopromoveu e, implicitamente, promoveu seu futuro livro em numerosas cartas e resenhas publicadas em jornais de Londres. Publicamente, fez os inimigos certos, como o de pseudônimo "Civis", que escrevia defesas da escravidão e do tráfico em *The Morning Chronicle* e no *London Advertiser*, começando com um ensaio "Sobre a escravidão dos negros" na edição de 5 de fevereiro de 1788. Em sua carta ao jornal publicada em 19 de agosto de 1788, "Civis" observa: "Caso eu tivesse que conceder algum mérito a Gustavus Vasa (*sic*), Ignatius Sancho etc., isso não comprovaria igualdade maior do que a de um porco que, tendo sido ensinado a buscar um cartão, cartas etc., demonstraria não ser ele um porco, mas algum outro animal...". Como o comentário de "Civis" indica, Equiano já era conhecido de seu futuro público leitor, não apenas por meio de sua correspondência com a imprensa diária, mas também através de perfis publicados na imprensa, inclusive aquele veiculado no próprio *The Morning Chronicle* (1° de julho de 1788):

> "Gustavus Vasa, que endereçou uma carta em nome de seus oprimidos compatriotas (em *The Morning Chronicle* de 27 de junho de 1788) ao autor (Samuel Jackson Pratt) do popular poema sobre a Humanidade (*Humanity, or the Rights of Nature*) — que dedica várias páginas ao atual objeto universal de discussão, o Tráfico de Escravos —, é, apesar de seu som romântico, o verdadeiro nome de um etíope (ou seja, africano) atual morador desta metrópole, um nativo da Igbolândia que foi, ele próprio, raptado duas vezes pelos ingleses e duas vezes vendido como escravo. Ele foi nomeado comissário real para o assentamento africano e, além de possuir um caráter moralmente impecável, frequentemente tem se distinguido por ensaios ocasionais em diversos jornais, nos quais revela um sólido e correto discernimento."

Apesar de suas más intenções, o comentário de "Civis" só poderia ajudar a aumentar o interesse pela iminente publicação da *Narrativa*, o primeiro suposto relato de primeira mão no debate do tráfico negreiro feito por um africano nativo, ex-escravizado e, comprovadamente, um leal súdito britânico. A atenção que "Civis" lhe dedica é um reconhecimento da proeminência de Equiano como principal abolicionista negro. Em 1787 ele se defendera em *The Public Adviser* de acusações de conduta irregular como comissário para o projeto de Serra Leoa para reassentamento dos negros pobres na África. Ele havia escrito ataques mordazes sobre as publicações de James Tobin, Gordon Turnbull e do reverendo Raymund Harris, e publicara uma sugestão de que poderia, em

Posfácio

breve, "relacionar até meus próprios sofrimentos nas Índias Ocidentais, os quais talvez eu possa um dia mostrar ao público...". Até mesmo antes, Equiano havia intervindo ativamente na luta contra as injustiças da escravidão: em 1774, como nos conta na *Narrativa*, ele tentou, embora sem sucesso, salvar John Annis de ser raptado em Londres para a escravidão nas Índias Ocidentais e, em 1783, chamou a atenção de Granville Sharp para a chocante história de como 132 africanos de um carregamento foram afogados coletivamente para o recebimento do dinheiro do respectivo seguro. Como Gustavus Vassa, Equiano já era bastante conhecido de seu público quando da primeira publicação de sua *Narrativa*, em 1789.

Equiano publica seu livro por meio de subscrição, ou seja, convencendo os compradores a se comprometerem com a aquisição de exemplares antes da publicação e exigindo pagamento parcial adiantado para cobrir seu sustento e os custos da produção. A primeira edição de *Letters*, de Sancho, havia sido publicada do mesmo modo. A cada edição da *Narrativa* de Equiano acrescentavam-se mais subscritores, cujos nomes eram arrolados no início do livro. Na nona edição (1794), os 311 nomes originais haviam crescido para 894, com listas de compradores ingleses, irlandeses e escoceses. O verdadeiro total, porém, era ainda maior: os nomes de 1.132 novos subscritores, muitos deles para múltiplos exemplares, foram acrescentados depois da primeira edição, embora obviamente nem todos eles apareçam na última edição.

Para proteger seus direitos autorais, Equiano registrou os dois volumes da primeira edição de sua *Narrativa* junto à Associação dos Editores, entregando ao Salão dos Editores, no dia 24 de março de 1789, os noves exemplares do livro exigidos. Quando foi publicada a terceira edição, com apenas um volume, ele a registrou em 30 de outubro de 1790. As seis edições seguintes foram todas de um único volume.

Ele distribuiu o livro amplamente, como demonstra o frontispício da primeira edição, através de livreiros, inclusive dois dos mais notáveis, Thomas Lackington e Joseph Johnson, o editor de William Blake, Thomas Paine e Mary Wollstonecraft, entre muitos outros. Nas edições posteriores, Equiano promoveu viagens por toda a Inglaterra, Irlanda e Escócia, antecipando, no século XVIII, as modernas turnês promocionais de livros. Como atesta uma de suas poucas cartas manuscritas ainda existentes, ele era um vendedor muito bem-sucedido. Suas cartas também revelam que, durante suas turnês do livro, ele trabalhava pela causa da abolição, distribuindo obras abolicionistas escritas por terceiros, assim como as suas, arriscando-se até mesmo, corajosamente, no território hostil de Bristol, um centro do tráfico negreiro britânico.

A publicação por meio de subscrição, com seu rol de apoiadores, já era por si uma forma de autopromoção. Um número crescente de pessoas claramente desejava estar associado à *Narrativa* e ao seu autor. A credibilidade e a importância de Equiano aumentaram pela presença de nomes de membros da família real, da aristocracia e de figuras proeminentes na sociedade e na política, no comércio e nas artes, caso do pintor Richard Cosway e do ceramista Josiah Wedgwood. Elizabeth Montague e Hannah More, as principais literatas intelectuais, estavam entre as 11% das subscritoras originais do sexo feminino. Além disso, a lista servia para ligar Equiano ao movimento mais amplo contra o tráfico de escravizados ao incluir os nomes de outros abolicionistas, como Thomas Clarkson, Thomas Cooper, William Dickson, James Ramsay e Granville Sharp, que já haviam atacado a odiosa prática em publicações ou do púlpito. Ademais, as listas conectavam Equiano, explícita ou implicitamente, a escritores afro-britânicos que haviam publicado nos quinze anos precedentes: consta o nome de Cugoano; Sancho aparece por meio de seu filho William; Gronniosaw e Wheatley por associação com a condessa de Huntingdon; e Marrant por associação com seu editor, o reverendo William Aldridge. Menos diretamente, a presença do nome do descendente de seu patrono, o duque de Montague, evoca o poema de Williams. Em 1789, uma reconhecida tradição de autores afro-britânicos havia sido estabelecida, com novos escritores cientes do trabalho de seus predecessores e um cânone afro-britânico sendo criado pelos comentaristas, que discorriam sobre quais eram os autores e as obras mais representativos.

As listas de subscrição também tiveram papel estrutural na *Narrativa*, que é apresentada como uma petição, uma das centenas submetidas ao Parlamento entre 1789 e 1792 contendo milhares de nomes de pessoas pedindo a seus membros para tornar o tráfico negreiro ilegal. A *Narrativa* está formalmente emoldurada por uma petição para as Câmaras do Parlamento, a qual aparece imediatamente depois da lista, e o livro virtualmente termina com um apelo à rainha Charlotte. Pela colocação e implicação, os subscritores são copeticionários de Equiano. Embora, como muitos de seus subscritores, não fosse qualificado para votar, Equiano apresenta-se desse modo como um membro leal do círculo político britânico mais abrangente, o qual no entanto é capaz de efetuar mudanças no âmbito de Westminster. Ele efetivamente alinha-se politicamente com membros subscritores pertencentes ao Parlamento, como William Dolben, George Pitt, George Rose e Samuel Whitbread, todos eles contrários ao tráfico.

Nas obras de quase todos os escritores afro-britânicos era convencional chamar a atenção para a lealdade à Grã-Bretanha. Como Briton Hammon havia feito anteriormente em *A Narrative of the Most Uncommon Sufferings and Surprising Deliverance of Briton Hammon, a Negro Man* (Boston, 1760), Gronniosaw e Marrant também o fazem ao falar de seus serviços militares no Exército e na Marinha britânicos. Sancho o faz através de seus comentários sobre a condução da guerra contra os colonos norte-americanos; Williams e Wheatley escrevem poemas louvando, respectivamente, o governador da Jamaica e o rei da Grã-Bretanha. As carreiras militares da maioria dos afro-britânicos não deveriam surpreender, uma vez que a Marinha e o Exército britânicos estavam abertos a todos os talentos de um modo que a maioria das carreiras não estava. A competência importava mais do que a cor, como o registro do serviço do próprio Equiano demonstra. Quase todos os escritores afro-britânicos cujas crenças religiosas conhecemos eram membros metodistas da Igreja Anglicana, adotando o Calvinismo predestinacionista pregado por George Whitefield e pelos clérigos associados com sua patrona, a condessa de Huntingdon.

Nenhum de seus predecessores afirma a identidade britânica mais plenamente do que Equiano ao se representar em sua *Narrativa*. Africano de nascimento, ele é britânico por aculturação e escolha. Não pode jamais, é óbvio, ser *inglês* no sentido étnico em que essa palavra era usada naquela época, do mesmo modo como sua esposa é *inglesa*. Porém, ele adota os valores culturais, políticos, religiosos e sociais que o habilitam a ser aceito como *britânico*. No entanto, ele sempre conserva a perspectiva de um africano que foi desenraizado e, portanto, possui a vantagem de conhecer sua cultura britânica adotiva tanto de dentro como de fora, uma perspectiva que W. E. B. Du Bois chama de dupla consciência do indivíduo negro numa sociedade predominantemente branca.

Leitores de qualquer das primeiras nove edições do livro de Equiano foram imediatamente confrontados pela dupla identidade do autor: o frontispício apresenta um indivíduo inquestionavelmente africano em trajes europeus e a página de rosto exibe "Olaudah Equiano, ou Gustavus Vassa, o Africano". Chamá-lo por um nome ou outro é simplificar demais sua identidade e pode-se destacar que escolher consistente-

Posfácio

319

mente o uso do nome Equiano, ao invés de Vassa — como eu e a maioria dos estudiosos contemporâneos e críticos fazem —, implica ir contra a prática do próprio autor. Pelo que sabemos, ele não usou o nome Equiano antes de 1788, quando estava angariando subscritores para sua *Narrativa*. Além disso, como a expressão "o Africano" no título indica, o autor está bastante ciente de que seus leitores o avaliarão não apenas como um indivíduo, mas também como o representante da sua raça, como um tipo tanto quanto uma pessoa. Periodicamente na *Narrativa*, o autor lembra seus leitores de que ele vive na fronteira entre as identidades africana e britânica. No início do capítulo IV, por exemplo, ele diz: "A partir das diversas situações que eu presenciara a bordo dos navios, logo desenvolvi todo tipo de pavor em relação ao estrangeiro e era, nesse aspecto pelo menos, quase um inglês". Muitas linhas depois, ele acrescenta: "Eu então não apenas me sentia muito confortável junto a esses novos compatriotas, mas até mesmo apreciava sua sociedade e seus costumes. Eu já não mais os considerava espíritos, mas homens superiores a nós e, consequentemente, tinha o mais forte desejo de me assemelhar a eles, de absorver seu espírito e de imitar os seus costumes. Por isso, aproveitava todas as oportunidades para progredir, acumulando na minha memória todas as novidades que eu observava".

Seu encontro com um garoto negro mais tarde, no capítulo IV, indica ao leitor, se não ao autor — ou no momento do acontecimento ou no momento de sua lembrança —, que Equiano não está completamente confortável em sua posição fronteiriça entre as identidades africana e europeia. Embora ele chame o episódio de "acontecimento banal", trata-se de um exemplo significativo de quão rapidamente ele foi aculturado em sua nova personalidade e, ao mesmo tempo, definido prontamente por outros como ainda africano. Confrontado pelo garoto africano — efetivamente sua própria imagem refletida num espelho —, a princípio ele se desvia, mas depois abraça seu lado africano:

> "Um dia estava em um campo de propriedade de um cavalheiro que possuía um menino negro que era aproximadamente do meu tamanho. Esse menino, tendo me observado a partir da casa do seu senhor, foi conduzido sob as vistas de um dos seus próprios conterrâneos e correu ao meu encontro a toda a velocidade. Eu, sem saber o que ele pretendia fazer, a princípio desviei-me um pouco para fora do seu caminho. Isso, porém, foi inútil, pois ele logo se aproximou de mim e agarrou-me em seus braços como se eu fosse seu irmão, embora nunca nos tivéssemos visto antes."

No início do capítulo VIII, referindo-se ao hemisfério ocidental, Equiano observa: "Comecei a pensar em me despedir daquela parte do mundo, da qual eu estava cansado há muito tempo, e voltar para a Inglaterra, onde meu coração sempre esteve...". Mais tarde, nesse capítulo, o comportamento dos brancos na Geórgia o faz lembrar que a adoção da identidade britânica nunca pôde ser plenamente alcançada. Porém, uma questão formulada no capítulo XI pelo príncipe dos índios misquitos sutilmente faz o autor (embora ele não pareça perceber) e seus leitores lembrarem-se do quão longe Equiano chegou em seu processo de aculturação britânica: "Por fim, ele perguntou-me: 'Por que *todos os homens brancos a bordo*, que sabem ler e escrever, observam o sol e sabem de tudo, ainda assim praguejam, mentem e se embriagam, sendo *você a única exceção?*'" (destaques meus). Aos olhos de outro não europeu que havia se deparado com o Velho Mundo, Equiano parece ser moralmente mais branco que os próprios brancos. Como Moisés no Livro do Êxodo,

Equiano é um estrangeiro numa terra estranha, mas assim também o é o indígena e, embora Equiano empregue essa perspectiva ao longo da *Narrativa*, ela é por uma vez voltada para ele, com efeito significante, porém minimizado. Assim como o índio, quando Equiano a usa, essa perspectiva permite-lhe comentar ironicamente sobre o comportamento, especialmente o religioso, daqueles conterrâneos britânicos que, falsa e tolamente, se consideravam superiores. Ele pode, às vezes, assumir diretamente o ponto de vista de um satirista, que tradicionalmente enxerga sua própria sociedade ou outra de um ponto vantajoso, na margem ou de fora daquela sociedade, como ele faz nas últimas cinco edições ao se apropriar da voz e das palavras do grande satirista romano Juvenal em seu endereçamento "Ao Leitor".

O modo como a *Narrativa* é contada reflete também a visão dualista de alguém com uma dupla identidade, que fala tanto de dentro como de fora de sua sociedade. Equiano dirige-se a seu público a partir de ambas as posições simultaneamente. No plano da narrativa, ele fala do passado tanto como o vivenciou na época como também reinterpreta os eventos pretéritos da perspectiva do momento em que os está recordando. Desse modo, ele pode escrever da perspectiva de um inocente menino africano aterrorizado por seu primeiro encontro com os homens brancos, assim como interpretar o significado religioso de eventos passados despercebido na época, mas que, agora, da perspectiva do momento de relatá-los, é plenamente reconhecido.

Uma perspectiva dualista é inerente em autobiografia retrospectiva, e até mais pronunciada numa autobiografia espiritual, influência genérica dominante na *Narrativa*. Autobiografias espirituais protestantes, que incluem a não fictícia *Grace Abounding to the Chief of Sinners* (Londres, 1666), de John Bunyan, e a ficcional *Robinson Crusoé* (Londres, 1719), de Daniel Defoe, tipicamente narram uma vida que segue um padrão de pecado, arrependimento, apostasia espiritual e um renascimento através da verdadeira fé. Assim, o protagonista é em geral apresentado como uma pessoa comum, nem extraordinariamente boa nem má, como Equiano diz na abertura do primeiro capítulo: "a história que aqui apresento não é a de um santo nem a de um herói nem a de um tirano" (embora a decisão de usar o nome de Gustavus Vassa, o rei patriota sueco que derrubou um usurpador tirano, certamente lhe confira uma aparência heroica). Equiano usa as convenções do gênero, particularmente a metáfora de ser escravizado ao pecado, para contrastar com a escravidão temporal e espiritual. Embora ele relate a compra de sua liberdade no meio do livro (o que ocorreu quase no meio de sua vida), ele é, literal e espiritualmente, ainda um cativo, mas dele próprio, até entregar-se a Cristo e, assim, à verdadeira liberdade espiritual.

O gênero da autobiografia espiritual assume que a vida espiritual de um indivíduo cristão, não importa o quão minuciosa e aparentemente singular seja sua existência temporal, reflete o paradigma do progresso repetido por qualquer verdadeiro crente. Essa invocação implícita do paradigma compartilhado pelo autor e o público cristão serve como o mais poderoso argumento em sua *Narrativa* para a humanidade comum deles. Equiano o une a um argumento secular baseado na premissa filosófica de que o coração humano não corrompido por uma educação imprópria possui naturalmente sentimentos caridosos pelos outros porque ele pode se solidarizar com os sofrimentos alheios. Consequentemente, pessoas de sentimento são capazes de compartilhar os sofrimentos de terceiros e, assim fazendo, demonstram sua humanidade compartilhada, uma humanidade negada às pessoas de origem africana por racistas que apoiam a escravidão e o tráfico.

Mais sutilmente talvez, Equiano parece apresentar a transformação de sua própria atitude em relação às variações da escravidão no século XVIII como um modelo para o progresso moral de seus leitores, como indivíduos, e da sociedade que agora compartilha com eles. Equiano tornou-se um especialista na instituição da escravidão, assim como nos efeitos do tráfico africano de escravizados. Muitos leitores do século XX ficam surpresos ao descobrir que a escravidão no século XVIII não era uma instituição monolítica, simplesmente dividida em proprietários brancos e bens negros. Segundo consta, o primeiro encontro de Equiano com a escravidão foi na África, onde, em sua forma nativa africana, ela é doméstica, sendo os cativos tratados quase como membros da família de seus donos devido ao contato pessoal próximo. Parece, portanto, afável e não obviamente desumanizante. A escravidão não é baseada na raça nem é hereditária; a descrição que Equiano faz da escravidão africana remete os leitores à escravidão clássica da Antiguidade. A escravidão é simplesmente um dos muitos níveis que constituem a aparentemente saudável ordem social, na qual Equiano se encontra próximo do topo. Porém, como uma doença infecciosa, o tráfico europeu de escravizados originários da África aos poucos se espalhou para o interior daquele continente, destruindo até mesmo a tranquilidade da terra natal de Equiano. Ele relata que seus primeiros proprietários eram compatriotas africanos e que o tratamento ia se tornando cada vez mais desumano conforme ele se aproximava dos navios ingleses na costa. Ele observa que seus sucessivos donos africanos tornam-se mais desumanos na medida em que estão mais perto do foco infeccioso e, quando finalmente encontra a causa financeira da doença, comenta: "os brancos pareciam e agiam, como eu julgava, de um modo muito selvagem, pois eu nunca havia visto, junto a nenhum povo, semelhantes casos de crueldade brutal, que eles não exibiam apenas em relação a nós, negros, mas também contra alguns dos próprios brancos". Todos ficavam contaminados pela corrupção do tráfico.

Ao chegar à América e viajar à Inglaterra e ao Mediterrâneo, Equiano pôde identificar e qualificar diversos tipos de escravidão, mais ou menos brutais. Se alguém tinha de ser reduzido ao cativeiro, o pior lugar para sê-lo era nas Índias Ocidentais e na Geórgia, onde os cativos eram obrigados a trabalhar em grupos em economias agrícolas de larga escala. Já a África, a Filadélfia e a Inglaterra eram lugares melhores, onde escravizados eram domésticos ou trabalhadores artesanais em economias agrícolas de pequena escala ou em sociedades urbanas. Em algum ponto intermediário estavam a Itália e o Levante, onde brancos escravizavam brancos. Os franceses, submetidos às regulações do *Code Noir* (1685) — Código Negro —, tratavam melhor seus cativos na Martinica do que os britânicos tratavam os deles em Barbados. A escravidão era tão difusa e multiforme que ele conheceu uma mulher negra livre em São Cristóvão a qual possuía escravizados e ouviu dizer de portugueses brancos sendo vendidos (sob falsos pretextos) como cativos nas Índias Ocidentais. No entanto, ele não condenava a escravidão; ele condenava alguns tipos de escravidão. De fato, vivenciou o outro lado da escravidão quando, na condição de liberto, ele efetivamente sustentou o tráfico negreiro adquirindo seus compatriotas e se tornando feitor na fazenda do doutor Irving na América Central. Orgulhando-se de ser um exemplar feitor de escravos, ele se demitiu em razão do comportamento imoral de seus companheiros, e não por rejeitar a escravidão. Foi somente depois de retornar para a Inglaterra, a terra da liberdade, "onde seu coração sempre esteve", que ele conseguiu perceber que o tráfico precisava ser abolido porque não poderia ser melhorado.

No reduzido universo dos navios da Marinha Real Britânica e da marinha mercante, Equiano apresenta — talvez involuntariamente — uma visão do que parece ser uma alternativa quase utópica e microcósmica a um mundo maior in-

Posfácio

festado pela escravidão. Como as pesquisas nos arquivos comprovam, sua memória de acontecimentos e detalhes de trinta anos antes é notavelmente precisa, talvez porque ele possa estar se recordando do período mais feliz da sua vida. As exigências da navegação permitem-lhe transpor as barreiras impostas pela raça, obrigando até os brancos a reconhecê-lo como possuidor das responsabilidades e capacidades de um capitão de navio, se não do próprio posto. Ele vivencia um mundo no qual limitações raciais artificialmente impostas destruiriam todos, brancos e negros. Porém, talvez por não querer se distanciar demais de seu público, no final da *Narrativa* ele não chegou exatamente à posição de total rejeição da própria escravidão, assim como a maioria de seus leitores. Estes podem razoavelmente deduzir, a partir do progresso que ele fez, que o próximo passo lógico seria uma tal rejeição integral. Se foi capaz de conduzir o público tão longe como fez em sua autobiografia, ele o conduziria por um longo caminho na direção de seu provável objetivo final. Diferentemente de Cugoano em seu lamentoso *Thoughts and Sentiments*, ou de si próprio em algumas de suas cartas aos jornais, na sua *Narrativa* Equiano não se envolve em longas lamentações ou exortações nem conferencia com seus leitores; ele os incita a emulá-lo.

Conciliador como de costume, Equiano não deixa de intimar um lado mais combativo e individualístico de sua natureza. Esse lado está mais pronunciado nas primeiras edições, no final da *Narrativa*, em que o gênero *apologético*, ou de justificação e vindicação da vida de alguém, mostra sua influência. Tendo sido acusado nos jornais, por opositores poderosos, de má administração em seu cargo de comissário no projeto de Serra Leoa, Equiano defende-se com provas e testemunhas. Como ele acrescenta, nas últimas edições, cartas introdutórias atestando seu caráter e credibilidade, a *apologia* começa a substituir a petição como enquadramento geral da *Narrativa*. Na quinta edição, o acréscimo "Ao Leitor", concebido para enfrentar ataques nos jornais sobre sua verdadeira identidade, sugere que seu principal público havia mudado de membros do Parlamento para a população em geral. Desde a primeira edição, ele indica ao longo do livro sua disposição e capacidade de resistir aos brancos, seja nas lutas de boxe na infância ou quando maltratado por eles na vida adulta. Essa disposição para resistir é quase sempre limitada, no entanto, pelo perigo, e não é levada a efeito, provavelmente, pelo receio de se indispor com o conjunto de seus leitores, formado predominantemente por brancos. Ele certamente não hesita em afrontar de modo direto alguns leitores brancos: com certeza ele sabia que a inclusão, na quinta edição e nas seguintes, da notícia de seu casamento com uma mulher branca iria chocar leitores racistas como James Tobin, a quem ele atacara previamente no jornal *The Public Adviser* (28 de janeiro de 1788), no qual Equiano recomenda o casamento inter-racial. Às vezes, suas convocações para a resistência são bastante sutis, como quando cita John Milton, um dos mais estimados ícones da sua compartilhada cultura britânica, no final do capítulo V. Ao citar versos pronunciados em *Paraíso perdido* por Belzebu, um dos seguidores de Satanás, Equiano apropria-se de uma voz de alienação e resistência retirada do interior da mesma cultura que ele está demonstrando ter assimilado. Do mesmo modo, Shakespeare é utilizado a partir da quinta edição, quando Equiano apropria-se das palavras de Otelo ao dirigir-se inicialmente ao leitor em todas as edições que incluem o anúncio de seu casamento com uma mulher branca. Certamente, ele tinha em mente figuras intolerantes como Tobin ao invocar a imagem do mais famoso exemplo literário britânico de casamento inter-racial na trágica figura da sexualidade e do poder africanos. Mesmo o mais venerado ícone da cultura britânica, a versão da Bíblia do rei James, torna-se um meio de au-

Posfácio

toexpressão. Num primeiro relance, a imagem do autor no frontispício da *Narrativa* parece ser a representação da humilde fidelidade ao texto do livro sagrado; porém, como descobrimos no final dos "Versos diversos", que finalizam o capítulo X, Equiano toma Atos 4:12 parafraseando o original com suas próprias palavras, uma relação interativa com o texto sagrado que deve ter sido influenciada pelo exemplo de Cugoano.

Outras influências genéricas servem para distanciar o autor de seu público. A forma da *Narrativa* situa-se em algum lugar entre a futura narrativa escrava norte-americana do século XIX, como a *Narrative of the Life of Frederick Douglass, an American Slave, Written by Himself* (Boston, 1845), de Frederick Douglass, e a narrativa de cativeiro própria de sua época, em geral de brancos europeus abduzidos para culturas estrangeiras. São exemplos a frequentemente republicada *The Sovereignty and Goodness of God, Together with the Faithfulness of His Promises Displayed; Being a Narrative of the Captivity and Restauration of Mrs. Mary Rowlandson* (Cambridge [Massachusetts], 1682), de Mary Rowlandson; a *Narrative*, de Hammon; ou as diversas ficções (*The Noble Slaves* [Dublin, 1736], de Penelope Aubin) e relatos não ficcionais (*Redeemed Slaves* [Bristol, 1780?], de John Kingdon) do século XVIII da escravização por piratas berberes. Como os protagonistas nas narrativas de cativeiro, Equiano é levado de sua cultura e liberdade nativas; porém, como os protagonistas das últimas narrativas escravas, ele não retorna para as condições das quais partira. A sua não é, todavia, a narrativa de um escravizado fugitivo porque ele adquiriu sua liberdade.

Uma vez que Equiano apresenta-se como um africano nativo, diferente dos protagonistas *creoles* (alguém sem ascendência indígena americana, porém nascido nas Américas) das últimas narrativas escravas, a *Narrativa* é também um livro de viagem e uma história de aventuras. Ele introduz os leitores nos mundos exóticos da infância pastoral africana de Equiano e da fronteira desconhecida do Polo Norte. A reconhecida confiança que Equiano tem nas descrições de sua terra natal oriundas de fontes secundárias, como Anthony Benezet, torna seu próprio relato tanto remotamente familiar como familiarmente remoto. Assim como o uso da analogia judaica, sua tradicional descrição da África evita que o estrangeiro seja demasiadamente alienígena. Como um africano nativo, sua autoridade decorrente da experiência pessoal e a autoridade de comentaristas europeus decorrente da observação desinteressada parecem reforçar-se reciprocamente. As próprias descrições circunstanciais posteriores — razoavelmente objetivas e cuidadosas de Equiano, seja de lugares remotos da Europa ou da África, América, Índias Ocidentais e Inglaterra — são confiáveis.

Equiano situa sua cultura africana original num contexto judaico-cristão, tanto por um tipo de esboço comparativo antropológico de analogias entre as tradições judaicas e africanas, como pela invocação da autoridade da erudição bíblica. Ao fazê-lo, seu próprio progresso de pré-cristão para cristão pode ser comparado ao desenvolvimento potencial da África, de sua condição espiritual presente àquela de uma cultura cristã plena, um progresso que seria tão natural e preordenado num nível social como o dele já comprovadamente fora em nível individual. Mais tarde, quando a *Narrativa* se torna, por um breve período, um tratado econômico, Equiano argumenta explicitamente que a África pode ser inserida no mundo comercial europeu como ele foi. Os progressos espiritual, cultural e econômico estão entrelaçados, tanto no nível público como no pessoal.

Autobiografia espiritual, relato de cativeiro, história de aventura, narrativa da escravidão, tratado econômico, *apologia* e talvez ficção histórica — entre outras coisas —, a *Nar-*

Posfácio

rativa de Equiano foi, no geral, bem recebida, e o autor, dizendo que a fez em autodefesa, rapidamente empregou uma versão oitocentista da sinopse publicitária dos modernos editores ao prefaciar as últimas edições de seu livro com resenhas favoráveis de *The Monthly Review* e de *The General Magazine and Impartial Review*, assim como com cartas de apresentação e de apoio. Compreensivelmente, ele omite a resenha menos favorável de Richard Gough, da edição de junho de 1789 de *The Gentleman's Magazine*:

> "Entre outros artifícios (e talvez um dos mais inocentes) em benefício da humanidade nacional em prol dos escravos negros, um deles escreve aqui sua própria história, como anteriormente outro [Sancho] deles publicou sua correspondência... — Essas memórias, escritas num estilo muito desigual, situam o autor no mesmo nível da massa geral de homens nas posições subordinadas da sociedade civilizada, e comprovam que não há regra geral sem exceção. O primeiro volume cuida dos costumes de seus compatriotas e suas próprias aventuras até que obtivesse sua liberdade; o segundo, daquela época até o presente, é desinteressante; e sua conversão ao Metodismo prejudica o todo."

Equiano também não republica a extensa e influente resenha de Mary Wollstonecraft escrita para *The Analytical Review* (maio de 1789), publicada por Joseph Johnson, cujo nome é o principal entre os livreiros listados na página do título como distribuidores de *A interessante narrativa*. O crítico em *The Gentleman's Magazine* evidentemente apropriou--se das opiniões e do fraseado de Wollstonecraft:

"A vida de um africano, escrita por si próprio, é certamente uma curiosidade, uma vez que tem sido um capricho filosófico favorito degradar, abaixo do nível comum da humanidade, os inúmeros povos atingidos mais diretamente pelos raios de sol e, apressadamente, concluir que a natureza, ao criá-los inferiores ao resto da raça humana, planejou marcá-los com um sinal de escravidão. Como eles escurecem, da cor viva dos homens rústicos do norte à tonalidade negra vista nas areias da África, não é nossa tarefa inquirir, nem pretendemos traçar um paralelo entre as habilidades de um artesão negro e as de um europeu; devemos somente observar que, se esses volumes não exibem poderes intelectuais extraordinários, suficientes para afastar o estigma, todavia a diligência e o talento, que conspicuamente aparecem no caráter de Gustavus, o situam no mesmo nível da massa geral de homens que preenchem as posições subordinadas numa sociedade mais civilizada do que aquela em que ele foi lançado ao nascer.

O primeiro volume contém, junto com diversos outros assuntos, uma curta descrição dos costumes de seu país nativo, um relato de sua família, seu rapto com sua irmã, sua viagem para a costa e o terror quando embarcado num navio. Muitos incidentes são contados com simplicidade, relacionados ao tratamento dado aos escravos e às escravas durante a viagem e nas Índias Ocidentais, os quais fazem o sangue mudar seu curso; e todo relato de seus incansáveis esforços para obter a liberdade é muito interessante. A narrativa deveria ter terminado quando ele se torna novamente seu próprio senhor. A parte final do segundo volume parece maçante; estando ele envolvido em muitas, comparativamente falando, preocupações insignificantes, que quase obliteram a intensa impressão causada pelas misérias do escravo. O longo relato de seus sentimentos religiosos e de sua conversão para o metodismo é bastante cansativo.

Do começo ao fim, uma espécie de contradição está aparente: muitas histórias infantis e observações pueris não combinam com algumas reflexões mais sólidas, que ocorrem nas primeiras páginas. No estilo, observamos também um surpreendente contraste: alguns períodos bem escritos não se harmonizam naturalmente com o tom geral da linguagem.

Julgamos que não será inaceitável para nossos leitores um extrato da parte descritiva dos costumes nacionais." [Segue uma citação descrevendo os costumes africanos de canto e dança.]

A partir de seu *Diário* e *Correspondência*, sabemos que um dos pais do Metodismo, John Wesley, outro dos subscritores originais de Equiano, estava lendo seu exemplar da *Narrativa* pouco antes de sua morte, em fevereiro de 1791, e o recomendou a William Wilberforce, o líder no Parlamento do movimento para abolir o tráfico transatlântico de escravizados. Henri Grégoire, o primeiro historiador da literatura negra, disse, em 1808, a respeito da *Narrativa*: "[...] a obra é escrita com aquela *naiveté*, eu quase diria, aquela rusticidade de um homem da natureza. Seu estilo é aquele de Daniel Defoe, em seu *Robinson Crusoé*".

Os primeiros críticos de Equiano também reconheceram a *Narrativa* como o depoimento de uma testemunha especializada nos males da escravidão e do tráfico negreiro. Em resposta ao crescente interesse público pelo tema, em fevereiro de 1788, por ordem do rei George III, o Privy Council Committee for Trade and Plantations iniciou uma investigação sobre as relações comerciais britânicas com a África e sobre a natureza do tráfico negreiro, que estava transportando às colônias europeias nas Américas cerca de 80 mil cativos anualmente, mais da metade deles em navios britânicos baseados em Bristol, Liverpool e Londres. De 1789 a 1792 a Câmara dos Comuns ouviu testemunhos a favor e contra o tráfico negreiro e, em 1792, um projeto de lei abolicionista foi aprovado naquela Câmara, sendo derrotado na Câmara dos Lordes. Nos anos seguintes o projeto fracassou na Câmara dos Comuns por estreitas margens.

A deflagração da Revolução Francesa e o consequente Terror na França durante 1789-94 deixaram os britânicos relutantes quanto à adoção de quaisquer reformas sociais significativas, receando que levassem a resultados revolucionários. Em novembro de 1794 o governo britânico processou Thomas Hardy, secretário da Corresponding Society de Londres, por alta traição. Embora seu julgamento, como o de seus colegas reformistas John Horne Tooke e John Thelwall, terminasse em absolvição, a disposição do governo para processar desencorajou a publicação de opiniões radicais ou reformistas em geral e pode ajudar a explicar o aparente silêncio de Equiano depois de 1794. Entre os documentos apreendidos pelo governo quando Hardy foi preso em maio de 1794 estava uma carta que Equiano havia enviado a Hardy de Edimburgo em 28 de maio de 1792. Equiano ficou residindo com seu amigo Hardy e sua esposa, Lydia, enquanto estava revisando o que seria a quinta edição de sua *Interessante narrativa* e, aparentemente, ele agiu como um representante da Corresponding Society de Londres durante suas viagens de divulgação do livro. No final de 1794 Equiano possuía recursos suficientes para parar de escrever por dinheiro e, desse modo, havia adquirido o direito de referir-se a si próprio co-

Posfácio

333

mo um *gentleman*. No final da década, a ameaça apresentada por Napoleão à sobrevivência nacional eclipsou todos os demais assuntos até 1804. Embora as ofertas de Equiano, feitas através da imprensa, para testemunhar nas audiências parlamentares [que discutiam o projeto abolicionista] jamais tenham sido aceitas, sua *Narrativa* deu-lhe um veículo para divulgar seu testemunho. No entanto, apesar da popularidade e do poder de sua *Narrativa* e da causa que ela promovia, Equiano não viveu para ver a abolição do tráfico transatlântico de africanos escravizados, que não foi legislada até 1807, dez anos depois da sua morte em 31 de março de 1797. A escravidão foi abolida por lei em todas as colônias britânicas nas Américas em 1838.

AFRICANOS NA DIÁSPORA: UM ROTEIRO DE LEITURA

Carlos da Silva Jr.

Ao longo da era do tráfico transatlântico de africanos escravizados, pelo menos 12 milhões e 500 mil africanos cruzaram o Atlântico para as Américas a bordo de navios negreiros e bandeiras europeias e americanas. Quase 2 milhões pereceram durante a travessia. Os 10 milhões e 700 mil sobreviventes experimentaram uma vida de cativeiro nas *plantations* açucareiras e cafeeiras, nas áreas mineradoras e nos centros urbanos e cidades portuárias do continente. Os dados são do *Slave Voyages*, uma plataforma digital que contabiliza (e constantemente atualiza) o tamanho dessa tragédia.

O Brasil ocupa uma posição nada honrosa nessa infame lista de nações traficantes, tendo recebido quase cinco de cada dez africanos que sobreviveram à travessia atlântica. Nas primeiras ondas negreiras, ainda no século XVI, os cativos vinham sobretudo da região da chamada Alta Guiné ou Senegâmbia (Senegal, Gâmbia, Guiné-Bissau). E assim perdurou até a consolidação do tráfico com a África Centro-Ocidental (moderna Angola), em finais do século XVI. A administração portuguesa em Luanda fornecia uma oferta regular de cativos para os negreiros luso-brasileiros, que os redistribuíam entre as diversas regiões da América Portuguesa. O comércio negreiro com a região foi crucial para a economia colonial. O padre Antônio Vieira, por exemplo, reforçou o silogismo de que "sem Angola, não há Brasil". Os interesses comerciais luso-brasileiros naquela região resultaram na ocupação de postos administrativos por pessoas oriundas do Brasil, interessadas em manter uma oferta regular de africanos escravizados para alimentar a produção açucareira na América Portuguesa.

A segunda metade do século XVII coincidiu com a montagem de um sistema atlântico baseado no comércio transatlântico de africanos escravizados. "Açúcar e escravos", assim definiu o historiador Joseph Miller a base desse sistema na era do Capitalismo Mercantil. Outras nações europeias entram no jogo (Inglaterra, França, Holanda), desafiando a *quasi* hegemônica presença portuguesa no Atlântico durante o primeiro século e meio do tráfico. Em que pese a competição com a produção açucareira caribenha, que desbancou o Brasil do posto de principal produtor mundial da *commodity*, a escravidão africana continuou a alimentar o Brasil com braços negros. Outras regiões africanas forneceram mão de obra para a América Portuguesa, porém sem o mesmo peso de Angola. Pelo menos até o início do século XVIII.

A década de 1690 constituiu o período da descoberta das primeiras jazidas auríferas no Brasil. A partir do século XVIII, a crescente demanda por força de trabalho africana aumentava com o avanço voraz da exploração aurífera, tendo em Minas Gerais o seu centro nervoso. Angola experimentou um breve revés no volume de exportações e foi temporariamente suplantada pelo Golfo do Benim (atuais Togo, Benim e sudoeste da Nigéria), a Costa da Mina portuguesa. Entre 1700 e 1730 essa região dominou as exportações de cativos através do Atlântico. Os negreiros do Brasil, em especial da Bahia, inundavam o litoral da Costa da Mina com tabaco de terceira qualidade, rejeitado por Lisboa, mas mui apreciado pelas elites comerciais de lá.

O século XVIII foi o período da expansão da escravidão nas Américas. E também no lado africano, com a integração de outras regiões ao tráfico atlântico. Nesse período, gente de toda parte da África veio dar no Brasil. Da Senegâmbia, papels, bambaras, jalofos; da Costa da Mina, jejes, minas, nagôs e haussás; do Golfo de Biafra, região de Equiano, igbos, ibibios, ijós (aqui chamados pelo rótulo de calabares); congos, angolas, benguelas e cabindas, da África Centro-Ocidental; e moçambiques e macuas, da costa oriental. Eram as nações africanas, comunidades étnicas reconstruídas na diáspora formada por pessoas de diferentes grupos étnicos e que tinham na língua o seu principal elemento agregador.

Ainda do lado africano, uma estrutura comercial garantia a oferta de cativos para os negreiros. Para tal, além da expansão das zonas de captura, da escravização por dívidas e crimes variados, os sequestros e razias escravistas tornaram-se mecanismos importantes para a obtenção de cativos. Foi numa dessas razias que Equiano e sua irmã caíram nas redes de escravização. Cada região operava o tráfico à sua maneira. Na Costa da Mina, por exemplo, o reino do Daomé e seus vizinhos respondiam à demanda europeia por cativos. Em Angola, traficantes luso-brasileiros negociavam com autoridades locais, os sobas, que participavam da "rede miúda" do tráfico do interior para o litoral. No Golfo de Biafra, por sua vez, associações de comerciantes locais, com ênfase nos Aro, garantiam o suprimento dos negreiros.

As nações europeias se concentravam em certas zonas africanas. O Golfo de Biafra, terra de Equiano, por exemplo, era praticamente controlado pelos britânicos. Angola, por outro lado, recebia principalmente negreiros luso-brasileiros. Há ainda regiões mais internacionalizadas, como a Costa do Ouro (atual Gana) e a Costa da Mina, onde interesses portugueses, holandeses, franceses, britânicos, espanhóis, dinamarqueses se cruzavam.

A partir das últimas décadas do século XVIII o tráfico negreiro passou a ser questionado na Inglaterra. O movimento abolicionista floresceu e contou com a participação de ati-

Africanos na diáspora: um roteiro de leitura

vistas como Thomas Clarkson, políticos como William Wilberforce, legisladores como Granville Sharp e africanos libertos como Olaudah Equiano e Ottobah Cugoano. Paradoxalmente, na década da publicação da edição definitiva de *A interessante narrativa*, na qual Equiano expõe os horrores do tráfico negreiro, a Inglaterra tornou-se a nação que mais deportou cativos pelo Atlântico. Foram aproximadamente 386 mil mulheres, homens e crianças a cruzar o oceano nos porões dos navios de bandeira inglesa. Tragédias como o massacre do *Zong*, um negreiro britânico que lançou ao mar 132 africanos ainda vivos, ou a apresentação no Parlamento das condições de transporte dos cativos no porão do *Brooks*, ajudaram a mobilizar a opinião pública pela causa dos escravizados. Em 1807 o tráfico britânico foi finalmente proibido. No Brasil, por outro lado, só aumentava.

A Revolução Haitiana desarticulou a produção açucareira no que era até então a principal região produtora de açúcar no mundo. A saída de Saint-Domingue do mercado internacional açucareiro abriu espaço para *players* tradicionais, como a Bahia, que aumentou a sua produção e, por consequência, a demanda por africanos escravizados. Outros atores, como Cuba, então colônia espanhola, também expandiram sua sanha por mão de obra africana. Outras regiões brasileiras também participaram do fenômeno da expansão da escravidão na era da abolição. A região Sudeste, notadamente o Vale do Paraíba, desenvolveu a agricultura cafeeira, que se tornou o carro-chefe da economia do Império do Brasil. No Atlântico Norte, os Estados Unidos — livres do controle britânico desde 1776 — focaram a sua produção no algodão, que alimentava com matéria-prima as máquinas da Revolução Industrial. Juntos, Brasil, Cuba e Estados Unidos formavam o tripé do que a historiografia tem recentemente denominado de *Segunda Escravidão*, a expansão da escravidão oitocentista sob o Capitalismo Industrial.

Do ponto de vista brasileiro, o parlamento e o governo imperial resistiram tenazmente às pressões britânicas para pôr um fim ao comércio transatlântico de africanos escravizados. Se, por um lado, os negreiros brasileiros encontraram subterfúgios para burlar os tratados que previam a extinção do tráfico, de outro as autoridades brasileiras faziam vista grossa, em flagrante desrespeito aos tratados bilaterais celebrados com a Grã-Bretanha. Nem mesmo a lei de 7 de novembro de 1831, que apontava para o fim do tráfico, reduziu a sanha dos negreiros. Após uma breve redução nos anos imediatamente posteriores à lei de 1831, os traficantes voltaram com toda a carga ao continente africano, particularmente à África Centro-Ocidental. Os dados do *Slave Voyages* mostram que entre 1831 e 1850 os negreiros desembarcaram 786 mil pessoas no Brasil, dos quais 70% vinham de Angola. Outros 13% foram trazidos do Golfo do Benim e o restante de outras áreas do continente africano. A esmagadora maioria desses escravizados destinava-se às zonas cafeeiras do Sudeste brasileiro.

As atividades ilegais negreiras criaram outros problemas para as autoridades brasileiras. Os acordos diplomáticos entre Portugal e Inglaterra (pré-1822), e mais tarde reiterados pelo governo imperial brasileiro, previam que os africanos capturados a bordo dos tumbeiros deveriam passar por um período de aprendizado e, após um prazo determinado, serem liberados. No Brasil, esses cativos foram denominados de *africanos livres*, denominação ambígua, pois se não eram escravizados, tampouco eram livres. Muitos "africanos livres" foram destinados a concessionários, que utilizaram dos seus serviços como se cativos fossem. Mas há muita história de resistência e luta pelo direito à liberdade entre essa parcela da população africana escravizada. E não só entre eles.

Durante a era da escravidão, ações de resistência pululuaram por todo o Atlântico escravista. Como escreveu o historiador João José Reis, "onde houve escravidão, houve resistência". Ela tomou várias formas ao longo do período escravista, desde a sabotagem aos instrumentos de trabalho (a resistência miúda, molecular), as fugas eventuais (durante poucos dias), as fugas em massa, acompanhadas pela formação de quilombos, e até as ações abertas, como as revoltas. No Caribe setecentista, a ilha da Jamaica e Berbice foram o palco para revoltas protagonizadas por africanos. No Brasil, elas concentraram-se no século XIX, tendo algumas regiões ganhado destaque. A Bahia, por exemplo, experimentou um ciclo de revoltas durante as primeiras décadas do Oitocentos. Esses episódios foram liderados por gente vinda da Costa da Mina, primeiro por africanos de nação haussá, os líderes do primeiro ciclo de revoltas (1807-1816), e mais tarde por iorubás, chamados nagôs. Este último grupo, vale dizer, também liderou revoltas em outras partes do Atlântico, como Cuba, onde eram conhecidos por lucumis. No interior da comunidade nagô, na Bahia, havia gente islamizada, os malês, líderes do movimento de 1835. O movimento não logrou êxito e as autoridades empreenderam uma política de perseguição aos africanos, resultando num êxodo para a África (principalmente a África Ocidental), onde os *retornados* estabeleceram comunidades brasileiras no Golfo do Benim, em cidades litorâneas como Agoué, Uidá, Porto Novo e Lagos, ficando conhecidos como *agudás*.

A pressão inglesa e a movimentação política dos escravizados foi crucial para o fim do tráfico transatlântico para o Brasil. Finalmente, em 4 de setembro de 1850, o "infame comércio" foi abolido. Nos anos imediatamente subsequentes, poucos negreiros se aventuraram pelo Atlântico em busca de mão de obra africana. O ano de 1856 marca a última data conhecida de desembarque de cativos no Brasil. A partir de então, as operações negreiras brasileiras cessaram. No entanto, demorariam mais 22 anos para que o cativeiro tivesse o seu fim, embora o racismo tenha continuado como memória da escravidão para as gerações futuras.

* * *

Alguns dos africanos escravizados no circuito do tráfico negreiro deixaram testemunhos em primeira mão sobre o terror da escravização na África, da travessia atlântica a bordo dos tumbeiros, da vida de cativeiro nas Américas e da conquista da liberdade. É o caso de Equiano e de um contemporâneo seu, Ottobah Cugoano, ou de Mahommah Gardo Baquaqua, que experimentou o cativeiro no Brasil antes de ser libertado em Nova York na década de 1840.

Noutros casos, historiadoras e historiadores reviraram papéis velhos dos arquivos, em documentos inquisitoriais, processos criminais, registros de compra e venda, inventários *post mortem* e testamentos, batismos e óbitos, e montaram o quebra-cabeça, recriando o mundo de mulheres e homens no Atlântico escravista. A pesquisa de arquivo também permitiu reconstruir as redes comerciais do tráfico nos dois lados do Atlântico, debates parlamentares sobre a extinção do tráfico, e mesmo biografias de comerciantes negreiros. Esses trabalhos podem ser encontrados nas bibliotecas e repositórios digitais das universidades brasileiras, na forma de dissertações de mestrado e teses de doutorado, além de artigos acadêmicos e livros.

Abaixo, ofereço uma lista (nada exaustiva) de títulos que podem ampliar os conhecimentos do leitor sobre este tema fundamental na organização social brasileira. A maior parte das obras faz referência ao Brasil, mas também indiquei trabalhos sobre eventos importantes no Atlântico, como a Revolução Haitiana e as revoltas escravas no Caribe setecentista. O comércio negreiro e a escravidão (que perdurou até 1888) deixaram marcas profundas na sociedade brasileira, cujos legados são sentidos até os nossos dias. Conhecer a história do "mais grandioso drama dos últimos mil anos da história da humanidade", como escreveu o intelectual afro-americano W. E. B. Du Bois, nos ajuda a firmar um compromisso inegociável com a luta antirracista.

Biografias e autobiografias de africanos escravizados

Alford, Terry. *Prince Among Slaves: The True Story of an African Prince Sold into Slavery in the American South*. Nova York: Oxford University Press, 2007.

Carretta, Vincent. *Equiano, the African: Biography of a Self-Made Man*. Athens, Georgia: The University of Georgia Press, 2005.

Castelnau-L'Estoile, Charlotte de. *Páscoa Vieira diante da Inquisição: uma escrava entre Angola, Brasil e Portugal no século XVII*. Rio de Janeiro: Bazar do Tempo, 2020.

Castillo, Lisa Earl; Parés, Luis Nicolau. "Marcelina da Silva e seu mundo: novos dados para uma historiografia do Candomblé Ketu", *Afro-Ásia*, n° 36 (2007), pp. 111-51.

Castillo, Lisa Earl. "O terreiro do Gantois: redes sociais e etnografia histórica no século XIX", *Revista de História* (USP), n° 176 (2017), pp. 1-57.

Castillo, Lisa Earl. "O terreiro do Alaketu e seus fundadores: história e genealogia familiar, 1807-1867". *Afro-Ásia*, n° 43 (2011), pp. 213-59.

Castillo, Lisa Earl. "Bamboxê Obitikô e a expansão do culto aos orixás (século XIX): uma rede religiosa afroatlântica". *Tempo*, v. 22 (2016), pp. 126-53.

Costa, Valéria Gomes. *Òmìnira: mulheres e homens libertos da Costa d'África no Recife (c. 1846-c. 1890)*. São Paulo: Alameda, 2021.

Cugoano, Quobna Ottobah. *Thoughts and Sentiments on the Evil of Slavery*. Nova York: Penguin Classics, 1999.

Frank, Zephyr F. *Entre ricos e pobres: o mundo de Antônio José Dutra no Rio de Janeiro oitocentista*. São Paulo: Annablume, 2012.

Hazareensingh, Sudhir. *O maior revolucionário das Américas: a vida épica de Toussaint Louverture*. Rio de Janeiro: Zahar, 2021.

Heywood, Linda M. *Jinga de Angola: a rainha guerreira da África*. São Paulo: Todavia, 2019.

Jeha, Silvana. "Ganhar a vida: uma história do barbeiro africano Antônio José Dutra e sua família. Rio de Janeiro, século XIX". *Revista de História* (USP), nº 176 (2017), pp. 1-35.

Law, Robin; Lovejoy, Paul E. (orgs.). *The Biography of Mahommah Gardo Baquaqua: His Passage from Slavery to Freedom in Africa and America*. Princeton: Markus Wiener Publishers, 2007.

Mott, Luiz. *Rosa Egipcíaca: uma santa africana no Brasil*. Rio de Janeiro: Bertrand Brasil, 1992.

Oliveira, Rafael Domingos. *Vozes afro-atlânticas: autobiografias e memórias da escravidão e da liberdade*. São Paulo: Elefante, 2022.

Parés, Luis Nicolau; Castillo, Lisa Earl. "José Pedro Autran e o retorno de Xangô". *Religião & Sociedade*, v. 35 (2015), pp. 13-43.

Parés, Luis Nicolau. "Milicianos, barbeiros e traficantes numa irmandade católica de africanos minas e jejes (Bahia, 1770-1830)". *Tempo*, Revista do Departamento de História da UFF, v. 20 (2014), pp. 1-32.

Parés, Luis Nicolau. "Entre Bahia e a Costa da Mina, libertos africanos no tráfico ilegal". In: Giuseppina Raggi; João Figueiroa-Rego; Roberta Stumpf (orgs.). *Salvador da Bahia: interações entre América e África (séculos XVI-XIX)*. Salvador/Lisboa: Edufba/CHAM, 2017, pp. 13-50.

Reis, João José. *Domingos Sodré, um sacerdote africano: escravidão, liberdade e candomblé na Bahia do século XIX*. São Paulo: Companhia das Letras, 2008.

Reis, João José; Gomes, Flávio dos Santos; Carvalho, Marcus J. M. de. *O Alufá Rufino: tráfico, escravidão e liberdade no Atlântico Negro (c. 1822- c. 1853)*. São Paulo: Companhia das Letras, 2010.

Reis, João José. "De escravo rico a liberto: a história do africano Manuel Joaquim Ricardo na Bahia oitocentista", *Revista de História* (USP), nº 174 (2016), pp. 15-68.

Scherer, Jovani de Souza; Weimer, Rodrigo de Azevedo. *No refluxo dos retornados: Custódio Joaquim de Almeida, o príncipe africano de Porto Alegre*. Porto Alegre: Arquivo Público do Estado do Rio Grande do Sul, 2021.

Scott, Rebecca J.; Hébrard, Jean M. *Provas de liberdade: uma odisseia atlântica na era da emancipação*. Campinas: Editora da Unicamp, 2014.

Soares, Mariza de Carvalho (org.). *Diálogos Makii de Francisco Alves de Souza: manuscrito de uma congregação católica de africanos Mina, 1786*. São Paulo: Chão Editora, 2019.

Sparks, Randy J. *The Two Princes of Calabar: An Eighteenth-Century Atlantic Odissey*. Cambridge: Harvard University Press, 2004.

Sweet, James. *Domingos Álvares, African Healing, and the Intellectual History of the Atlantic World*. Chapel Hill: The University of North Carolina Press, 2011.

Verger, Pierre. *Os libertos: sete caminhos na liberdade de escravos da Bahia no século XIX*. Salvador: Corrupio, 1992.

Escravidão africana nas Américas (com foco no Brasil)

Castillo, Lisa Earl; Andrade, Urano. "Famílias africanas em tempos do tráfico atlântico: o resgate de parentes em cinco cartas de alforria (Bahia, 1818-1830)", *Afro-Ásia*, n° 60 (2019), pp. 253-74.

Gomes, Flávio dos Santos; Soares, Carlos Eugênio Líbano; Farias, Juliana Barreto. *No labirinto das nações: africanos e identidades no Rio de Janeiro, século XIX*. Rio de Janeiro: Arquivo Nacional, 2005.

Hall, Gwendolyn Midlo. *Escravidão e etnias africanas nas Américas: restaurando os elos*. Petrópolis: Editora Vozes, 2017.

Karasch, Mary C. *A vida dos escravos no Rio de Janeiro (1808-1850)*. São Paulo: Companhia das Letras, 2000.

Parés, Luis Nicolau. *A formação do Candomblé: história e ritual da nação jeje na Bahia*. Campinas: Editora da Unicamp, 2006.

Rodrigues, Aldair; Lima, Ivana Stolze; Farias, Juliana Barreto (orgs.). *Diáspora mina: africanos entre o Golfo do Benim e o Brasil*. Rio de Janeiro: NAU Editora, 2021.

Schwartz, Stuart B. *Segredos internos: engenhos e escravos na sociedade colonial, 1550-1835*. São Paulo: Companhia das Letras, 1988.

Soares, Carlos Eugênio Líbano; Domingues, Cândido; Silva Jr., Carlos da. *Africanos na Cidade da Bahia: tráfico negreiro, escravidão e identidade africana — século XVIII*. Belo Horizonte: Fino Traço, 2016.

Soares, Luiz Carlos. *O "povo de Cam" na capital do Brasil: a escravidão africana no Rio de Janeiro do século XIX*. Rio de Janeiro: Faperj/7Letras, 2007.

Soares, Mariza de Carvalho. *Devotos da cor: identidade étnica, religiosidade e escravidão no Rio de Janeiro, século XVIII*. Rio de Janeiro: Civilização Brasileira, 2000.

Soares, Mariza de Carvalho (org.). *Rotas atlânticas da diáspora africana: da Baía do Benim ao Rio de Janeiro*. Niterói: Eduff, 2007.

Soares, Mariza de Carvalho; Bezerra, Nielson Rosa (orgs.). *Escravidão africana no Recôncavo da Guanabara (séculos XVII-XIX)*. Rio de Janeiro: Eduff, 2011.

Hawthorne, Walter. *From Africa to Brazil: Culture, Identity, and an Atlantic Slave Trade, 1600-1830*. Nova York: Cambridge University Press, 2010.

Resistência à escravidão nas Américas

Brown, Vincent. *Tacky's Revolt: The Story of an Atlantic Slave War*. Cambridge: Belknap Press, 2020.

Gomes, Flávio dos Santos. *A hydra e os pântanos: mocambos, quilombos e comunidades de fugitivos no Brasil escravista (séculos XVIII e XIX)*. São Paulo: Polis/Unesp, 2005.

Gomes, Flávio dos Santos. *Histórias de quilombolas: mocambos e comunidades de senzalas no Rio de Janeiro, século XIX*. São Paulo: Companhia das Letras, 2006.

Gomes, Flávio dos Santos (org.). *Mocambos de Palmares: histórias e fontes (séculos XVI-XIX)*. Rio de Janeiro: 7Letras, 2010.

James, C. R. L. *Os jacobinos negros: Toussaint L'Ouverture e a revolução de São Domingos*. São Paulo: Boitempo, 2000.

Kars, Marjoleine. *Blood on the River: A Chronicle of Mutiny and Freedom on the Wild Coast*. Nova York: The New Press, 2020.

Lara, Silvia Hunold. *Palmares & Cucaú: o aprendizado da dominação*. São Paulo: Edusp, 2021.

Reis, João José; Gomes, Flávio dos Santos (orgs.). *Liberdade por um fio: história dos quilombos no Brasil*. São Paulo: Companhia das Letras, 1996.

Reis, João José. *Rebelião escrava no Brasil: a história do levante dos malês em 1835*. São Paulo: Companhia das Letras, 2003.

Reis, João José; Gomes, Flávio dos Santos (orgs.). *Revoltas escravas no Brasil*. São Paulo: Companhia das Letras, 2021.

Africanos na diáspora: um roteiro de leitura

Soares, Carlos Eugênio Líbano. *A capoeira escrava e outras tradições rebeldes no Rio de Janeiro (1808-1850)*. Campinas: Editora da Unicamp, 2004.

TRÁFICO TRANSATLÂNTICO DE AFRICANOS ESCRAVIZADOS

Alencastro, Luiz Felipe de. *O trato dos viventes: formação do Brasil no Atlântico Sul, séculos XVI e XVII*. São Paulo: Companhia das Letras, 2000.

Ferreira, Roquinaldo. *Cross-Cultural Exchange in the Atlantic World: Angola and Brazil during the Era of the Slave Trade*. Nova York: Cambridge University Press, 2012.

Florentino, Manolo. *Em costas negras: uma história do tráfico de escravos entre a África e o Rio de Janeiro: séculos XVIII e XIX*. São Paulo: Companhia das Letras, 1997.

Florentino, Manolo (org.). *Tráfico, cativeiro e liberdade (Rio de Janeiro, séculos XVII-XIX)*. Rio de Janeiro: Civilização Brasileira, 2005.

Klein, Herbert. *O tráfico de escravos no Atlântico*. Ribeirão Preto, SP: Editora Funpec, 2004.

Nwokeji, G. Ugo. *The Slave Trade and Culture in the Bight of Biafra: An African Society in the Atlantic World*. Nova York: Cambridge University Press, 2010.

Rediker, Marcus. *O navio negreiro: uma história humana*. São Paulo: Companhia das Letras, 2011.

Reis, João José; Silva Jr., Carlos da (orgs.). *Atlântico de dor: faces do tráfico de escravos*. Belo Horizonte: Fino Traço, 2016.

Rodrigues, Jaime. *De costa a costa: escravos, marinheiros e intermediários do tráfico negreiro de Angola ao Rio de Janeiro (1780-1860)*. São Paulo: Companhia das Letras, 2005.

Verger, Pierre. *Fluxo e refluxo do tráfico de escravos entre o golfo do Benim e a Bahia de Todos os Santos, do século XVII ao XIX* [1968]. São Paulo: Companhia das Letras, 2021.

Walvin, James. *The Zong: A Massacre, the Law & the End of Slavery*. New Haven & Londres: Yale University Press, 2011.

Política do tráfico no século XIX

Parron, Tâmis. *A política da escravidão no Império do Brasil, 1826-1865*. Rio de Janeiro: Civilização Brasileira, 2011.

Chalhoub, Sidney. *A força da escravidão: ilegalidade e costume no Brasil oitocentista*. São Paulo: Companhia das Letras, 2012.

Mamigonian, Beatriz. *Africanos livres: a abolição do tráfico de escravos no Brasil*. São Paulo: Companhia das Letras, 2017.

Youssef, Alain El. *Imprensa e escravidão: política e tráfico negreiro no Império do Brasil (Rio de Janeiro, 1822-1850)*. São Paulo: Intermeios/Fapesp, 2016.

Bases de dados digitais e websites úteis

Enslaved: Peoples of the Historical Slave Trade (www.enslaved.org).

Slave Voyages (www.slavevoyages.org).

Equiano's World (www.equianosworld.org).

Two Plantations: Enslaved Families in Virginia and Jamaica (www.two-plantations.com).

Slave Revolt in Jamaica, 1760-1761: A Cartographic Narrative (www.revolt.axismaps.com).

Salvador Escravista (www.salvadorescravista.com).

Slavery Images: A Visual Record of the African Slave Trade and Slave Life in the Early African Diaspora (www.slaveryimages.org).

Africanos na diáspora: um roteiro de leitura

SOBRE O AUTOR

De origem igbo, Olaudah Equiano nasceu em 1745, na região do antigo reino do Benim, no interior da atual Nigéria. Aos onze anos de idade foi raptado por um grupo étnico rival, juntamente com sua irmã; após servir por algum tempo a senhores locais, foi levado para a costa, vendido como escravo e embarcado num navio negreiro que partia para a colônia britânica de Barbados, nas Índias Ocidentais.

Assim teve início uma década de escravidão, durante a qual o jovem igbo foi vendido a vários senhores brancos, sendo obrigado a executar as mais diferentes tarefas, sofrendo grandes privações. De Barbados seguiu para a colônia inglesa da Virgínia, onde foi comprado por um tenente da Marinha Real Britânica e levado para a Inglaterra. Durante a viagem de navio, impõem-lhe o nome de Gustavus Vassa, pelo qual passa a ser chamado. Na Inglaterra, aprende o ofício de marinheiro e toma parte em expedições de guerra ao lado de seu senhor, servindo-o por muitos anos nos mais diversos negócios e proporcionando-lhe ganhos substanciais sem receber qualquer paga. Quando menos esperava, Equiano é entregue pelo tenente britânico ao capitão de um navio que rumava para as Índias Ocidentais. Em maio de 1765, três meses depois de aportar na ilha de Montserrat, no Caribe, é novamente vendido, desta vez para um próspero comerciante, o quacre Robert King, que tinha negócios também na Filadélfia. Em Montserrat, Equiano constata mais uma vez as terríveis condições de trabalho e as torturas a que eram submetidos os africanos escravizados nas Antilhas. Em 1766, consegue finalmente reunir dinheiro o bastante para comprar a própria liberdade.

Estudioso e devotado, nesse período Equiano havia aprendido a falar, ler e escrever o inglês, conhecia o suficiente de matemática para ser útil nos negócios e dominava os ofícios de marinheiro e de barbeiro. Por algum tempo trabalha para seu antigo senhor, fazendo viagens entre o Caribe e as colônias inglesas na América do Norte. Em seguida estabelece-se em Londres, mas continua a levar uma vida bastante ativa: em 1773 toma parte numa expedição de exploração ao Ártico e, em 1775, no projeto de montar uma fazenda na América Central, demitindo-se no ano seguinte, indignado com a imoralidade dos colegas de trabalho. Convertido à religião metodista nesse meio-tempo, Equiano retornou a Londres em 1777 e envolveu-se progressivamente em esforços para ajudar outros negros, tornando-se uma voz importante nos meios abolicionistas ingleses. A primeira edição de *A interessante narrativa da vida de Olaudah Equiano, ou Gustavus Vassa, o Africano, escrita por ele mesmo* vem à luz em 1789, alcançando grande repercussão e sendo reeditada mais oito vezes em cinco anos. A essa altura, Equiano já é considerado um *gentleman* e casa-se, em 1792, com a inglesa Susanna Cullen, com quem tem duas filhas, Ann Mary e Joanna. Olaudah Equiano falece em 31 de março de 1797.

SOBRE O TRADUTOR

João Lopes Guimarães Júnior nasceu em 1962, em São Paulo, cidade onde cresceu e estudou. Formou-se bacharel em Direito pela Universidade de São Paulo em 1984 e ingressou no Ministério Público do Estado de São Paulo em 1986, atuando, sobretudo, na área de Direitos Difusos e Coletivos (Urbanismo e Defesa do Consumidor). Atualmente exerce a advocacia e dedica-se ao estudo e à tradução de textos relacionados à memória da escravidão nas Américas.

ESTE LIVRO FOI COMPOSTO EM SABON
PELA FRANCIOSI & MALTA, COM CTP
E IMPRESSÃO DA EDIÇÕES LOYOLA EM
PAPEL PÓLEN SOFT 80 G/M² DA CIA.
SUZANO DE PAPEL E CELULOSE PARA A
EDITORA 34, EM ABRIL DE 2022.